HANDBUCH RHETORIK

Paul Krieger/Hans-Jürgen Hantschel

HANDBUCH RHETORIK

Reden – Gespräche – Konferenzen

Mit großem Praxisteil:
Einstufungstests
und Trainingsprogramme

FALKEN

Inhalt

Vorwort

Wer gut reden kann, kommt schneller voran. Dieser Satz gilt auch heute unverändert. Gut reden kann man lernen. Die klassische Rhetorik bietet nach wie vor die Grundlagen einer überzeugenden Redetechnik. Wie sich aber z. B. in der Malerei Form und Technik gewandelt haben, so unterliegt auch die gute Rede der Zeit: Was vor zwanzig Jahren Zuhörerinnen und Zuhörer fesselte, kann heute entsetzlich langweilen, obwohl der Anlass der Rede der gleiche ist.

Dieses Handbuch vermittelt auf anschauliche Weise die Prinzipien einer modernen *praktischen* Rhetorik. Es behandelt private wie beruflich-geschäftliche Anlässe gleichermaßen und enthält eine Fülle von Beispielen für Reden – von der Hochzeitsrede zum Fachvortrag, vom Cocktailempfang zur Konferenzeröffnung – sowie zur Gesprächsführung.

Der Band beschreibt ausführlich, wie man fesselnde Reden aufbaut und Gespräche erfolgreich führt, wie man Argumente effektiv präsentiert und sich nicht aus dem Konzept bringen lässt. Und er gibt konkrete Hilfestellungen beim Erlernen dieser Rede- und Gesprächstechniken.

Sie lernen auch mit der Redezeit umzugehen, Gespräche und Konferenzen zu planen und Zeitlimits einzuhalten. Die richtige Diskussionsleitung, der Umgang mit Zwischenrufen und Streithähnen, Moderationstechniken, das Schaffen einer angenehmen Atmosphäre und vieles mehr gehören zu den Themen dieses Buches.

Sie erfahren auch, wie Sie Ihre Redefurcht in den Griff bekommen und Ihr Selbstvertrauen stärken. Sie erhalten Tipps, wie Sie überzeugen. Schließlich finden Sie am Ende jedes Kapitels eine kurze, einprägsame Zusammenfassung.

Ein umfangreicher Praxisteil enthält verschiedenste Aufgaben zum Selbsttraining und zur Selbstanalyse. Konzentrations- und Entspannungsübungen tragen dazu bei, mit Lampenfieber und

Redefurcht erfolgreich umzugehen und während des Auftritts nicht den roten Faden zu verlieren. Checklisten und Beurteilungsbogen helfen bei der Einschätzung persönlicher Rhetorikkenntnisse und -erfahrungen wie auch bei der konkreten Redevorbereitung.

Die Zitatensammlung am Buchende ist nach Stichworten gegliedert. Bonmots und Spruchweisheiten liefern griffige Einstiegsmöglichkeiten und effektvolle Pointen für Ihren Vortrag.

Wir hoffen, unseren in der Rhetorik noch unerfahrenen Lesern viele nützliche Hinweise geben zu können. Der routinierte Redner wird unter Bekanntem sicher neue Anregungen finden.

Die Autoren bitten um Nachsicht, dass Personenbezeichnungen nur in der männlichen und nicht auch in der weiblichen Form verwendet wurden. Dies geschah – nach langer Diskussion – einzig aus Gründen der Sprachökonomie und besseren Lesbarkeit. Wir hoffen, dass sich Leserinnen dadurch nicht ausgeschlossen fühlen.

Zum Schluss möchten wir uns bei allen bedanken, die uns geholfen haben, dieses Buch zu konzipieren und zu schreiben. Studierende der Verwaltungsfachhochschule in Wiesbaden und Teilnehmer an Rhetorikseminaren haben in der Praxis erprobt, was in diesem Buch zu lesen ist. Namentlich möchten wir Herrn Winfried Schindler vom FALKEN Verlag für seine kreative Betreuung danken. Dank gilt auch unseren Liebsten Šera Smail und Zinka Hantschel für ihre Geduld und ihren Ansporn.

Paul Krieger und *Hans-Jürgen Hantschel*

EINLEITUNG

Was ist Rhetorik, was sollte sie nicht sein?

Rhetorik ist die Kunst des Redens. Und reden kann doch jeder, oder etwa nicht?
Warum gibt es dennoch so viele Menschen, die Schweißausbrüche bekommen, wenn sie eine Rede vor Publikum halten sollen, warum fällt vielen das Herz in die Hose, wenn sie mit ihrem Chef sprechen sollen? Reden kann zwar jeder, aber das *richtige* Reden, mit dem man positiv auf den Gesprächspartner wirkt, mit dem man überzeugt ohne anzuecken, das ist eine Kunst, die gelernt und geübt sein will.

Richtiges Reden will geübt sein!

Das Denken organisieren – Missverständnisse vermeiden

Schon im täglichen Leben entstehen unzählige Missverständnisse. In den meisten Fällen stellt sich hinterher heraus, dass die Missverständnisse durchaus vermeidbar gewesen wären, hätten alle Beteiligten die Fähigkeit besessen, das zu sagen, was sie sagen wollten. In vielen Büros kommt es zu Problemen und Stress, nur weil Kommunikation und Informationsweitergabe zwischen Kollegen nicht richtig funktionieren, weil Abläufe nicht exakt genug beschrieben und darum auch nicht korrekt ausgeführt werden.

Rhetorik ist – wie schon gesagt – die Kunst des Redens. Wer diese Kunst beherrscht, wird in der Rede oder im Gespräch Gedanken sorgfältig organisieren und vortragen. So wird Ordnung in das Kommunikationschaos gebracht, Missverständnisse werden weitgehend verhindert und die Arbeitsatmosphäre merklich verbessert. Im Privaten hilft die Rhetorik Selbstvertrauen zu erlangen.

Zweck und Nutzen der Rhetorik

Wer mit der Rhetorik vertraut ist, wird durch klare und gut gewählte Ausdrucksweise andere Menschen gewinnen und motivieren, er wird seine Meinung geordnet vorbringen und überzeugen können, ohne zu verletzen. Er wird Klarheit in seine Gedankenwelt bringen, mehr Erfolgserlebnisse haben und Anerkennung erlangen. Wer einmal bei einem Fest einem mitreißenden Redner gelauscht und sich dabei gedacht hat, das will ich auch einmal können, der wird sich mit der Aneignung von Kenntnissen in der Rhetorik diesen Wunsch erfüllen können.

Moderne Rhetorik ist fair

Rhetorik ist die Lehre von der Kunst, klar und geordnet Gedanken zu organisieren und vorzutragen, auf andere Menschen zu wirken und zu überzeugen. Moderne Rhetorik bedeutet aber *nicht,* andere Menschen zu übertrumpfen, „totzureden“ oder um jeden Preis Recht zu haben. Richtig verstandene Rhetorik kann auch nicht heißen, andere Menschen zu verwirren oder für irgendwelche Zwecke auszunutzen. Sicher gibt es eine Reihe von unfairen „Tricks“, mit denen versucht wird, in einer bestimmten Situation, sei es im Verkaufsgespräch oder in einer politischen Debatte, zu siegen. Dafür finden sich in der Geschichte des 20. Jahrhunderts genügend leidvolle Beispiele. Die moderne Rhetorik weiß sehr wohl zwischen positiver Rhetorik und Demagogie zu unterscheiden. Sie weiß, dass zu einer guten Redekunst neben einem vorteilhaften Erscheinungsbild auch Fairness, Selbstkontrolle und Toleranz gehören. Wer andere fair behandelt, wer nicht niederschreit

Abgrenzung von der Demagogie

und verdammt, wer Toleranz für seine Mitmenschen zeigt, der argumentiert einfach besser und wird auch besser überzeugen. Das ist das Ziel einer zeitgemäßen Rhetorik!

KURZ GESAGT

Vorteile und Nutzen der Rhetorik

- Abbau von Hemmungen, dadurch mehr Selbstsicherheit
- Mehr Klarheit im Ausdruck und in der Argumentation, dadurch zielführende Kommunikation
- Fähigkeit, Reden aufzubauen und zu halten
- Fähigkeit, Gespräche erfolgreich zu führen
- Positive Wirkung auf andere Menschen
- Überzeugen können
- Mehr Erfolg im Privat- und Berufsleben
- Mehr Fairness

Geschichtlicher Abriss

Ursprünge in der griechischen Antike

Die Anfänge der Rhetorik

Der Name *Rhetorik* stammt aus dem Griechischen und bedeutet so viel wie *Redekunst.* Sie ist inzwischen mehr als 2 500 Jahre alt. Als ihre Erfinder gelten die beiden „griechischen" Sizilianer Teisias von Syracus und Korax, die etwa im fünften Jahrhundert v. Chr. gelebt haben. Zu dieser Zeit verstand man unter Rhetorik hauptsächlich die Prozessrede vor Gericht. Die ersten berufsmäßigen Redner waren also Juristen!

Doch auch antike Feldherren bedienten sich bald der Rhetorik um ihre Truppen gegen den Feind aufzuwiegeln. Und am Grab verdienter Männer wurden Leichenreden gehalten. In der griechischen Literatur hatte die Rhetorik besonders in der Geschichtsschreibung großen Einfluss. Die bekanntesten Autoren dieser Zeit sind Herodot und Thukydides.

Das klassische Redeschema

Man unterteilte die Reden in das bis heute klassische Schema *Einleitung* (Prooimion), *Hauptteil* (Agon) und *Schluss* (Epilogos), schrieb die Rede nieder und lernte sie dann auswendig. Ein anderer Grieche, Gorgias, erfand schließlich die Gelegenheitsrede, die auf die bewusste Erregung von Affekten, Pathos genannt, abzielte. Man fügte reimähnliche Effekte hinzu und sprach jede Zeile in einem gleichbleibenden bestimmten Rhythmus. In dieser Zeit entstanden auch – einzig um der Redekunst willen – *Kunstreden,* die nie gehalten wurden. Von Antiphon sind Reden für und wider einen des Mordes Angeklagten überliefert – der Mord hatte jedoch nur im Kopf des Verfassers stattgefunden.

Gelegenheits- und Kunstreden

Die Rhetorik war nun also zu einer echten Kunstform geworden! Die bekanntesten griechischen Gelehrten, die sich theoretisch und praktisch mit der Rhetorik auseinandersetzten, waren im fünften bzw. vierten Jahrhundert v. Chr. Sokrates, Platon und Aristoteles.

Sokrates und Platon

Für Sokrates standen Wahrheit und Überzeugung des Zuhörers bzw. Gesprächspartners im Zentrum des Interesses. Platon war ein heftiger Kritiker der Rhetorik. Er hielt sie für pure Demagogie, eine Ansammlung von „Redetricks“, die darauf abzielen, bei den Zuhörern Lust und Wohlgefallen oder Abscheu und Ablehnung zu erzeugen. Ihr Zweck, so Platon, sei nicht die Wahrheitsfindung, sondern die Überredung um jeden Preis. Vor Gericht würde sie nur dazu dienen, Räubern und Mördern zur Straffreiheit zu verhelfen.

Wahrheitsfindung kontra politische Verführung

Diese Argumente hört man auch heute wieder. Demgegenüber sieht Platon im Frage-Antwort-Dialog *(dialektischer Dialog)* in der Philosophie den einzig richtigen Weg zur Findung von Wahrheit und Gerechtigkeit.

Aristoteles' Theorie der Rhetorik

Philosophie und praktische Redekunst

Aristoteles schließlich schuf eine Theorie der Rhetorik, die in der Philosophie verwurzelt und auf praktische Zwecke ausgerichtet war. Er schrieb das bedeutendste Lehrbuch über die Redekunst, dessen Wirkung bis in unsere Tage reicht. Er verband die drei Redegattungen Gerichtsrede, politische Rede und Gelegenheitsrede mit den Begriffen Gerechtigkeit, Nutzen und Ehre und legte den Redeaufbau in Arbeitsstadien fest: *Inventio* (Stoffsammlung), *Dispositio* (Stoffgliederung) und *Elocutio* (stilistische Ausgestaltung des Stoffs). Der Aufbau einer überzeugenden Argumentation und die Beweisführung spielten für ihn eine große Rolle, ebenso die psychologische Wirkung (Ethos) und die Erregung von Emotionen (Pathos). Sein Grundlagenwerk beinhaltete außerdem eine ausführliche Stillehre.

Im Wesentlichen war nun, am Ende des vierten Jahrhunderts v. Chr., der Grundstein der Rhetorik gelegt. Das Werk des Aristoteles wurde in der Folgezeit ergänzt. So fügte Theophrast im dritten Jahrhundert v. Chr. die vier Forderungen nach **Sprachrichtigkeit, Deutlichkeit, Angemessenheit** und **Redeschmuck** hinzu. Die Stoiker ergänzten wiederum eine fünfte Forderung, die der **Kürze** der Rede. Ihr besonderes Interesse galt den Stilfiguren, die bis heute in der Redekunst eine große Rolle spielen.

Die römische Antike

Ein berühmter Rhetoriker: Cicero

Bei den Römern, wie die heutigen Italiener von Natur aus redebegabt, hielt die Theorie der Rhetorik im zweiten Jahrhundert v. Chr. Einzug. Der bekannteste römische Autor, der sich theoretisch und praktisch mit der Redekunst befasste, war Cicero. Er gab den bislang griechischen Fachausdrücken lateinische Namen, die bis heute verwendet werden. In der römischen Kaiserzeit wurde aus der Rhetorik ein Schulfach. Als Bildungselement spielte sie eine ähnliche Rolle wie heute die lateinische Sprache an humanistischen Gymnasien. Da in der Monarchie die freie politische Rede nicht gerade beliebt war, verlegte man sich auf das Reden um des Redens willen, es entstanden regelrechte „Konzerte“ mit künstlerischen Reden.

Der römische Spanier Quintilian schrieb im ersten Jahrhundert n. Chr. das letzte große Lehrbuch der Rhetorik, das aus der Antike bekannt ist. Er versteht Rhetorik als Kunst der praktischen Betätigung oder politischen Lenkung. Für ihn ist der ideale Redner ein Ehrenmann, der zwischen sittlich gut und sittlich schlecht zu unterscheiden weiß. Das zeigt sich sowohl in seinen Reden als auch in seinem Handeln.

Die Lehren des Quintilian

Rhetorik im Mittelalter

Im Mittelalter blieb die Rhetorik als eine der Freien Künste neben Grammatik und Dialektik fester Bestandteil höherer Bildung. Nun dachte man aber nicht mehr nur daran, Reden zu schreiben und vorzutragen, sondern die *Interpretation,* besonders der Bibel, wurde ein wichtiger Bestandteil der Rhetorik, wie wir von Augustinus, dem großen Geschichtsphilosophen und Kirchenlehrer, wissen. Folglich bedeutet Redekunst im Mittelalter die Kunst der guten Predigt, aber auch des Briefeschreibens und der Gerichtsrede.

Ein neuer Bereich: Interpretation der Bibel

Frühe und jüngere Neuzeit

Die ersten Veröffentlichungen über Rhetorik in deutscher Sprache stammen aus dem 15. Jahrhundert. Reden kommen jetzt für alle denkbaren Anlässe in Mode: Taufen, Hochzeiten, Gratulationen, Beerdigungen sind nur einige Beispiele. Die Hochschätzung der Rhetorik in der Renaissance zeigt der folgende Ausspruch von Martin Luther: „Wer wohl reden kann, der ist der Mann. Denn Reden ist Weisheit und Weisheit ist Reden.“

Reden kommen in Mode

Mit der Französischen Revolution erreichte die *politische Rhetorik* einen neuen Höhepunkt. Kontroverse Standpunkte wurden etwa von Robespierre und Danton in bravourösen und sehr scharfen Rededuellen ausgefochten. Auch in Deutschland wurde Rhetorik ein wichtiges Instrument um politische Ziele, etwa die der Einigungsbewegung, vorzutragen. Daneben fanden sich aber auch theoretische Abhandlungen über die Rhetorik u. a. bei Schiller, Fichte und Leibniz.

Mittel für politische Ziele

Im 19. Jahrhundert traten einige Politiker als virtuose Redner auf, in Deutschland waren dies z. B. Lasalle, Bismarck und Bebel.

20. Jahrhundert

Nach dem Ersten Weltkrieg erlebte die politische Rede ihren Höhepunkt in Deutschland. Gewerkschaften, Arbeitervereine und Parteien organisierten regelmäßig Veranstaltungen, in denen (mehr oder weniger begabte) Redner ihre Ansichten vortrugen.

Der Reichstag bot nun mehr als früher Gelegenheit zur rhetorischen Auseinandersetzung in der Politik, das aufblühende politische Kabarett bediente sich der Rhetorik. Die neuen Funkmedien wie Radio und später Fernsehen stellten für den Redner immer neue Herausforderungen dar.

Im 20. Jahrhundert erlebte die Rhetorik aber auch ihre schwärzeste Zeit, als sie von den Nationalsozialisten für deren Propagandazwecke missbraucht wurde.

Nach dem Zweiten Weltkrieg floss die Redekunst immer stärker in geschäftliche Bereiche ein, als Verkaufsrhetorik und in der Werbung. Gute Kenntnisse in der Gesprächsführung sind in Politik und Wirtschaft überlebensnotwendig geworden. Gleichzeitig wächst die Gefahr des Missbrauchs der Rhetorik für demagogische oder den Verkauf um jeden Preis fördernde Zwecke. So gerät sie bisweilen in den Ruf einer bösartigen Trickkiste für skrupellose Überredungskünstler. Gerade deswegen wird heute die Forderung nach Fairness und Toleranz in der Rhetorik immer lauter.

Werbung und Verkauf

KURZ GESAGT

Geschichte der Rhetorik

- Die klassische Rhetorik entstand ca. 500 v. Chr. in Griechenland.
- Die ersten professionellen Redner waren Juristen, aber auch Feldherren.
- Ab dem 3. Jahrhundert v. Chr. wird die Rhetorik zu einer auch literarischen Kunst.
- Sokrates, Platon und Aristoteles waren die berühmtesten Redner der griechischen Antike. Aristoteles schrieb die erste theoretische Abhandlung über Rhetorik.
- Die Römer führten Rhetorik als Unterrichtsfach ein, wichtige Werke über Rhetorik stammen von Cicero und Quintilian.
- Im Mittelalter ist Rhetorik Bestandteil der höheren Bildung, sie erlangt für die Interpretation der Bibel besondere Bedeutung (Predigt).
- Ab dem 15. Jahrhundert kommen Reden zu allen denkbaren Anlässen in Mode.
- Eine erste Blüte erlebt die politische Rede während der Französischen Revolution.
- Missbrauch der Rhetorik im 20. Jahrhundert durch die Politik (Nationalsozialisten), nach dem Krieg zunehmend durch die Werbung und negative Verkaufsrhetorik.

Die Grundlagen der Kommunikation

Keine Kommunikation ohne Wirkung!

Der Mensch als Gemeinschaftswesen muss sich anderen Menschen mitteilen können. Dies tut er durch Gestik, Sprache und, als jüngstes Kommunikationsmittel, auch durch die Schrift. Kommunikation soll immer auch eine **Wirkung** haben. Spreche ich jemanden an, erwarte ich meistens eine Antwort, eine Reaktion. Wer mit anderen Menschen sprechen möchte, aber keine Reaktion erzielt, fühlt sich ausgeschlossen, isoliert. Um angemessen reagieren zu können bedarf es der zweiten Kommunikationsvoraussetzung: dem Zuhören. ***Sprechen und Zuhören bilden folglich eine Einheit.***

Die Rede als Sonderform der Kommunikation

Besonderheit der Rede

Die Rede ist eine Sonderform des Sprechens. Besteht die „normale" menschliche Kommunikation aus einer relativ schnellen Abfolge kurzer, aufeinander bezogener Informationen, so ist die Rede ein langer, strukturierter Text, der besondere Anforderungen an die Gabe des Zuhörens über einen größeren Zeitraum stellt.

Die Rede stellt eine Dreiecksbeziehung zwischen Redner und Zuhörer her, wie in der Skizze dargestellt.

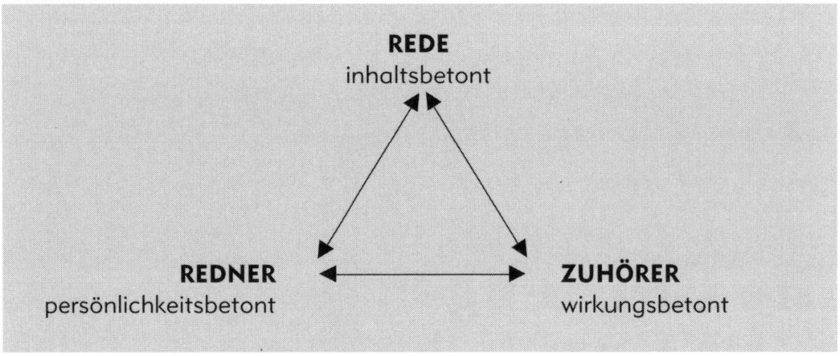

Komponenten des Kommunikationsdreiecks

Wird eine Ecke des Dreiecks zu stark betont, leiden zwangsläufig die beiden anderen Ecken darunter: Eine zu starke Inhaltsbetonung bewirkt, dass die Rede zu abstrakt wird und zu wenige Erholungspausen für die Zuhörer bietet. Das Ergebnis ist, dass die Zuhörer nicht mehr folgen können und abschalten. Zu starke Persönlichkeitsbetonung wirkt schulmeisterlich bis überheblich. Der

Sachgehalt der Rede tritt in den Hintergrund, die Zuhörer richten ihr Interesse auf den als arrogant empfundenen Redner. Das Resultat: Der Redner wird nicht ernst genommen. Bei zu starker Wirkungsbetonung entsteht der Eindruck, der Redner wolle sich beim Publikum einschmeicheln oder rede ihm nach dem Mund. Als Resultat könnte die Sachkompetenz des Redners in Zweifel gezogen werden. Das rechte Maß zwischen den drei Komponenten des Kommunikationsdreiecks zu finden ist eine Grundvoraussetzung für eine gelungene Rede.

Information und Schmuck

„Schmückendes" Beiwerk der Rede

Jede Rede besteht aus Information und Schmuck. Unter Schmuck versteht man Beispiele, bildliche Wendungen, Wiederholungen usw., die zur Veranschaulichung der Informationen benötigt werden. Ohne dieses Beiwerk wäre jede Rede unübersichtlich und es wäre den Zuhörern unmöglich, ihr zu folgen. Nicht umsonst sagt man, man müsse sich von einer Sache erst „ein Bild machen".

Informationsaufnahme und -verarbeitung

Jeder Redner wünscht sich, dass der Inhalt seiner Rede nicht nur vom Publikum gehört, sondern auch behalten wird. Denn nur dann kann die Rede eine Wirkung haben, nämlich das Denken oder Handeln der Zuhörer zu beeinflussen.

Die Bedeutung der Anknüpfungspunkte

Das menschliche Gehirn braucht, um neue Informationen speichern zu können, Anknüpfungspunkte an bereits Bekanntes. Diese Anknüpfungspunkte zu finden dauert eine bestimmte Zeit, der Volksmund sagt, das Neue müsse sich erst „setzen". Bevor eine neue Information unauslöschlich im Langzeitgedächtnis angekommen ist, durchläuft sie zwei Stufen: Ultrakurzzeitgedächtnis und Kurzzeitgedächtnis.

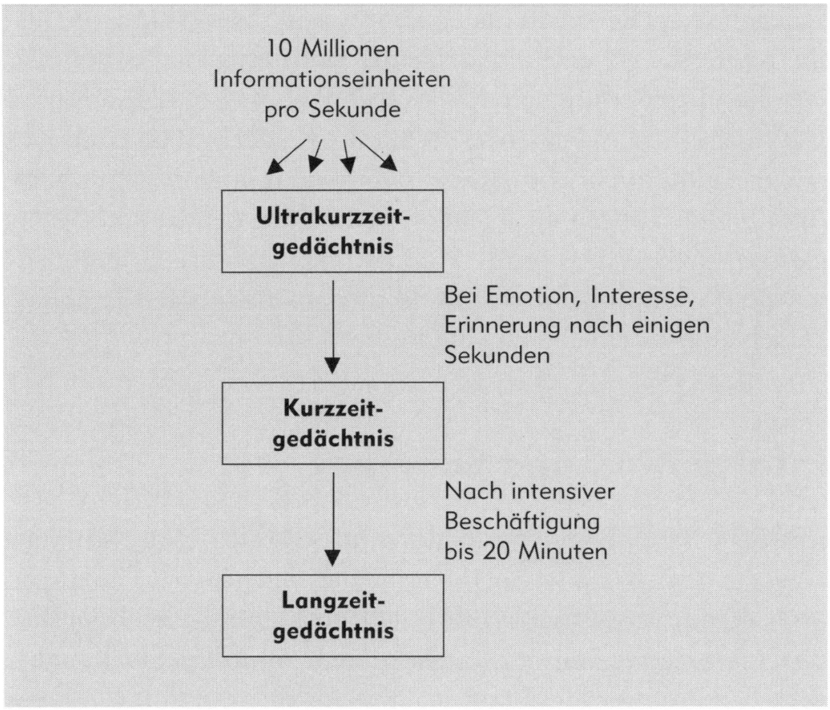

Stufen der Informationsverarbeitung

Was leistet das Ultrakurzzeit-gedächtnis?

Auf das **Ultrakurzzeitgedächtnis** strömen jede Sekunde etwa 10 Millionen Informationseinheiten, auch Bits genannt, ein. Während Sie gerade dieses Buch lesen und sich vielleicht über die hohe Zahl der Informationseinheiten wundern, spielen womöglich zur gleichen Zeit Kinder vor Ihrem Haus, lässt ein Autofahrer den Motor an, schwirrt ein Insekt vor Ihrer Nase herum, riecht es aus der Küche der Nachbarn nach Essen, scheint die Sonne, hört man aus dem Nachbarhaus ein Radio usw. Alle diese Informationen werden von Ihnen gleichzeitig (unbewusst) wahrgenommen und doch erinnern Sie sich hinterher kaum daran. Denn würde Ihr Gedächtnis alles speichern wollen, was um Sie herum gerade passiert, wäre es nach allerkürzester Zeit vollkommen überlastet. Bei einem Computer würde man sagen, die Speicher seien voll.

Das Festhalten von Informationen im Gedächtnis erfolgt in Form von elektrischen Strömen. Sinnvollerweise erlöschen die meisten davon in kürzester Zeit. Nur die Informationen finden Eingang in die zweite Stufe, das **Kurzzeitgedächtnis,** die unser Gehirn für herausragend oder wichtig hält. Das sind vor allem Informationen, die für unser Überleben notwendig sind, oder solche, die mit starken Emotionen besetzt sind, Interesse wecken oder unmittelbar an etwas schon Bekanntes angehängt werden können (Erinnerung).

Das Kurzzeitgedächtnis speichert nur Wichtiges

Ungefähr sieben Informationseinheiten gelangen gleichzeitig ins Kurzzeitgedächtnis, wo sie mit vorhandenen Informationen verknüpft werden. Diese Verknüpfungen sind jedoch erst nach einigen Minuten fest. Zur Herstellung der Verbindungen ist es notwendig, sich mit all diesen Informationen weiter zu beschäftigen, sei es durch Wiederholung des Gehörten, sei es durch Vergleichen, Abwägen, Gegenargumentation, bildliche Vorstellung usw. Kommen in dieser Zeit, die bis zu 20 Minuten dauern kann, neue Informationseinheiten hinzu, blockieren sie sich gegenseitig und schalten sich gegenseitig aus, das heißt, sie werden wieder vergessen.

Die Informationen werden verknüpft

Erst nach der Verarbeitung im Kurzzeitgedächtnis haben sich die neuen Informationen so weit „gesetzt", dass sie im **Langzeitgedächtnis** angekommen sind, wo sie für immer bleiben.

Reden und Denken kombinieren

Der Redner, der weiß, wie das Gedächtnis funktioniert, überfordert sein Publikum nicht, indem er zu viele Informationen in zu kurzer Zeit gibt. Er nutzt „Erholungsphasen" zwischen den Informationen, in denen er wiederholt, verdeutlicht, vergleicht, das Gesagte anhand von Fotos, Grafiken und Beispielen illustriert und seine Informationen geschickt portioniert.

Wird ein Vortrag nur gehört, so bleibt etwa ein Fünftel des Gesagten übrig, das von den Zuhörern behalten wird. Hören ist aber nur eine Möglichkeit, wie der Mensch Informationen aufnimmt. Sehen, Tasten, Riechen, Schmecken sind andere Aufnahmemöglichkeiten. Dabei kommt der visuellen Informationsaufnahme eine besondere Bedeutung zu, besonders in der heutigen Zeit, in

Informationsaufnahme durch die fünf Sinne

der das Sehen durch Fernsehen, Werbung, Illustrierte und durch ein Schulsystem, das das Lesen in den Vordergrund stellt, im Mittelpunkt steht.
Im Durchschnitt wird behalten:

- *durch Lesen 10 %*
- *durch Hören 20 %*
- *durch Sehen 30 %*
- *durch Tasten, Riechen etc. 10 %*

Aufnahmemöglichkeiten kombinieren

Durch die Kombination verschiedener Aufnahmemöglichkeiten kann so die Erinnerungsleistung des Zuhörers enorm gesteigert werden. Von einer Rede, die nicht nur verbal vorgetragen, sondern auch durch visuelle Beispiele und Erläuterungen (Bilder, Grafiken, Muster etc.) unterstützt wird, wird mehr behalten (Hören + Sehen = 50 %).

Der visuelle und der auditive Typ

Die oben genannten Zahlen können natürlich variieren, da es unter den Menschen verschiedene Aufnahmetypen gibt. Einige sind mehr visuell (Sehen), andere mehr auditiv (Hören) ausgeprägt. Der Tastsinn ließe sich beispielsweise durch ein Modell befriedigen, das ausgestellt und von den Zuhörern begutachtet werden kann.

Die unterschiedlichen typbedingten Ausprägungen ändern jedoch nichts an unserer Schlussfolgerung, dass eine Kombination der verschiedenen Aufnahmemöglichkeiten die Wirkung der Rede verstärkt.

Die Wirkung der Rede hängt davon ab, wie sie präsentiert wird.

Die Wirkung einer Rede

Zu einer wirkungsvollen Kommunikation gehört, dass der Sprecher auf den Zuhörer eingeht, sich auf sein Wesen, seine Bildung, sein Sprachniveau einstellt um eine optimale Wirkung erzielen zu können. Bei einer Rede vor größerem Publikum gilt es einen Kompromiss zu finden, der alle Zuhörertypen anspricht: den abstrakt-logischen Typ, der auf knappe Beispiele verzichten kann und stattdessen Zahlen und rationale Aussagen bevorzugt, die er sofort in sein Regelwerk einfügt, und den intuitiven Typ, der sich erst ein Bild machen muss und daher anschauliche Beispiele braucht. Mit Zahlen kann er nicht viel anfangen. In vielen Fällen hilft es, schon bei der Redevorbereitung möglichst viel über das Zielpublikum in Erfahrung zu bringen.

Die Rede zur rechten Zeit

Der Erfolg einer Rede kann auch von äußeren Umständen abhängen, die nichts mit dem Inhalt des Vortrags, der Zusammensetzung des Publikums oder mit der Person des Redners zu tun haben. So sollten Sie nicht in der Mittagszeit reden, wenn Ihre Zuhörer mit knurrenden Mägen im Saal sitzen; der Misserfolg Ihres Vortrags ist dann schon vorprogrammiert. Denn nur wenn die Grundbedürfnisse (Essen, Trinken) befriedigt sind, ist der Mensch bereit sich auf geistige Dinge einzulassen.

Ungünstige Zeiten für Reden

Ungünstige Zeiten für Vorträge sind auch der Spätnachmittag und Abend vor der Abreise des Publikums, wenn die meisten mit ihren Gedanken schon zu Hause sind.

Redewirkungsformel

Wer eine Rede hält, hat sein eigenes Bild von ihrem Inhalt. Dieses Bild versucht er, möglichst exakt weiterzugeben, zu vermitteln. Die Zuhörer nehmen dieses Bild auf und „übersetzen“ es in ein für sie verständliches Bild. Hat der Redner seine Vorstellungen nicht genau genug beschrieben, so entsteht im Kopf der Zuhörer zwangsläufig ein anderes Bild. Die Wirkung der Rede kann dann eine andere sein, als vom Redner erhofft wurde.

Die Wiedergabe der eigenen Vorstellungen

Jeder Redner, der etwas bewirken möchte (welcher Redner möchte das nicht?!), sollte sich darum immer den Lehrsatz von Konrad Lorenz vor Augen halten (siehe nächste Seite). Seine Thesen zeigen deutlich, welche Stationen beim Informationstransfer vom Redner zum Zuhörer zu durchlaufen sind und wie schwierig es ist, Verhaltensänderungen zu bewirken.

*Gesagt bedeutet noch lange **nicht gehört.***
*Gehört bedeutet **nicht verstanden.***
Verstanden** bedeutet **nicht einverstanden.
Einverstanden** bedeutet **nicht behalten.
Behalten** bedeutet **nicht angewandt.
***Angewandt** bedeutet **nicht** Verhaltensänderung.*

Die Stationen der Informationsvermittlung (nach Konrad Lorenz)

Kommunikation durch Körpersignale

Kommunikation findet immer statt

Man kann nicht nicht kommunizieren,[1] lautet einer der Grundsätze des Psychologen und Kommunikationsforschers Paul Watzlawick. Selbst wenn wir schweigen und bewegungslos dasitzen, teilen wir damit unserem Gegenüber etwas mit, sei es, dass wir im Moment keinen Kontakt wünschen oder dass wir nicht interessiert oder gerade traurig sind und allein sein möchten.

Kommunikation durch unbewusste Körpersignale

Wir übermitteln Botschaften also nicht nur durch Sprechen, sondern auch durch **Körpersignale** (nonverbale Kommunikation). Das ist heute in unserer technisierten, auf das Wort konzentrierten Gesellschaft vielen nicht mehr bewusst. Lediglich extreme Körpersignale wie Wut oder Weinen werden noch als nichtsprachliche Äußerungen wahrgenommen. Doch für den Eingeweihten sprechen Augen, Körperhaltung, ja sogar die Stellung der Füße eine manchmal deutlichere Sprache als Worte. Wie viele Menschen haben sich nicht schon gewundert, dass sie trotz aller gegenteiligen Beteuerungen durchschaut wurden? Wer Reden hält oder oft Gespräche führt, sollte etwas darüber wissen, wie er unabhängig vom gesprochenen Text wahrgenommen wird (vergleiche auch das Kapitel „Körpersprache“ S. 108 ff.).

---

[1] Paul Watzlawick et al., Menschliche Kommunikation, Bern/Stuttgart/Wien 1980, S. 53

Kommunikationsebenen

Ebenso wichtig ist für eine gute Kommunikation die Fähigkeit, Kommunikationsebenen[2] richtig zu erkennen.

Informationsebene

Sachliche Informationen austauschen

Stellen Sie sich einmal vor, Sie sitzen mit Ihrem Partner in einem Zugabteil auf einer längeren Reise. Plötzlich äußert sie oder er den Wunsch nach einer Tasse Kaffee. Sie werden jetzt sagen, was sei da schon Schlimmes dabei, wenn mein Partner eine Tasse Kaffee möchte. Nehmen Sie die Äußerung als reine Information auf, dann fahren Sie beide glücklich ihrem Ziel entgegen, wo Ihr Partner am Bahnhof seinen ersehnten Kaffee bekommt. Hier gibt es kein Problem, denn Sie und Ihr Partner haben auf der Informationsebene kommuniziert, das heißt, Sie haben eine sachliche Information ausgetauscht, die auch als sachliche Information verstanden worden ist.

Selbstoffenbarungsebene

Gefühle mitteilen

Vielleicht wollte Ihnen Ihr Partner aber mit der Information zugleich seinen derzeitigen Gefühlszustand mitteilen: *Ich bin sehr durstig* oder *Ich bin sehr schlapp.* Mit dieser in die Informationsebene hineingepackten Zusatzinformation hätte er sich auf die Selbstoffenbarungsebene begeben, das heißt etwas von seinem aktuellen Zustand preisgegeben.

Aufforderungsebene

Signale geben

Vielleicht war es aber gar keine sachliche Information, die Ihr Partner Ihnen geben wollte. Vielleicht wollte er sagen: *He du, ich bin auch noch da! Sprich endlich mit mir!* Oder Sie hätten auf die sachliche Information Ihres Partners geantwortet: *Ich kann dir jetzt aber keinen Kaffee besorgen, hier im Zug gibt es keinen Speise-*

---

[2] Schema der vier Kommunikationsebenen nach F. Schulz v. Thun, Miteinander reden, Reinbek 1989

Die Information als Aufforderung?

wagen. In die sachlichen Worte wäre so im ersten Fall eine Aufforderung verpackt worden, im zweiten Fall hätten Sie die sachliche Information als Aufforderung verstanden, vielleicht, weil Sie eine überaus hilfsbereite Person sind und in alle Äußerungen Ihres Partners immer einen Wunsch hineininterpretieren. Dann hätte sich einer von Ihnen auf die Aufforderungsebene begeben und die eigentliche sachliche Information hätte bei einem der Beteiligten zu einem unbefriedigenden Gefühl, wenn nicht sogar zu einem Konflikt, geführt.

Beziehungsebene

Vielleicht hätten Sie aber auch geantwortet: *Jetzt hör auf, schon wieder zu meckern, ich hab dir doch gesagt, wir sollten lieber mit dem Auto fahren. Dann hätten wir jetzt irgendwo eine Rast einlegen und Kaffee trinken können. Aber du wolltest ja unbedingt mit dem Zug fahren. Auf mich hört wie immer keiner.* Dann wäre aus dem harmlos klingenden Kaffeewunsch sicher ein handfester Streit entbrannt und der Informationsaustausch hätte sich als ein Kampf um das Rechthaben entpuppt. Sie wären dann auf der Beziehungsebene gelandet, auf der es darum geht, dem Gesprächspartner mitzuteilen, was man von ihm hält, dass man sich über ihn freut oder ärgert, einverstanden ist oder ablehnend usw.

Aus Informationen werden Konflikte

Untersuchungen haben gezeigt, dass die meisten zwischenmenschlichen Konflikte entstehen, weil die Kommunikationspartner Informationen auf der Beziehungsebene austauschen oder interpretieren. Verstehen Sie vielleicht jetzt, warum Kollegen manchmal verärgert reagieren, obwohl Sie ihnen doch „nur" etwas mitteilen wollten. Auf der Beziehungsebene werden oft die „Fallen", die unausgesprochenen indirekten Informationen gesucht, die man hinter einer bestimmten Äußerung vermutet: *Wenn der das so sagt, dann meint der doch bestimmt auch noch ...*

Das Wissen über Kommunikationsebenen nutzen

Grundsätzlich gilt: Jede Information kann auf jeder der vier genannten Ebenen gemeint sein oder verstanden werden. Wer also mit anderen Menschen kommuniziert, sollte sich darüber im Klaren sein, dass grundsätzlich jedes Wort anders verstanden werden kann. Reden können so oder so aufgefasst werden, je nachdem, wie das Publikum zum Redner steht. Ihre Gesprächsbeiträge können inhaltlich noch so fundiert sein – wenn Ihr Gesprächspartner Ihnen gegenüber voreingenommen ist, wird er anderes aus Ihren Worten lesen, als Sie hineingelegt haben. Wenn Sie aber um dieses grundsätzliche Problem der menschlichen Kommunikation wissen, dann können Sie bei der Planung Ihrer Rede oder Ihrer Gespräche sich darauf einstellen, ja sogar dieses Phänomen für sich nutzbar machen.

Jedes Wort kann anders verstanden werden

Ein wenig Transaktionsanalyse

Die Transaktionsanalyse beschreibt die Kommunikation zwischen verschiedenen Ich-Zuständen der Kommunikationspartner. Sie geht von drei Ich-Zuständen aus, dem *Eltern-Ich-Zustand*, dem *Erwachsenen-Ich-Zustand* und dem *Kind-Ich-Zustand*.

Eltern-Ich-Zustand

Im Eltern-Ich-Zustand befindet sich, wer denkt, handelt und fühlt, wie er es von seinen Eltern übernommen hat. Dieses Verhalten ist unauslöschlich in einem Menschen gespeichert. Es enthält Regeln, Verbote, ethisch-moralische Gebote, Kritik und Vorurteile, aber auch menschliche Wärme, Hilfsbereitschaft, Liebe. Die Eltern-Ich-Normen werden ungeprüft angeeignet.

Übernahme von Normen

Erwachsenen-Ich-Zustand

Im Erwachsenen-Ich-Zustand befindet sich, wer sich mit seiner realen Welt auseinandersetzt, Tatsachen sammelt und überprüft, Argumente und Gegenargumente abwägt und logische Schlussfolgerungen daraus zieht. Problemlösungen und konstruktive Kritik gehören in den Erwachsenen-Ich-Zustand.

Auseinandersetzung mit der realen Welt

Kind-Ich-Zustand

Verhalten wie in der Kindheit

Im Kind-Ich-Zustand befindet sich, wer fühlt und handelt wie in seiner Kindheit. Hierzu gehören Gehorchen, gutes Benehmen, Schuldgefühle, Schmollen, Furcht und Wut ebenso wie Spiel, Freude, Forschergeist, Neugier, Spass am Experiment und Erfinden.

Parallele Transaktionen

Parallele Transaktionen beinhalten eine Kommunikation auf gleichen Ich-Zuständen.

Erstes Beispiel:

Hast du deine Schwiegermutter schon angerufen? –
Ja, das habe ich heute morgen erledigt.

Diese Transaktion läuft zwischen zwei Erwachsenen-Ich-Zuständen ab.

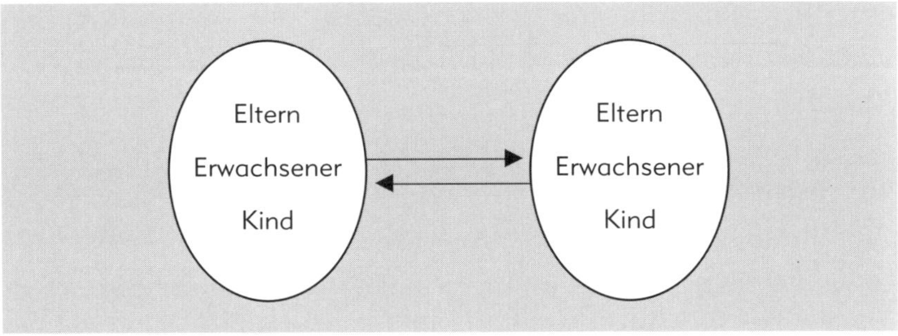

Person 1 **Person 2**

Zweites Beispiel:

Jetzt ruf endlich die Schwiegermutter an! Ich hab dir das schon dreimal gesagt. –

Ja, tut mir leid, ich hab so viel zu tun, dass ich es schon wieder vergessen habe.

Auch hier verläuft die Transaktion parallel, jedoch zwischen zwei verschiedenen Ich-Zuständen, dem Eltern-Ich der ersten und dem Kind-Ich der zweiten Person.

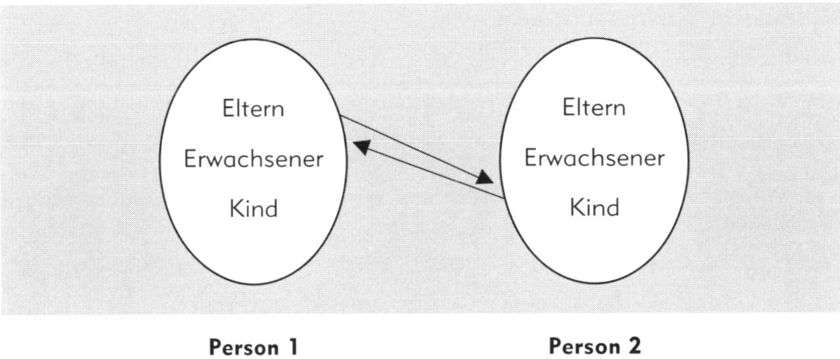

Transaktionen zwischen verschiedenen Ich-Zuständen bergen keine Konflikte in sich, wenn beide Kommunikationspartner das Transaktionsmodell akzeptieren. Erst wenn eine verdeckte Transaktion hinzutritt (siehe unten) entsteht ein Konflikt.

Gekreuzte Transaktionen

Gekreuzte Transaktionen beenden in der Regel ein Gespräch und überraschen einen Gesprächspartner.

Beispiel:

Wo könnte ich meine Brieftasche hingelegt haben? –
Pass gefälligst auf deinen Kram auf, dann brauchst du auch nicht andauernd zu suchen!

Die Antwort (Eltern-Ich zu Kind-Ich) kreuzt die Frage (Erwachsenen-Ich zu Erwachsenen-Ich).

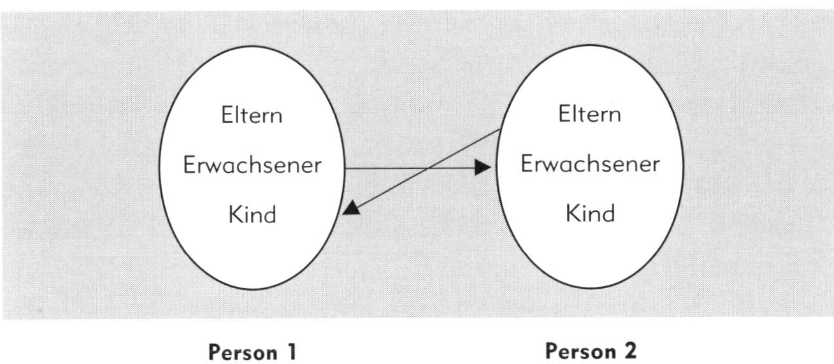

Verdeckte Transaktionen

Verdeckte Transaktionen gibt es in Gesprächen, die vordergründig vielleicht neutral oder freundlich, in Gedanken jedoch unfreundlich verlaufen.

Beispiele:

Hast du deine Schwiegermutter schon angerufen? (Dabei gedacht: *Du Angsthase traust dich wieder mal nicht. Jetzt mach schon!)* –

Ja, ich rufe sie gleich an. (Dabei gedacht: *Muss ich schon wieder diese Frau anrufen, die mich jedesmal anmeckert?)*

Chef: *Herr Müller, wie viel Uhr ist eigentlich?* (Dabei gedacht: *Wissen Sie eigentlich, dass Sie schon wieder zu spät kommen?)*

Herr Müller: *8.35 Uhr.* (Dabei gedacht: *Hör auf zu meckern, es sind doch nur fünf Minuten!)*

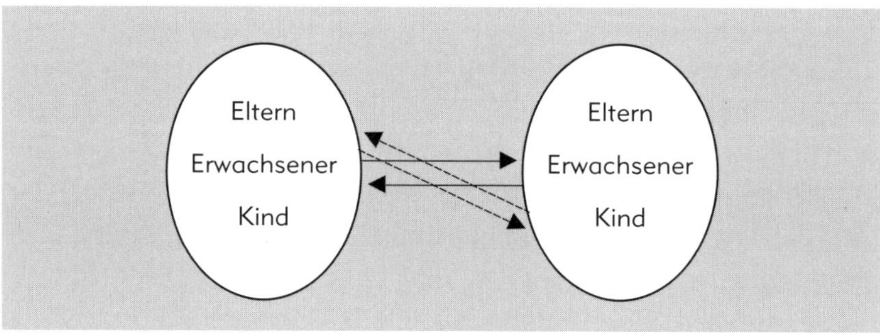

Person 1 **Person 2**

Offene und verdeckte Kommunikation

Hier verläuft die offene Kommunikation zwischen zwei Erwachsenen-Ich-Zuständen, die verdeckte, nur gedachte Kommunikation hingegen zwischen Eltern und Kind-Ich. Diese Transaktionen bergen gleichfalls Konfliktstoff und sind umso gefährlicher, als der Konfliktstoff nicht offen liegt.

Das Verstehen dieser Abläufe hilft Konflikte zu entschärfen, indem man die Kommunikation in den Erwachsenen-Ich-Zustand zurückführt. Anregungen hierfür finden Sie im Kapitel „Das Gespräch gestalten“ (vergleiche S. 157 ff.).

KURZ GESAGT

Grundlagen der Kommunikation

- Sprechen und Zuhören bilden eine Einheit.
- Der Redner muss auf den Zuhörer eingehen.
- Redeinhalt, Rednerpersönlichkeit und Redewirkung müssen in einem ausgewogenen Verhältnis stehen.
- Informationen müssen durch Beispiele, Vergleiche, Bilder, Wiederholungen etc. „gedächtnisgerecht" ausgeschmückt werden.
- Bevor eine Information im Langzeitgedächtnis gespeichert ist, durchläuft sie zwei Vorstufen: Ultrakurzzeit- und Kurzzeitgedächtnis.
- Die Verankerung der Informationen im Gedächtnis braucht Zeit. Den Zuhörern müssen „Verarbeitungsphasen" gewährt werden.
- Die Wirkung einer Rede hängt in weiten Teilen von ihrer Präsentation ab.
- Es gibt für Reden ungünstige Tageszeiten.
- Kommunikation verläuft nicht nur durch Worte, sondern auch durch Gesten, Mimik etc.
- Was gesagt wird, kann auf vier verschiedenen Kommunikationsebenen gesagt oder verstanden werden: Informations-, Selbstoffenbarungs-, Aufforderungs- oder Beziehungsebene.
- Besonders die Interpretation einer Information auf der Beziehungsebene führt zu Konflikten.
- Kommunikation zwischen zwei Menschen kann zwischen verschiedenen Ich-Zuständen verlaufen: Eltern-, Erwachsenen oder Kind-Ich-Zustand. Laufen Ich-Zustände nicht parallel, kommt es häufig zu Konflikten.
- Zur Konfliktlösung begibt man sich in den Erwachsenen-Ich-Zustand, der bestimmt ist durch sachliches, emotionsfreies Sprechen und logisches Denken.

Stress und Lampenfieber – die Begleiter des Redners

Sie kennen es bestimmt: Das Herz schlägt schneller, der Schweiß bricht aus, die Hände beginnen leicht zu zittern. So oder ähnlich fühlen sich viele, die kurz vor ihrem Auftritt als Redner stehen. Selbst erfahrene Redner berichten immer wieder davon und fragen nach, was sie gegen diese Symptome tun können. Die „Krankheit", die hier beschrieben wird, heißt *„Lampenfieber"* und sie gehört zu einer Rede wie das Salz in die Suppe.

Auch Profis haben Lampenfieber

Bekannte Showmaster, Schauspielerinnen, Politiker berichten übereinstimmend davon, dass sie vor ihren Auftritten Lampenfieber haben. Die meisten behaupten auch, das Lampenfieber sei für den Erfolg ihres Auftritts wichtig: Es gibt die gewisse „Würze", ohne Lampenfieber sind die Auftritte weniger überzeugend.

Sie sehen also, dass Sie mit Ihrem Lampenfieber, Ihrer Redeangst nicht allein dastehen, dass Sie im Gegenteil dieser Art von „Stress" positive Aspekte abgewinnen können. Die Redeangst selbst lässt sich also nicht abstellen. Es gibt jedoch einige Möglichkeiten, das Lampenfieber in den Griff zu bekommen.

Das Lampenfieber in den Griff kriegen

Ein gutes Gegenmittel: gründliche Vorbereitung

Ein wirksames „Medikament" gegen diese Art von Angst ist die *gründliche Vorbereitung*. Das Thema des Vortrags muss Ihnen so bekannt sein wie Ihre eigene Westentasche. Sie haben sich um alle Aspekte Ihres Themas gekümmert, Sie haben über entgegengesetzte Positionen nachgedacht, Sie haben sich darüber Gedanken gemacht, was Sie mit der Rede erreichen und welche „Botschaft" Sie vermitteln wollen. Sie haben sich vor der Rede darum gekümmert, dass im Vortragssaal Beleuchtung und Akustik stimmen. Den eventuellen Einsatz technischer Hilfsmittel haben Sie im

Griff und Sie wissen, wie man die Geräte bedient. Damit haben Sie schon einige Störfaktoren ausgeschaltet, die bei weniger vorbereiteten Rednern den Stress erhöhen würden.

Ihr *Manuskript* haben Sie übersichtlich gestaltet. So sind Sie jederzeit in der Lage, die richtigen Stellen zu finden, wenn Sie einmal stecken bleiben sollten. (Im Kapitel „Das Redemanuskript", S. 98 ff., finden Sie dazu noch detaillierte Anregungen.)

Keine Angst vor dem Publikum

Eine weit verbreitete Furcht ist die vor dem *Publikum.* Sie sollten davon ausgehen, dass das Publikum Ihnen wohlgesinnt ist, in den meisten Fällen wird es interessiert und erwartungsvoll sein. Sicherlich gibt es immer einmal Personen, die neidisch sind oder Sie als Konkurrenten ansehen. Bedenken Sie aber, dass es sich dabei immer um Einzelpersonen handelt, niemals aber um die gesamte Zuhörerschaft!

Manche haben auch davor Angst, wegen Ihres *Akzents* oder *Dialekts* ausgelacht zu werden. Schauen Sie sich einmal im Fernsehen Politiker an, bevorzugt aus dem südlichen Teil Deutschlands: Hier werden regionale Sprachvarianten, das heißt Akzent und Dialekt, sogar bewusst gebraucht. Sie müssen sich also überhaupt nicht schämen. Es kommt bei Ihrer Rede viel mehr auf das an, was Sie sagen, als darauf, wie Sie es sagen.

Kontakt herstellen

Ein anderes „Medikament" gegen Lampenfieber besteht darin, *auf das Publikum zuzugehen,* durch Rückfragen, kleine Randbemerkungen, Scherze oder Anekdötchen den Kontakt zu den Zuhörern zu schaffen. Die werden es Ihnen damit danken, dass sie Ihnen wohlgesinnt bleiben und Ihrem Vortrag aufmerksam folgen.

Lassen Sie sich Zeit für Ihre Rede. Zunächst einmal braucht das Publikum Zeit Ihre Äußerungen zu verarbeiten. Wenn Sie die Zuhörer Schlag auf Schlag mit immer neuen Sätzen bombardieren, können sie Ihnen bald nicht mehr folgen: Unaufmerksamkeit und Unruhe sind dann die Quittung. Geben Sie dem Publikum also eine Chance das Gehörte aufzunehmen. Wiederholen Sie und packen Sie die Wiederholungen in Beispiele, dann bleibt Ihr Vortrag anschaulich und interessant.

Wenn Sie sich Zeit lassen, haben Sie außerdem immer wieder die Möglichkeit einen Blick ins Manuskript zu werfen und zu kontrollieren, ob Sie noch beim Thema sind und ob Sie alles gesagt haben, was Sie vorbereitet haben. *Sprechen Sie betont langsam:* Sie sind dadurch besser verständlich – und das langsame Sprechen beruhigt gleichzeitig Ihre angespannten Nerven.

Der Einsatz visueller Medien gibt Sicherheit

Eine große Unterstützung sind oft *visuelle Medien:* Poster, Grafiken, Bilder, Fotos. Diese Medien helfen Ihnen nicht nur, Ihr Thema zu veranschaulichen, sie geben auch Sicherheit und tragen so dazu bei, Stress und Nervosität abzubauen.

Jetzt bleibt immer noch die weit verbreitete *Angst vor einer Blamage.* Wenn Sie gut vorbereitet sind, ist diese Angst jedoch unbegründet. Das Publikum möchte doch etwas von Ihnen erfahren. Es ist nicht gekommen um Sie bloßzustellen!

Einige erfahrene Redner berichten davon, dass *ein Gläschen Sekt oder Likör* vor dem Auftritt gegen Lampenfieber hilft. Doch Vorsicht: Die Wirkung des Alkohols wird durch Nervosität nicht unerheblich verstärkt – und so mancher hat sich schon mit dieser Art von „Medizin“ selbst ein Bein gestellt.

KURZ GESAGT

Tipps gegen Redefurcht, Stress und Lampenfieber

- Bereiten Sie Ihre Rede gründlich vor.
- Achten Sie auf ein übersichtliches, gut lesbares Manuskript.
- Gehen Sie auf das Publikum ein, beziehen Sie es in Ihren Vortrag mit ein (Rückfragen, direkte Ansprache u. a.)
- Konzentrieren Sie sich auf den Inhalt Ihrer Rede. Erfahrungsgemäß gilt: Akzent, (leichter) Dialekt und Denkpausen beeinflussen den Inhalt nicht negativ.
- Nutzen Sie visuelle Hilfsmittel.
- Nehmen Sie sich Zeit für Ihren Vortrag. Ein mäßiges Sprechtempo mit gezielt eingesetzten Pausen gibt Ihnen Ruhe und Sicherheit.
- Trinken Sie keinen Alkohol vor Ihrem Auftritt.
- Denken Sie daran: Das Publikum ist gekommen, weil es auf Ihren Vortrag gespannt ist, nicht um Sie zu blamieren!

Eine Rede vorbereiten

Redeziele definieren, Zeit einteilen

Bevor Sie damit beginnen, Ihre Rede vorzubereiten, sollten Sie sich unbedingt folgende Fragen stellen:

Warum halte ich diese Rede?
Wurde ich dazu von jemandem beauftragt, geht die Rede auf meine eigene Initiative zurück?

Warum ich?

Welchen Anlass hat meine Rede?
Muss ich mich eingehend informieren oder weiß ich bereits genügend über Thema und Person? Was muss ich tun, damit meine Rede in Sprache und Ausdruck dem Anlass angemessen ist? Ist auf irgendetwas oder auf irgendwen Rücksicht zu nehmen?

Anlass

Was möchte ich mit meiner Rede erreichen?
Möchte ich „nur" informieren? Möchte ich überzeugen? Möchte ich meine Zuhörer wachrütteln, sie dazu bringen zu handeln oder sich zu verändern?

Mein Anliegen

Wie erreiche ich mein Redeziel?
Wie baue ich meine Rede am geschicktesten auf? Welche Schwerpunkte möchte ich herausheben? Braucht meine Rede visuelle Unterstützung?

Stehe ich hinter dem, was ich sage?
Wer selbst nicht von dem überzeugt ist, was er anderen sagen will, wird die anderen kaum überzeugen können.

Publikum

Kenne ich die Erwartungen meines Publikums?
Für die Beantwortung dieser Frage sollten Sie sich genügend Zeit nehmen, denn schon oft haben Redner zwar exzellente Vorträge gehalten, dabei aber völlig am Publikum vorbeigeredet. Nur wer weiß, was die Zuhörer erwarten, wird auch seine „Botschaft" vermitteln können (vergleiche das folgende Kapitel).

Welche Zuhörerreaktionen könnten während der Rede auftreten?
Muss ich auf Zwischenrufe, auf Gegenargumente gefasst sein und wie gehe ich damit um? Beachten Sie auch, dass Ihnen vielleicht nicht alle Zuhörer positiv gegenüberstehen, vielleicht gibt es Konkurrenten oder Menschen, die Ihnen keinen Erfolg gönnen.

Organisation

Was ist vor der Rede organisatorisch zu beachten?
Brauche ich irgendwelche Hilfsmittel, wie z. B. Kassettenrekorder, Overheadprojektor oder Flipchart?

Wenn ich elektrische Geräte einsetze, wo und wie schließe ich sie an?

Ist das Flipchart von allen Zuhörerplätzen aus sichtbar?
Wie steht es um Beleuchtung und Akustik des Raumes, in dem ich sprechen werde?

Redezeit

Wie viel Zeit habe ich für meine Rede und wie halte ich sie ein?
„In der Kürze liegt die Würze", heißt ein altes Sprichwort. Aus eigener Erfahrung als Zuhörer wissen Sie wahrscheinlich bereits, dass die Fähigkeit zum konzentrierten Zuhören nach einer gewissen Zeit erschöpft ist. Untersuchungen haben ergeben, dass das Aufnahmevermögen für Informationen nach 20 Minuten stetig abnimmt. Sie dürfen aber auch nicht zu knapp formulieren, Beispiele dienen der Veranschaulichung und sind damit notwendige Bestandteile jeder Rede.

Wie viel Zeit habe ich für die Vorbereitung und wie teile ich sie ein? Bedenken Sie, dass es einige Zeit dauert, bis das Material, das man zur Redevorbereitung braucht, gesammelt ist. Warten Sie mit der Vorbereitung nicht bis „auf den letzten Drücker"; in der Eile werden wichtige Aspekte, die man eigentlich ansprechen wollte, schnell vergessen.

Auf Publikumserwartungen eingehen

Frustrierte Redner oder Zuhörer

Manche Reden enden mit einem unguten Gefühl für Redner und für Zuhörer. Der Redner hat das Gefühl vom Publikum nicht richtig angenommen worden zu sein, denn der Beifall klingt höflich-brav, aber nicht begeistert. Der Zuhörer hingegen hat das Gefühl, der Redner sei nicht auf seine Vorstellungen von der Rede eingegangen. Wer beispielsweise zu einer Gewerkschaftskundgebung geht, erwartet Reden von Gewerkschaftern und nicht von Arbeitgebern. Sprechen auf solch einer Versammlung sowohl der Arbeitgeberpräsident als auch der Gewerkschaftsvorsitzende von unbedingtem Lohnverzicht und notwendigem Abbau der Sozialleistungen, fühlen sich die Zuhörer zu Recht missverstanden. Sie hatten bestimmte *Erwartungen* an die Redeinhalte und sind enttäuscht worden. Die Folge dieser nicht erfüllten Erwartung wird ein Verlust an Glaubwürdigkeit dieser Gewerkschaft sein, der durchaus einen beträchtlichen Mitgliederschwund nach sich ziehen kann. Es ist also wichtig, die Erwartungshaltung der Zuhörer zu erfüllen.

Erwartungen bestimmen die Redeinhalte

Die Erwartungen der Zuhörer sind inhaltlicher und struktureller Art. Wer zu einer Versammlung der Züchtervereinigung Prachtfinken e. V. geht, erwartet keine politischen Reden, sondern interessante Informationen zum Wesen der Prachtfinken, zu ihrem Charakter, ihren Brutgewohnheiten, ggf. auch Empfehlungen für die artgerechte Haltung. Wer hingegen eine politische Veranstaltung besucht, erwartet bestimmt keine Informationen zum Liebesleben von Prachtfinken (auch wenn manch ein Politiker gern als Prachtfink bezeichnet wird). Wer sich folglich als Redner an das ausgeschriebene Thema hält, macht nichts falsch, kommt den inhaltlichen Erwartungen der Zuhörer sehr nah.

Übersichtlichkeit und Schlüssigkeit

Eine erfolgreiche Rede zeichnet sich durch eine *übersichtliche Struktur* und durch eine *schlüssige Abfolge der Argumentationen* aus, die das Publikum problemlos nachvollziehen kann. Dann hat der Zuhörer das Gefühl, er hat verstanden, was der Redner sagen wollte, und geht zufrieden nach Hause. Diesen Erwartungen struktureller Art zu entsprechen fällt bisweilen schwer.

Das muss nicht allein an einem verworrenen Redeaufbau liegen, wodurch jegliche Aufmerksamkeit schnell zum Erliegen kommt. Selbst wenn Präsentationshilfen und -techniken sinnvoll eingesetzt werden, kann es vorkommen, dass der Redner nicht den richtigen Ton trifft und somit die Zuhörererwartung nicht erfüllt. Die psychologischen Aspekte menschlicher Kommunikation sind eben sehr vielfältig und unterscheiden sich je nach Kulturkreis, Bildungsstand, Alter oder Geschlecht – um nur einige zu nennen.

Den richtigen Ton treffen

Wie soll der Redner diesen Aspekten gerecht werden? Muss er Psychologie studieren um die Publikumserwartungen optimal zu erfüllen? Sicher wäre ein solches Studium von Vorteil, aber es genügt auch, wenn Sie sich auf den gesunden Menschenverstand und Ihr Gefühl verlassen. Bevor Sie mit der Arbeit an Ihrer Rede beginnen, fragen Sie sich, *wer* Ihnen *warum* zuhören wird. Rechnen Sie aufgrund des Themas mit einer mehr männlichen Zuhörerschaft oder einer weiblichen? Wie alt wird das Publikum sein? Welcher Bildungsstand ist zu erwarten und was interessiert diese Leute? Was gefällt ihnen? Werden Sie vor Landsleuten oder vor Ausländern sprechen? Ein Österreicher hat es sicher leichter, die Erwartungen österreichischer Zuhörer zu erfüllen als ein Deutscher. Welche Erwartungen hat dieses österreichische Publikum folglich an den Redner? Was würde geschehen, wenn ein deutscher Redner vor Italienern, die schon lange in Deutschland leben, eingangs seiner Hochzeitsrede für Giovanni und Helga verlauten ließe: *Amore, Amore, Amore hat uns zusammengeführt …*

Wer hört warum zu?

Sie sehen, mit den rechten Vorüberlegungen ist es gar nicht schwer, der Publikumserwartung gerecht zu werden. Mit Einfachheit im Aufbau, Klarheit im Ausdruck und Blick für die Besonderheiten der Zuhörer wird dies stets gelingen.

Ideen finden und entwickeln

Eine Idee lässt sich nicht anknipsen wie eine Lampe. Die meisten tollen Ideen kommen zwar spontan, aber zumeist nicht auf Befehl. Daher gilt es, sich auf Ideen vorzubereiten.

Stimulation durch die Umgebung

Dazu gehört ein geeignetes Umfeld. Meist kommen Geistesblitze nicht an dem Arbeitsplatz, an dem man schon längere Zeit über einer Aufgabe brütet. Der eine steht auf, geht ans Fenster, genießt den Blick auf einen Park, einen Garten um dann wieder an den Schreibtisch zurückzukehren und Ideen niederzuschreiben. Der andere nimmt ein Bad oder begibt sich an einen gewissen Ort, wo ihm die Ideen „zufliegen“. Viele Schriftsteller entwickelten ihre Gedanken in Cafes, andere schwören darauf, dass die Einfälle sprudeln, wenn sie vorher etwas Schönes gehört oder gelesen haben: ein Musikstück z. B., eine anregende Kurzgeschichte oder ein Gedicht.

Ideen gleich notieren

Viele Menschen haben die besten Einfälle im Alltag, beim Autofahren, bei Einkäufen – immer dann, wenn sie eigentlich gar nicht damit beschäftigt sind, Ideen für ein Referat zu sammeln. Für diese Fälle sollten Sie immer einen kleinen Schreibblock bei sich haben, der in die Hand- bzw. Jackentasche passt. Dann können Sie Ihre spontanen Ideen sofort notieren. Warten Sie nicht, bis Sie zu Hause sind – dann könnte Ihre Idee verloren sein oder nicht mehr so originell und zündend wie beim ersten Einfall.

Ein anderer wesentlicher Punkt: die *zeitliche Planung*. Fangen Sie nicht zu spät mit den Vorbereitungen an. Gut Ding will Weile haben! Legen Sie sich eine Kartei oder ein Heft an, in dem Sie alle Gedanken sammeln. Später können Sie auf einen wahren Schatz an Einfällen zurückgreifen. Oft ist es auch so, dass, je mehr Ideen

Sie gesammelt haben, Ihnen umso mehr neue Ideen einfallen, denn jede Idee hat die Saat für neue Ideen in sich.

Quellen und Fundgruben

Die meisten Menschen, die sich auf eine Rede vorbereiten, lesen Fachliteratur zu dem betreffenden Thema. Die darin enthaltenen Informationen werden ausgewählt, mit dem eigenen Wissen verknüpft und fließen so in die Rede ein. Manchmal steht Ihnen aber nicht genügend Fachliteratur zur Verfügung. Dann müssen Sie auf andere Quellen zurückgreifen.

Die eigene Materialsammlung

Es lohnt sich, eine Materialsammlung anzulegen, die man immer wieder nutzen kann. Zu fast jedem Thema finden sich Informationen in Tages- und Wochenzeitungen, Magazinen und Illustrierten. Hier finden Sie auch Zitate, Anekdoten, Karikaturen, die Sie eventuell einmal gebrauchen können.

Besuchen Sie Ausstellungen, Kongresse oder Vorträge, die mit Ihrem Fachgebiet zu tun haben. Auch von dort werden Sie eine Fülle von Ideen mit nach Hause nehmen. Sie können sich auch mit Ihrem Partner/Ihrer Partnerin oder mit Bekannten über Ihr Thema unterhalten, oft erhalten Sie auf diesem Wege neue Anregungen.

Anregungen vom Partner

Sie sollten jedoch nicht nur an die nahe liegenden Probleme und Aspekte Ihres Themas denken. Sammeln Sie auf jeden Fall auch

- besonders gelungene Formulierungen,
- Anekdoten, Witze, besonders anschauliche Berichte,
- Grafiken und Bilder,
- Zitate, nicht nur von historischen Persönlichkeiten, sondern ganz bewusst von Zeitgenossen, die für Ihr Thema als Kapazitäten gelten,
- gegensätzliche Meinungen zu Ihrem Thema (je größer Ihre Sammlung, desto besser sind Sie auf Gegenargumente vorbereitet).

Kreativtechniken

Die einfachste Methode der Ausarbeitung eines Themas kennen Sie bestimmt noch aus Ihrer Schulzeit: *Stoffsammlung – Gliederung – Ausformulierung.* Dieses Prinzip liegt allen Techniken zur Ideenentwicklung zugrunde. Darüber hinaus sollten Sie immer folgendermaßen vorgehen:

Vorgehen bei der Ausarbeitung des Themas

- Definieren Sie Ihr Thema so exakt wie möglich: Worüber werde ich sprechen? Auf welche Unterthemen muss ich eingehen? Was will ich unbedingt sagen?
- Suchen und sammeln Sie dann alle Informationen, die das eingegrenzte Thema betreffen.
- Sortieren Sie die Informationen und erstellen Sie eine Gliederung, ein Inhaltsverzeichnis.
- Überprüfen Sie anhand der Gliederung, ob Ihr Thema einen roten Faden hat, die Informationen sinnvoll gruppiert sind.
- Sammeln Sie nun anschauliche Beispiele und Argumente für Ihre Position.
- Sammeln Sie ebenso anschauliche Beispiele und Argumente um Gegenpositionen entkräften zu können.
- „Würzen" Sie Ihr Thema mit Anekdoten, Aphorismen, Pointen, bauen Sie Redeformeln und andere sprachliche Mittel ein (siehe Seite 58 ff. bzw. Seite 74 ff.).

Beim Sammeln von Ideen sind *Kreativmethoden,* wie sie im Folgenden dargestellt werden, eine große Hilfe.

Brainstorming

Geistesblitze notieren

Bei dieser Technik, die allein oder in einer Kleingruppe angewandt werden kann, setzt man sich mit Block und Stift an einen ruhigen Platz (alle möglichen Störungen sind vorher auszuschalten) und schreibt wahllos alle Ideen auf, die spontan zum Thema einfallen. Dabei sind wirklich *alle* Ideen zu notieren, auch wenn sie anscheinend nichts mit dem Thema zu tun haben. Oft stellen sich gerade die „unpassenden" Geistesblitze später als geniale Einfälle heraus.

Dieser Phase sollte ein Zeitlimit gesetzt werden (z. B. von 10 Minuten). Danach nimmt man sich jeden aufgeschriebenen Gedanken vor und prüft, ob er für das Thema zu gebrauchen ist oder nicht. Vorschnelle Negativ-Urteile sollten unterbleiben, denn Offenheit für jede Idee ist eine unabdingbare Voraussetzung für Kreativität.

Das Brainstorming lässt sich natürlich auch mit einem Diktiergerät durchführen, wenn Sie die Methode allein anwenden. Die auf Band gesprochenen Einfälle sind vor ihrer Bewertung schriftlich zu fixieren.

Ideen visualisieren

Umsetzung in ein Bild

Wenn Sie sich komplexere Zusammenhänge klar machen wollen, versuchen Sie, sich ein Bild davon aufzuzeichnen. Das klingt im ersten Moment vielleicht ein wenig komisch, hilft Ihnen aber dabei, auf einen Blick alle Teilbereiche zu erfassen.

Nehmen wir an, Ihre Aufgabe besteht darin, eine neuartige Maschine vorzustellen. Zur Vorbereitung fertigen Sie eine Skizze der Maschine an und beschriften alle Teile. Notieren Sie auch alle Themen und Aspekte, die Sie über die reine Funktionsbeschreibung hinaus in Ihrer Präsentation zur Sprache bringen möchten (Vorteile, technische Besonderheiten, Kosten usw.). Die Skizze ist der rote Faden, der Ihnen hilft, Ihre Ideen zu ordnen und auszuformulieren.

Grafische Darstellung des Themas

Gerade bei abstrakten Themen kann Ihnen eine grafische Darstellung oder ein *Mind-map* (siehe unten) zur Entwicklung Ihrer Ideen gute Dienste leisten. Scheuen Sie sich beim Visualisieren Ihrer Gedanken nicht vor übertriebenen, abstrusen Zeichnungen. Denn je phantasievoller Sie zeichnen, desto besser werden später die Ideen sich aus der Zeichnung entwickeln. Und schließlich handelt es sich bei diesem Schritt nur um ein Instrument für die Vorbereitung Ihres Vortrags. Die Zuhörer können, müssen aber nichts von Ihren Zeichengebilden mitbekommen.

Mind-mapping

Bei einem Mind-map werden Ideen und Gedanken zu einem Thema grafisch dargestellt. Ausgehend vom Thema, in der Grafik der zentrale Kreis, erhält jeder Gedanke einen eigenen Kreis, der mit einer Linie oder einem Pfeil mit dem Themenkreis verbunden ist. Alle weiteren Ideen zu den Gedankenkreisen, z. B. Vor- und Nachteile, Begründungen, Konsequenzen, erhalten wieder Kreise, die von dem ersten Gedankenkreis ausgehen.

„Landkarte" für Gedanken

Ein Mind-map ist eine Art Landkarte. Aber statt Verbindungen zwischen einzelnen Orten und Landschaften werden Verbindungen zwischen Informationen und Stichwörtern dargestellt. Wie man auf einer Landkarte von einem Ort zum anderen findet, gelangt man auf solch einer „Textkarte" von einer logischen Verknüpfung zur nächsten. Das hilft beim Auswählen und Sortieren der Gedankenkreise.

Anschaulichkeit und Übersichtlichkeit sind die Vorteile der Mind-mapping-Methode. Auf einen Blick ist das gedankliche Konzept der Rede reproduzierbar.

Ein Beispiel zum Thema Rhetorik zeigt, wie ein Mind-map aussehen kann:

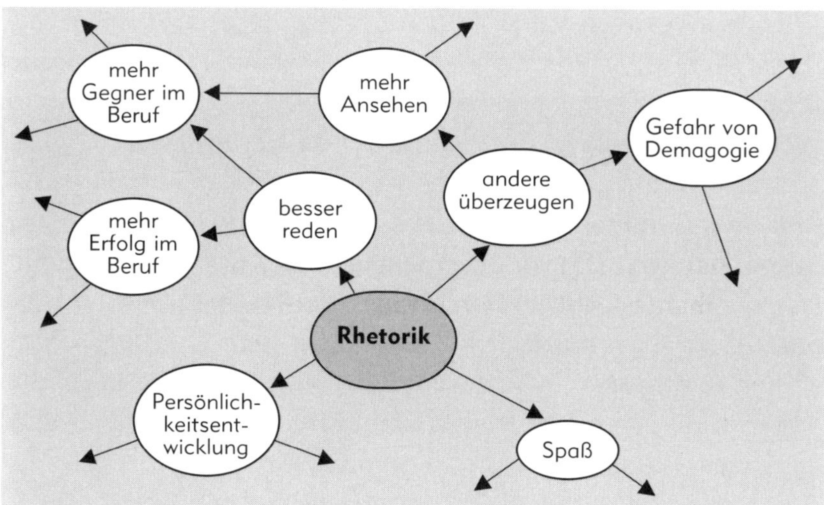

Mind-map: Rhetorik

Den richtigen Einstieg finden

Kommt Ihnen das bekannt vor? – Sie möchten etwas schreiben, einen Brief, eine Bewerbung, ein Redemanuskript. Sie brüten schon seit mehr als einer halben Stunde darüber und haben immer noch kein Wort zu Papier gebracht. Oder Sie haben immer wieder einen Satz begonnen, danach das Papier zerknüllt und weggeworfen, weil Sie mit dem Anfangssatz nicht zufrieden waren. Dann geht es Ihnen wie den meisten Profis auch: Wie fange ich am besten an? Viele sagen sogar, das Allerschwierigste überhaupt sei es, den ersten Satz, den richtigen Einstieg zu finden.

Der effektvolle Redestart

Alternativen für den Redeeinstieg

Stellen Sie sich doch einmal vor, Sie befänden sich auf einem Kongress mit verschiedenen Vorträgen zum Thema „Alternativen zum Autoverkehr in der Großstadt". Der erste Redner könnte auf eine der folgenden Arten seinen Vortrag beginnen: *Guten Tag, meine Damen und Herren! Ich bedanke mich für Ihr Erscheinen und für das Interesse, das Sie meinem Vortrag entgegenbringen. Bevor ich beginne, möchte ich mich ganz herzlich bei all meinen Kollegen bedanken, die bei der Vorbereitung dieses Kongresses mitgewirkt haben. Bedanken möchte ich mich auch bei Herrn Dr. Müller-Meier, der mir wertvolle Hinweise gegeben hat. Ganz besonderer Dank gebührt aber der Verkehrsdezernentin dieser Stadt, Frau Meier-Schulze, die es möglich gemacht hat, dass wir heute über dieses Thema diskutieren ...* oder: *Guten Tag, meine Damen und Herren! Schon bei den alten Ägyptern war das Thema Verkehr in den Städten von großer Wichtigkeit. Lassen Sie mich daher einen Überblick über den Straßenverkehr von der Frühgeschichte bis heute geben ...* oder: *An welche Alternative zum Autoverkehr denken Sie, meine Damen und Herren zuerst? Richtig – an Busse und Bahnen. Ich dachte auch immer so: Deshalb wäre ich auch fast zu spät zum Vortrag gekommen ...* Welchem Redner hätten Sie wohl weiter interessiert zugehört, welcher Redner hätte Sie „abschalten" lassen?

Viele Profis werden es Ihnen bestätigen: Der Anfang entscheidet über Erfolg oder Misserfolg Ihres Vortrags. Ist Ihr Einstieg interessant oder aufrüttelnd, werden Ihnen die Zuhörer während des gesamten Vortrags folgen. Ist Ihr Einstieg langweilig oder abgedroschen, wird dieser Eindruck auf Ihre gesamte Rede übertragen und schon bald werden Sie das Gefühl haben, dass Ihnen niemand mehr zuhört. Denken Sie daher immer daran: Die Zuhörer wollen *angesprochen* werden.

Bedanken, aber nicht entschuldigen

Bedanken Sie sich für die Einladung, aber so kurz wie möglich. Lange Danksagungen können Sie nach dem Schlussapplaus loswerden. Beginnen Sie nie mit einer Entschuldigung, es sei denn, sie ist ironisch gemeint, sozusagen als besonderer Gag. Schließlich sind Sie der Experte zum Thema, dafür brauchen Sie sich nicht zu entschuldigen! Nach der Begrüßung beginnen Sie Ihren Vortrag so effektvoll, wie es geht!

Wir wollen im Folgenden ein paar Möglichkeiten zeigen, wie man einen Vortrag beginnen kann. Sie sollten sich der Bedeutung eines mitreißenden Anfangs bewusst sein und versuchen, den für Ihre Rede geeignetsten zu finden.

Der Anekdoten-Einstieg

Eine besondere Begebenheit ...

Gerade bei eher „trockenen" Themen kann eine lebendige Anekdote dazu beitragen, das Interesse der Zuhörerschaft zu wecken und wachzuhalten. Die Anekdote kann ein persönliches Erlebnis sein, ein guter (origineller!) Witz oder eine kurze Geschichte aus der Literatur oder der Presse. Wichtig ist jedoch, dass Ihre Anekdote so lebendig wie möglich vorgetragen wird. Wenn Sie aus der Literatur zitieren, muss die Begebenheit so vorgetragen werden, als wären Sie selbst dabei gewesen. Bei Witzen gilt es zu bedenken, dass der Humor in verschiedenen Regionen unterschiedlich sein kann – in Bayern lacht man über andere Witze als in Hamburg.

BEISPIELE

- *Wissen Sie, meine Damen und Herren, warum in Ostfriesland die Omnibusse nur 2 Meter lang, dafür aber 20 Meter breit sind? – Weil alle neben dem Fahrer sitzen wollen. – Das sollte uns jedoch nicht davon abhalten, über Alternativen zum Autoverkehr auch in ostfriesischen Städten nachzudenken ...*
- *Als ich letzte Woche Düsseldorf besuchte, meine Damen und Herren, traf ich in der Straßenbahn meine ehemalige Nachbarin, Frau Krause, schwer bepackt mit Einkaufstaschen. Als ich sie so sah, da kam mir folgende Idee: Warum stellt der Verkehrsverbund nicht Leute ein, die den Straßenbahnbenutzern das Gepäck nach Hause bringen? Mein Thema ist heute: Wie lässt sich die Attraktivität des öffentlichen Verkehrs steigern?*

Der Effekt-Einstieg

Eine besondere Überraschung

Bringen Sie irgendwelche Gegenstände mit, die auf den ersten Blick mit Ihrem Thema nichts zu tun haben. Zu unserem Thema „Alternativen zum Autoverkehr" könnten Sie eine große rote Zipfelmütze hoch halten und so beginnen: *Viele denken, dieses Utensil gehört zur Grundausstattung jedes eingefleischten Bus- und Straßenbahnfans im Winter ...*

Sie können aber auch Bilder (z. B. Dias) zeigen, die das Interesse Ihrer Zuhörer auf Ihr Thema lenken, von Kassette den Teil eines Musikstücks vorspielen, das zu Ihrem Thema passt (aber bitte nicht zu lang!) oder eine Papiertüte aufblasen und mit lautem Knall zerplatzen lassen: *Alle 5 Minuten knallt es auf Deutschlands Straßen – und die Folgen kennen Sie alle, meine Damen und Herren* (Der Redner hällt die zerknüllte Papiertüte hoch). *Sind da öffentliche Verkehrsmittel nicht doch etwas sicherer? ...*

Der Frage-Einstieg

Fragen bieten eine gute Gelegenheit, den Kontakt zwischen Redner und Publikum herzustellen. Wenn Sie es geschickt anstellen, fühlen sich die Adressaten Ihrer Rede sogleich angesprochen und eingeladen Ihnen zuzuhören.

Sie können eine echte Frage stellen, mit der Sie Antworten aus dem Saal provozieren. Die Frage sollte dann aber so gestellt sein, dass sie mit Ja- oder Nein-Zurufen beantwortet werden kann. Lange Antworten könnten Ihr Konzept durcheinander bringen, eine Diskussion im Saal auslösen und Sie in den Hintergrund drängen. (Ein praktischer Hinweis: Ja-/Nein-Fragen beginnen nie mit einem W-Fragewort: Wer, Was, Wann, Warum etc.)

Fragen wecken Interesse

Oder Sie stellen eine rhetorische Frage. Das sind Fragen, auf die man keine Antwort erwartet, auf die die Antwort jedem klar sein sollte. Auf jeden Fall soll die Frage jedoch bei Ihren Zuhörern Aufmerksamkeit erzeugen.

BEISPIELE

- *Haben Sie schon einmal im Stau gestanden und gedacht: Mit der S-Bahn wäre ich jetzt schon zu Hause?*
- *Gefällt es Ihnen, an einem nasskalten Wintertag an einer Bushaltestelle zu stehen?*
- *Hätte nicht jeder von uns gern einen eigenen Chauffeur?*

Der Gliederungseinstieg

Sie ist die auf den ersten Blick am wenigsten originelle Einleitungsart, kann aber auch sehr effektvoll sein, insbesondere wenn Sie mehrere „Super-Themen" auf Lager haben und Ihren Zuhörern Appetit darauf machen möchten. Auch erwecken Sie mit einer Gliederung den Eindruck, von Anfang bis Ende mit offenen Karten zu spielen; die Zuhörer wissen, was auf sie zukommt, und brauchen nicht zu befürchten, von Ihnen in eine bestimmte Meinungsrichtung manipuliert zu werden.

Seriös und glaubwürdig

Firmeninterne Produktpräsentationen und Informationsvorträge in öffentlichen Institutionen werden üblicherweise mit Hinweisen zur Gliederung eingeleitet. Das wirkt seriös. In der englischsprachigen Welt ist der Gliederungseinstieg bei offiziellen Vorträgen Standard.

Bedenken Sie stets, dass ein guter Start „überlebenswichtig" ist, dass eine langatmige und damit langweilige Gliederung am Anfang Ihrer Rede dem Interesse Ihrer Zuhörer entgegenwirken und Ihrem Vortrag dann mehr schaden als nützen würde.

BEISPIEL

▸ *Meine Damen und Herren, ich begrüße Sie zu meinem Vortrag über ... Zuerst möchte ich Ihnen einen Überblick über die Themen geben: Ich beginne mit ... Dann werden wir über ... sprechen. Dabei streifen wir auch die Bereiche ... und ... Schließlich will ich auch auf ... zu sprechen kommen.*

Der historische Einstieg

Vergangenheit und Gegenwart verknüpfen

Dieser Einstieg war früher in Schulaufsätzen sehr beliebt. Er soll eine glaubhafte Verbindung zum gegenwärtigen Thema herstellen. Er birgt aber eine große Gefahr in sich, denn leicht ergeht sich der „Historiker" in einer allzu detaillierten Schilderung zurückliegender Ereignisse und vergisst darüber ganz die Gegenwart, das Thema seines Vortrags.

Das heißt jedoch nicht, dass der historische Einstieg nicht doch in manchen Fällen günstig sein könnte. Denkbar wäre es beispielsweise, zu zeigen, dass ein aktuelles Problem auch schon vor 2000 Jahren bekannt war. Wird diese parallele Entwicklung mit einer Portion Humor vorgetragen, kann das bei den Hörern großen Gefallen finden. Fassen Sie sich aber beim historischen Einstieg stets kurz, es sei denn, der geschichtliche Überblick ist Ihr alleiniges Thema. Werfen Sie nicht mit Jahreszahlen um sich wie ein Jongleur mit Bällen, letzterer wird sein Publikum (mit „Ballwerfen") erfreuen, Sie werden es (mit „Zahlenwerfen") jedoch eher vergraulen.

BEISPIEL

▸ *Immer mehr Straßen, meine Damen und Herren, werden in Fußgängerzonen umgewandelt und der Individualverkehr wird somit immer weiter aus dem Stadtzentrum verdrängt. Es ist gesetzlich festgelegt, dass nur zu bestimmten Zeiten das Befahren der Zonen zum Be- und Entladen gestattet ist.*

Diese Regelung stößt bei Zulieferern wie Geschäftsleuten auf zunehmende Kritik und Unverständnis. Viele Geschäftsleute befürchten, dass ihre Kunden ausbleiben, weil sie nicht mehr wie gewohnt überall mit ihren Wagen vorfahren können. Die hier beschriebene Regelung, meine Damen und Herren, ist festgelegt in den Julischen Gesetzen des Gaius Julius Cäsar, die beschriebene Situation stammt aus der gleichen Zeit …

Hüten Sie sich davor, den Exkurs in die Vergangenheit breit auszuwalzen. Wenn Sie sich für ihn entscheiden, sollte er lediglich dazu dienen, auf eine gegenwärtige Situation aufmerksam zu machen.

Der Kompliment-Einstieg

Wohlwollen erwerben

Mit diesem Einstieg haben Sie die Möglichkeit die Zuhörer für sich zu gewinnen. Sie erzeugen damit eine positive Grundstimmung, die während des gesamten Vortrags anhalten kann. Die Römer nannten diese Art des Redebeginns Captatio benevolentiae, was so viel bedeutet wie das Haschen nach Wohlwollen. Die wichtigste Grundregel: Übertreiben Sie es nicht mit Ihren Komplimenten.

BEISPIELE

- *Meine Damen und Herren, ich bin überaus erfreut, dass Sie meinem Thema … so viel Interesse entgegenbringen …*
- *Ihr Erscheinen, meine Damen und Herren, beweist, dass es immer noch genug verantwortungsbewusste Bürgerinnen und Bürger gibt, denen das Thema … nicht gleichgültig ist …*

Der Nachrichten-Einstieg

Aktualität steigert Interesse

Hier greifen Sie eine aktuelle Meldung aus Zeitung, Radio oder Fernsehen auf und stellen Sie Ihrem Vortrag voran. Der Vorteil dieser Art des Einstiegs ist offensichtlich: Ihre Rede wirkt topaktuell und Sie haben darüber hinaus ein weithin bekanntes Beispiel zur Hand, mit dem Sie Ihre Gedanken untermauern können.

Der Nachteil dieser Art des Einstiegs ist, dass er nicht lange vorausgeplant werden kann. Aktuelle Nachrichten sind eben schon am nächsten Tag veraltet. Von Nachteil wäre es auch, wenn Sie sich auf einen Nachrichten-Einstieg versteifen würden, am Tag Ihres Vortrags aber keine geeignete Nachricht verfügbar ist. Sie sollten sich für diese Art des Einstiegs also spontan entscheiden.

BEISPIELE

- *Wie Sie alle heute Morgen der Tagespresse entnehmen konnten, meine Damen und Herren …*
- *Haben Sie schon die aktuelle Ausgabe des „Spiegel" gelesen? Da steht in der Titelgeschichte …*

Der Schock-Einstieg

Wachrütteln, aber nicht beschimpfen

Wer provoziert oder schockiert, gewinnt zunächst einmal Aufmerksamkeit. Nach dieser Devise handelten und handeln zahlreiche moderne Künstler: Maler, Schriftsteller, Theaterregisseure. Indem sie etwas Altbekanntes aus völlig neuer Perspektive zeigen oder etwas Neues, ganz Ungewohntes vorstellen, versuchen sie die Leute aus den eingefahrenen, in Routine erstarrten Gedankenbahnen zu reißen und zum Nachdenken anzuregen. Wenn dies gelingt, haben die Künstler das geschafft, was man mit dem Sprichwort „Die Kraft der Gedanken versetzt Berge" umschreiben könnte.

Wenn dies nicht gelingt, dann stehen unsere Künstler vor einem Publikum, das nichts mehr versteht, auch nichts mehr verstehen will und überhaupt den Sinn und Zweck dieser Art von Kunst anzweifelt. Der angerichtete „Schaden" ist dann nur schwer wieder wettzumachen.

Am Anfang steht also die Überlegung, ob es Ihnen mehr nützt oder mehr schadet, wenn Sie Ihr Publikum schockieren. Wenn Sie sich dafür entscheiden, wählen Sie auf jeden Fall etwas, das zwar wachrüttelt, aber allgemein akzeptiert werden kann. Die gewünschte Wirkung wird verfehlt, wenn Sie Ihr Publikum beschimpfen.

BEISPIEL

▸ *Mehr als 100 000 Menschen sind im vergangenen Jahr eines gewaltsamen Todes gestorben, meine Damen und Herren. Der Anteil der Verkehrstoten lag bei ...*

Der Vergleichseinstieg

Der Bezug muss erkennbar sein

Originell kann es mitunter sein, ein Thema mit einem anderen zu vergleichen. Beispiele finden Sie im Tierreich, in Filmen, in der Literatur, in anderen Kulturen usw. Achten Sie aber darauf, dass Ihre Vergleiche nicht zu weit hergeholt sind und der Bezug zu Ihrem Thema klar erkennbar ist.

BEISPIEL

▸ *Unsere Städte, meine Damen und Herren, ähneln den Behausungen der Ameisen: dicht bevölkert bis in den letzten Winkel, mit einer wohldurchdachten Infrastruktur. Der Ameisenstaat ist bestens organisiert, der Nahrungstransport erfolgt auf regelrechten Straßen. Wären wir auch Ameisen, hätten wir keine weiteren Probleme ...*

Der Zitat-Einstieg

Den eigenen Aussagen größeres Gewicht verleihen

Suchen Sie sich einen Ausspruch eines berühmten Mannes oder einer berühmten Frau, ein passendes Zitat aus Literatur, Zeitung oder Film und Fernsehen, die Ihnen als Einleitung Ihres Vortrags geeignet erscheinen. Die Nennung bekannter Namen erzeugt in der Regel immer Aufmerksamkeit, sie kann dazu beitragen, Ihren Aussagen größeres Gewicht zu geben (die prominente Person steht quasi hinter Ihnen). Das Zitat sollte aber mit Ihrem Vortrag im Zusammenhang stehen oder aber so weit von ihm entfernt sein, dass der humoristische Zweck deutlich wird.

BEISPIELE

▸ *Meine Damen und Herren, wie Professor Meier vom Verkehrsforschungsinstitut in der letzten Ausgabe der Zeitschrift „ProPedes" geschrieben hat, ...*

- *„No sports!", war eine Lebensmaxime Winston Churchills. Er ist damit sehr alt geworden. Wenn Sie auch wie Churchill denken, dann scheidet das Fahrrad, glaube ich, als das beste Fortbewegungsmittel für Sie aus …*

So sollten Sie niemals anfangen

Die wichtigste Regel ist wirklich einfach: Beginnen Sie Ihren Vortrag niemals mit einer Entschuldigung.

BEISPIELE

- *Bitte entschuldigen Sie, wenn ich Sie langweile, aber ich bin kein guter Redner …*
- *Es tut mir leid, meine Damen und Herren, dass nur so wenige den Weg zu uns gefunden haben …*
- *Entschuldigen Sie, dass ich zu Ihnen spreche, aber …*
- *Eigentlich wäre Frau Dr. Schmitz die kompetentere Rednerin gewesen. Da sie aber heute verhindert ist, werde ich zu Ihnen sprechen …*
- *Leider hatte ich nur wenig Vorbereitungszeit …*

Ein denkbar schlechter Einstieg: die Entschuldigung

Solche Einleitungen würden die Aufmerksamkeit Ihrer Zuhörer sofort zerstören. Wenn Sie nicht der Kompetenteste sind, dann können Sie auch nicht so viel Ahnung haben, dass es wert ist, Ihnen die ganze Zeit zuzuhören. Wie schon einmal gesagt: Es besteht keinerlei Veranlassung sich dafür zu entschuldigen, dass Sie sprechen. Denn immerhin sind Sie als Redner angekündigt und die Zuhörenden sind gekommen um Sie zu hören.

Das gilt für alle Einleitungen

Achten Sie immer darauf, dass Ihre Einleitung nicht zu lang gerät. Nennen Sie unbedingt immer das genaue Thema Ihres Vortrags. Das muss nicht im ersten Satz geschehen, es kann auch nach den einleitenden Sätzen genannt werden. Sprechen Sie die Leute, die vor Ihnen sitzen, an und versuchen Sie, von Anfang an Blickkontakt herzustellen. Damit bekommen die Zuhörer Vertrauen zu

Ihnen und es gelingt Ihnen leichter zu überzeugen. Blicken Sie möglichst viele verschiedene Personen nach und nach an; wer sich angesprochen fühlt, wird Ihrem Vortrag aufmerksam folgen. Sie beruhigen sich selbst und wirken sicher und gut vorbereitet auf Ihre Zuhörer, wenn Sie anfangs betont langsam sprechen. Achten Sie auch darauf, dass Ihre Stimme nicht unnatürlich hoch ist, wie es oft passiert, wenn man sehr nervös ist.

Wechselnder Blickkontakt

KURZ GESAGT

Der richtige Einstieg

- Denken Sie immer daran, dass der erste Eindruck, den Sie im Auditorium erwecken, der Allerwichtigste ist, dass der erste Eindruck, den die Leute von Ihnen haben, darüber entscheidet, ob Ihre Worte ankommen oder nicht. Deshalb ist eine gute Einleitung wichtig.
- Sie muss Interesse wecken und die Aufmerksamkeit der Zuhörer auf Ihr Thema lenken.
- Sie soll die Zuhörer für Sie einnehmen, schließlich stehen Sie mit Ihrer Person hinter Ihrem Thema.
- Der Redeeinstieg, den Sie wählen, muss auf jeden Fall zum Thema passen.
- Nennen Sie unbedingt Ihr genaues Thema.
- Sprechen Sie das Auditorium an und stellen Sie Blickkontakt her.
- Sprechen Sie anfangs betont langsam.

Eine Rede aufbauen

Das A und O für eine gute Rede ist eine sorgfältige Vorbereitung. Wir haben schon an anderer Stelle davon gesprochen, wie Sie Ideen finden und entwickeln können und dass Sie Ihr Redeziel nie aus den Augen verlieren sollten. (Wenn Sie das Kapitel „Eine Rede vorbereiten“ noch nicht gelesen haben, schlagen Sie bitte dort nach.)

Der Aufbau Ihrer Rede hängt natürlich davon ab, bei welcher Gelegenheit Sie Ihren Vortrag halten. Eine Hochzeitsrede wird anders aufgebaut sein als ein Fachvortrag. Dennoch gibt es einige Grundregeln, die sich auf alle Vortragsarten anwenden lassen.

Redestruktur – Redeformeln

Grundschemata für den Redeaufbau

Aus Rhetorikseminaren ist Ihnen vielleicht eine breite Palette von eingängigen Namen für Redeformeln bekannt. Diese griffigen Bezeichnungen werden oft von Rhetoriktrainern ausgedacht um es den Seminarteilnehmern leichter zu machen, das Gelernte zu behalten. Inhaltlich laufen alle auf die Grundschemata hinaus, die wir Ihnen hier vorstellen möchten.

Die 1-2-3-Formel

Die 1-2-3-Formel dürfte Ihnen aus der Schule bekannt sein; dort sollte ein Aufsatz aus **Einleitung, Hauptteil** und **Schluss** bestehen. Dieses Grundschema können Sie auch auf Ihre Rede übertragen. Halten Sie die Einleitung knapp und anschaulich und führen Sie schnell zum Thema hin. Die Einleitung ist der wichtigste Teil Ihrer Rede, denn hier wecken Sie Neugier und Interesse der Zuhörer an Ihrem Thema. Gelingt Ihnen das, wird Ihnen das Publikum bis zum Abschluss Ihrer (nicht zu langen!) Rede folgen. Misslingt die Einleitung, wird man Ihnen vielleicht nicht weiter zuhören.

Einleitung

In die *Einleitung* gehören: Begrüßung, vielleicht auch Dank für die Einladung, Nennung des Themas, eventuell mit einem kurzen Überblick über Ihren Vortrag oder einem originellen Einstieg. (Vergleiche hierzu das Kapitel „Den richtigen Einstieg finden“, Seite 48 ff.)

Hauptteil

Der *Hauptteil* befasst sich mit dem eigentlichen Thema. Sie sollten dabei gleich zur Sache kommen, nicht lange um den heißen Brei herumreden: Ihr Publikum wird es Ihnen danken! Erschlagen Sie Ihr Publikum nicht mit zu vielen Fakten auf einmal. Selbst der aufmerksamste Zuhörer kann nur eine bestimmte Menge von

Information in einer bestimmten Zeit aufnehmen. Verwenden Sie daher zu jedem Faktenkomplex möglichst anschauliche Beispiele, streuen Sie Bilder, Grafiken, Diagramme usw. ein, begründen Sie Ihre Aussagen, machen Sie eine Atempause nach jedem Abschnitt. In Fachvorträgen gehören folgende Punkte in den Hauptteil: Darstellung der Fakten mit Beispielen, Begründung der Situation, Darstellung von Gegenpositionen mit Beispielen, Widerlegung der Gegenposition mit Begründung, Folgerungen daraus.

Schluss

Der *Schluss*, eine Zusammenfassung des Gesagten, gibt den Zuhörern noch einmal die Informationen, die Sie mit nach Hause nehmen sollen. Er mündet in den Appell, mit dem Sie Ihr Publikum zum Handeln auffordern.

Schema: 1-2-3-Formel

Die Fünf-Finger-Formel

Eine Variante der 1-2-3-Formel ist die Fünf-Finger-Formel. Jeder Finger der Hand steht für einen Redeteil (siehe Seite 60):

Die Bedeutung der einzelnen Finger

Der erste Teil (kleiner Finger) weckt Interesse an und Neugierde auf Ihr Thema. Der zweite Teil (Ringfinger) schildert knapp die fachlichen Zusammenhänge (wie auch der Ring einen „Zusammenhang" symbolisiert). Der dritte Teil (Mittelfinger) „reizt" Ihr Publikum mit der Begründung Ihres Standpunkts und der Entkräftung von möglichen Gegenpositionen. Der vierte Teil (Zeigefinger) zeigt praktische Beispiele auf, die Ihre Position verdeutlichen und gleichzeitig untermauern, und er zeigt in die Zukunft, in der sich Ihre Position bestätigen soll. Der letzte Teil wird durch den aufgerichteten Daumen symbolisiert („Alles okay!"). Hier rufen Sie Ihr Publikum zum Handeln auf.

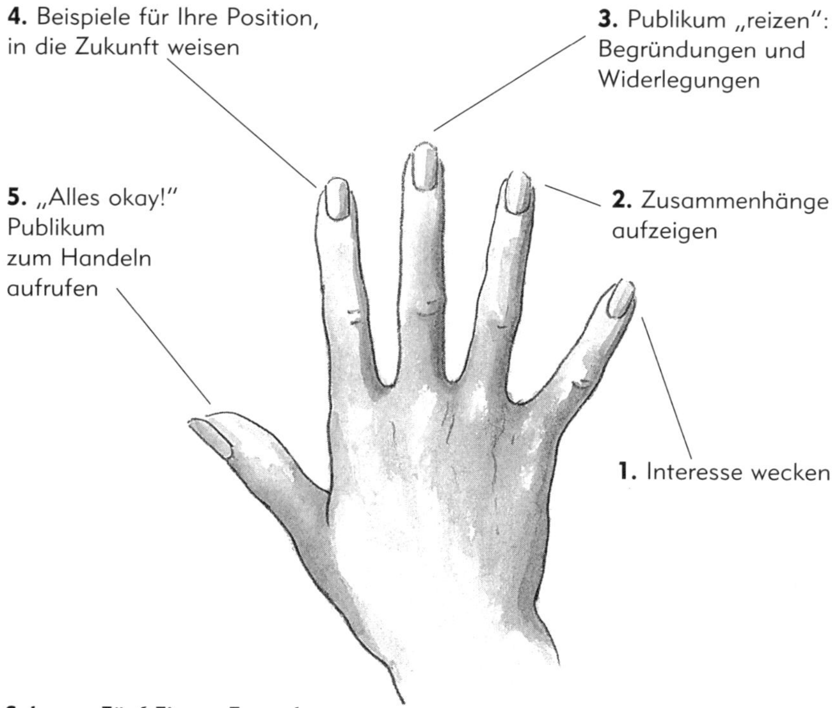

Schema: Fünf-Finger-Formel

Die Drei-Zeiten-Formel

Ideal für die Beschreibung von Entwicklungen

In bestimmten Situationen ist die Drei-Zeiten-Formel von Vorteil. Sie kommt im Hauptteil Ihres Vortrags zur Anwendung. Die drei Zeiten stehen für Gestern, Heute, Morgen. Besonders wenn Sie einen Überblick über Entwicklungen geben möchten, z. B. bei Firmenjubiläen, Produktinformationen, aber auch zu privaten Anlässen (Geburtstag), ist dieses Redeschema eine nützliche Orientierungshilfe.

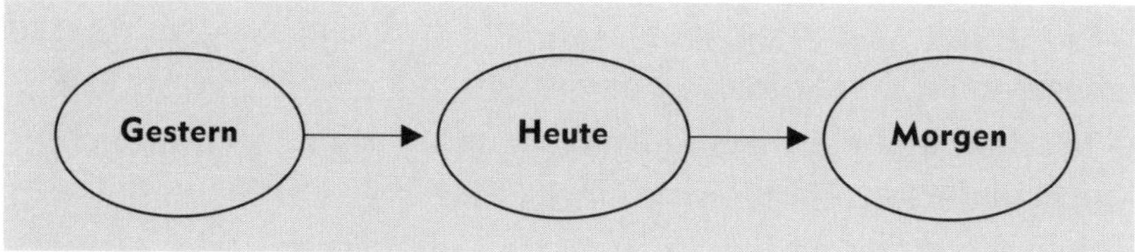

Schema: Drei-Zeiten-Formel

Die Plus-Minus-Formel

Wenn Sie andere von Ihrer Meinung überzeugen möchten, bietet sich eine weitere Möglichkeit an: die Plus-Minus-Formel.

Problematik beschreiben

Sie beschreiben (1) eine Problematik anhand eines aktuellen Beispiels und rufen dazu auf, dass etwas zur Lösung getan werden muss. Die Lösungsmöglichkeit, die Sie für am besten geeignet halten, nennen Sie jetzt noch nicht.

Denkbare Lösungen aufzeigen

Anschließend (2) kündigen Sie Ihre Vorschläge zur Lösung an: *Im Folgenden möchte ich ein paar Lösungswege aufzeigen ...* Danach stellen Sie mehrere Lösungen vor, die infrage kommen, aber nur diejenigen, die Sie am Schluss nicht als Ihre persönliche bestmögliche Lösung vorschlagen werden.

Vor- und Nachteile erläutern

Zu jeder Lösungsmöglichkeit beschreiben Sie nun (3) zuerst alle Vorteile (Plus) und gleich im Anschluss alle Nachteile (Minus). Beginnen Sie immer mit dem Lösungsvorschlag, der am schwersten zu entkräften ist, und schließen Sie die Liste der Lösungsmöglichkeiten mit dem Vorschlag, den Sie am leichtesten widerlegen können (siehe auch im Kapitel „Argumentieren", Seite 66 ff.). Systematisch können Sie so Gegenmeinungen entkräften.

Eigene Lösung präsentieren

Am Ende dieses Redeteils präsentieren Sie Ihren eigenen Lösungsvorschlag (4). Doch dabei gehen Sie genau anders herum vor: Sie schildern zuerst die Nachteile (Minus), die Sie sogleich entkräften, und beschreiben dann die Vorteile (Plus). Die Zuhörer merken sich auf diese Weise eher die Plus- als die Minuspunkte Ihrer Lösung.

Zur Verwirklichung des Vorschlags aufrufen

Zum Abschluss (5) betonen Sie noch einmal die vorteilhaften Auswirkungen Ihres Lösungsvorschlags, am besten mit einem klaren und überzeugenden Beispiel, und rufen Ihr Publikum zum Handeln auf, und zwar zum Handeln in Ihrem Sinne, zur Verwirklichung Ihres Vorschlags.

Eine schematische Darstellung der Plus-Minus-Formel finden Sie auf der nächsten Seite.

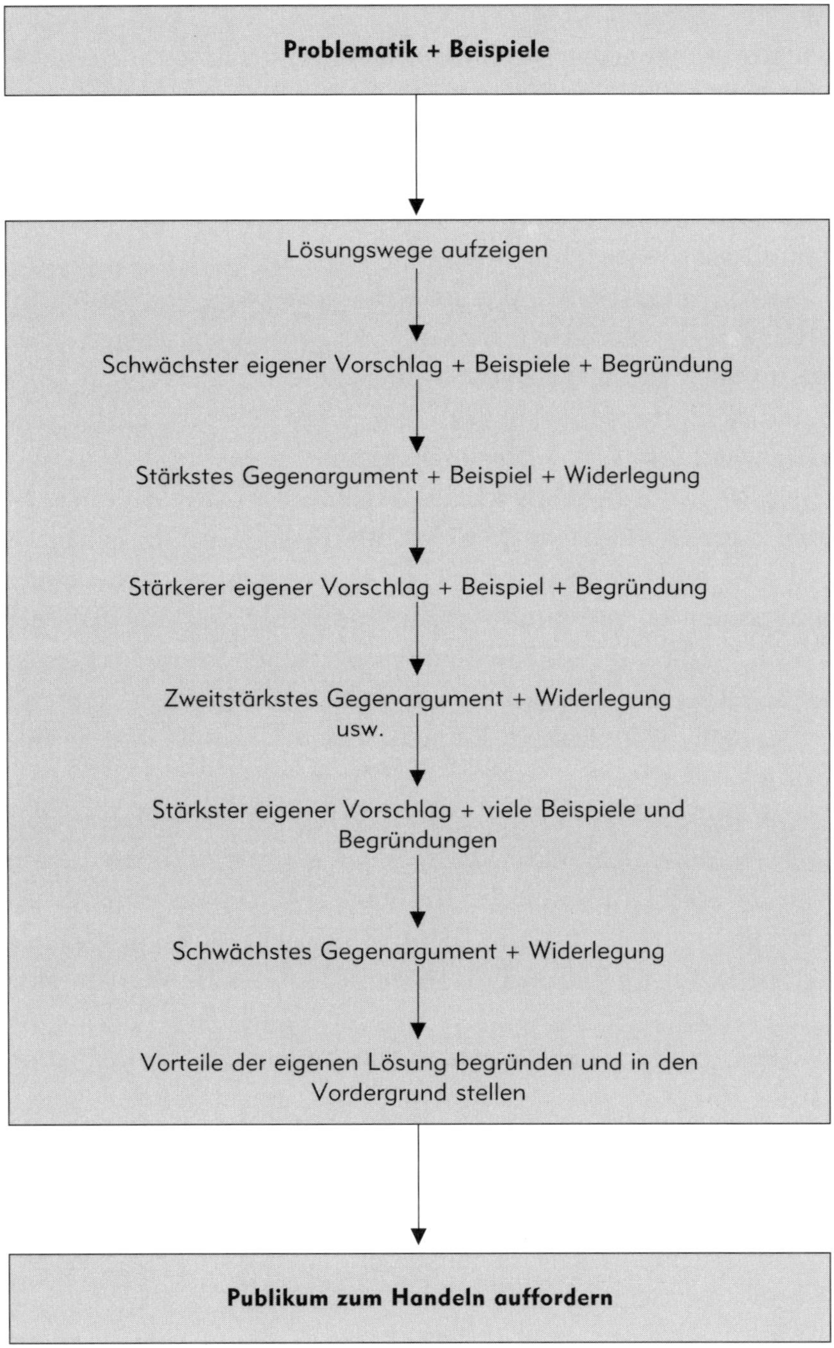

Schema: Plus-Minus-Formel

Die Vier-B-Formel

Für Festreden und andere Ansprachen im privaten Bereich ist die Vier-B-Formel besonders geeignet. Die vier B stehen für

1. *Begrüßung* der Anwesenden,
2. *Begründung* (Anlass des Festes, z. B. Geburtstag, Taufe, Hochzeit usw.),
3. *Beschreibung* wichtiger Lebensstationen des Geburtstagskindes oder der Frischvermählten,
4. *Beglückwünschung* der Jubilare mit guten Wünschen für die Zukunft und Toast auf ihr Wohl.

Aufheiterung statt Sachlichkeit

Die Beschreibung sollte so ausführlich wie nötig und so kurz wie möglich sein. Denken Sie auch daran, nicht zu förmlich zu sprechen, bringen Sie Geschichtchen und Episoden, die aufheitern – schließlich geht es nicht darum, Verkaufszahlen zu präsentieren! So mancher hat mit seiner Festansprache schon eine Feier „totgeredet“, statt die Anwesenden in heitere Stimmung zu versetzen.

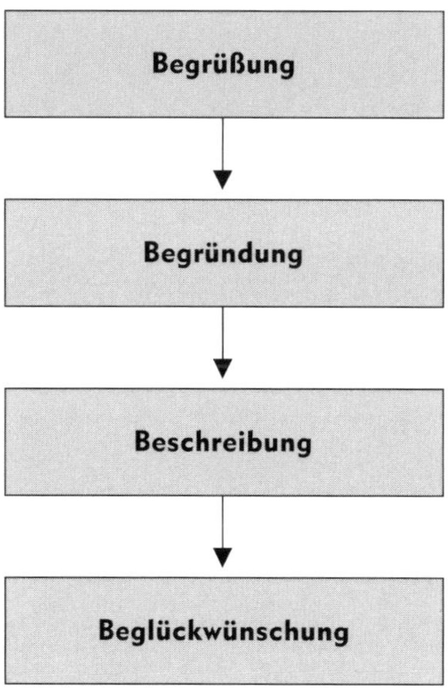

Schema: Vier-B-Formel

Zusammenfassung: Redeformeln auf einen Blick

1-2-3-Formel

Einleitung
Begrüßung
Dank
Thema
Interesse wecken
↓
Hauptteil
Fakten
Beispiele
Begründungen
↓
Schluss
Informationen verankern
Aufruf zum Handeln

Fünf-Finger-Formel

Kleiner Finger
Interesse wecken
↓
Ringfinger
Zusammenhänge schildern
↓
Mittelfinger
Begründung der eigenen Position
Widerlegung der Gegenargumente
↓
Zeigefinger
Beispiele
Beweise
↓
Daumen
Aufruf zum Handeln

Drei-Zeiten-Formel

Anwendung nur im Hauptteil

Gestern
↓
Heute
↓
Morgen

Plus-Minus-Formel (Überzeugungsrede)

Problematik beschreiben
↓
Lösung ankündigen
↓
Andere Lösung nach dem Plus-Minus-Schema entkräften
↓
Eigene Lösung nach dem Plus-Minus-Schema präsentieren
↓
Begründung
Beispiele
Aufruf zum Handeln

Vier-B-Formel (für Privatanlässe)

Begrüßung
↓
Begründung
↓
Beschreibung
↓
Beglückwünschung

Eins nach dem anderen – Redephasen

Für gute Reden gilt das Gleiche wie für einen guten Aufsatz, einen guten Roman oder einen guten Film: Das Publikum soll in seinem Interesse nicht erlahmen. Planen Sie daher folgende Elemente in Ihre Rede ein: Höhepunkte – Spannungsaufbau – Überzeugung. Das Publikum kann aber unmöglich die ganze Rede über angestrengt zuhören, deshalb sind auch „Ausruhphasen“ notwendig.

Höhepunkte, aber auch „Ruhephasen“

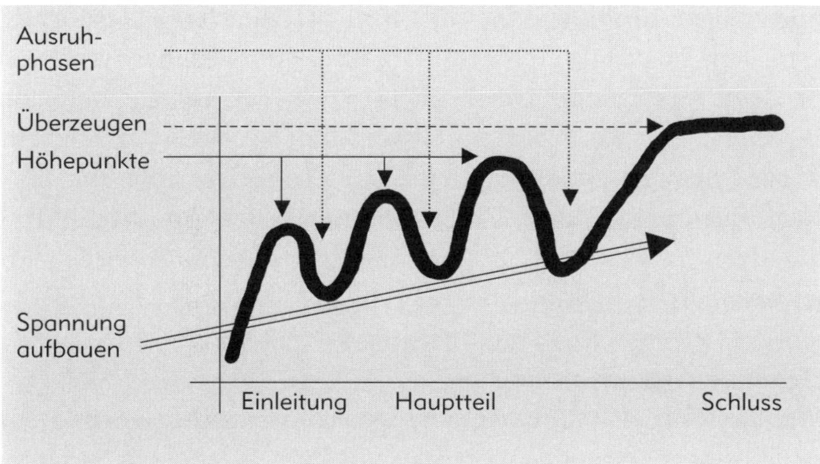

Schematische Darstellung der Redephasen

Die grafisch dargestellte Rede hat vier Höhepunkte: die Einleitung, mit der Interesse geweckt werden muss, zwei besonders einprägsame und aufrüttelnde Beispiele und den Schlussappell, mit dem die Zuhörer aufgefordert werden, etwas zu unternehmen. Natürlich können Sie Ihre Rede auch anders strukturieren. Sie sollten nur darauf achten, das richtige Maß zwischen der Anzahl der Höhepunkte und der Phasen zu finden, in denen Ihr Publikum sich „ausruhen“ kann, in denen Ihre Argumente sich „setzen“ können. Nutzen Sie diese „Erholungspausen“ für Wiederholungen, Ergänzungen, nie jedoch für schlagkräftige Argumente. **Merke:** Niemand kann länger als maximal 20 Minuten konzentriert zuhören. Die Aufnahmekapazität des Kurzzeitgedächtnisses

Das richtige Maß finden

ist dann erschöpft; bis wieder „Speicherplatz frei ist", lässt es keine neuen Informationen herein. Dies sollten Sie auch bei der Planung der Vortragsdauer und der Länge der einzelnen Phasen berücksichtigen.

Argumentieren

Wenn Sie etwas bewirken möchten, wenn Sie andere von etwas überzeugen möchten, dann hilft es nicht, einfach nur darüber zu sprechen. Sie brauchen einen Plan, nach dem Sie vorgehen können, eine Strategie, wie Sie Ihr Ziel am besten erreichen. Wenn Sie Ihr Ziel durch Konfrontation oder Streit zu erreichen suchen, werden Sie eine andere Strategie wählen, als wenn Sie um Einsicht, Zustimmung oder Unterstützung werben. Im ersteren Fall benutzen Sie das Wort als Waffe *(negative Argumentation)*, im letzteren als Mittel der Überzeugung *(positive Argumentation)*.

Konfrontation oder Einsicht?

Negative Argumentation

Wer das Wort als Waffe benutzt, dem wird es nichts ausmachen, seine Zuhörer bewusst in die Irre zu führen oder einen Sachverhalt zu verschleiern um sein Ziel zu erreichen, denken Sie nur an die Wahlkampfreden mancher Politiker. Wie oft werden Wahlversprechen eingehalten? Statt zu Lösungen zu führen wird verführt, wird die Zuhörerschaft manipuliert, in die Richtung zu denken, die gerade genehm ist.

Verschleiern und manipulieren

Der negativen Argumentation ist auch ein Hang zum Schwarzweißmalen, zum starken Vereinfachen komplexer Zusammenhänge eigen. Denken Sie nur an die (negative) Argumentation einiger Politiker, die behaupten, wenn man alle Ausländer ausweisen würde, dann hätten alle wieder Arbeit – als ob zwischen Arbeitslosigkeit und Ausländerzahl ein Zusammenhang bestünde. Oder achten Sie einmal darauf, wie Rentner und Gesundheitskosten gegeneinander aufgerechnet (und ausgespielt) werden. Es wird auch behauptet, man müsse nur die Partei XYZ wählen und

Schwarzweiß-malerei

alles würde auf einen Schlag besser. Hier wird die rhetorische Argumentation als Waffe benutzt um in die Irre zu führen, eigene Machtpositionen zu sichern oder auszuweiten.

Worthülsen ohne Aussagekraft

Typisch für diese Art von Argumentation ist auch das Verwenden leerer Worthülsen, die aber auf die Zuhörenden einen enormen Eindruck machen. In manchen Handbüchern zur Rhetorik findet man „Formulierungshilfen“ wie die folgenden:
Lernen Sie reden wie ausgefuchste Politiker! Verknüpfen Sie je ein Element aus Spalte 1, 2 und 3 miteinander und Sie erhalten die eindrucksvollsten, nichtssagenden Worthülsen um Ihr Publikum zu verblüffen. So sagen Sie etwas „Intelligentes“ und sagen doch nichts:

1	2	3
Ambivalente	Aktions-	-ebene
Effektive	Fluktuations-	-insuffizienz
Funktionelle	Fraktions-	-phase
Integrierte	Führungs-	-potenz
Interzeptive	Generations-	-problematik
Marginale	Identifikations-	-schwäche
Permanente	Integrations-	-spirale
Polizyklische	Inversions-	-stärke
Progressive	Organisations-	-struktur
Qualifizierte	Partizipations-	-tendenz
Strukturelle	Progressions-	-variable
Systemimmanente	Wachstums-	-verifikation

Verwirren statt erklären

Werfen Sie um sich mit „Funktioneller Identifikationsspirale“, „Polizyklischer Partizipationsphase“ oder „Marginaler Progressionsinsuffizienz“. Bei „so viel Fachwissen“ wird niemand, der Ihnen zuhört, zugeben wollen, dass er nichts verstanden hat.

Im Ernst: Lassen Sie die Finger von solchen Tabellen, denn sie gehören in den Bereich der negativen Rhetorik. Ermöglichen Sie Ihren Zuhörern Verständnis und Einsicht, dann werden Sie deren Unterstützung ernten.

Positive Argumentation

Man kann sagen, ein Glas ist halbleer, man kann aber auch sagen, es ist halbvoll. Sie sehen, wie der Anlass bestimmt, was positiv und was negativ ist. Ein Nullwachstum mag für manchen durchaus positiv klingen, für den von Arbeitslosigkeit Betroffenen aber klingt das Wort entsetzlich. Argumentieren hängt also stets von Anlass und Zuhörerschaft ab.

Positive und negative Sichtweise

Welche positiven Argumentationsarten gibt es nun? Mehrere Möglichkeiten bieten sich an. Aber das Wichtigste ist: Präsentieren Sie Ihre Argumente in einer bestimmten Reihenfolge, nicht querbeet, wie Sie Ihnen gerade in den Sinn kommen.

Die Steigerungstechnik

Bei dieser Technik wird ein Argument an das vorherige angehängt, dabei muss jedes angehängte Argument eine Steigerung zum vorhergehenden darstellen.
Argument 1:
Bahnfahren macht Freude. Man ist frei von Stress und hat die Freiheit, während der Reise zu tun, was man will.
Argument 2:
Bahnfahren ist viel interessanter als Autofahren, da man die Möglichkeit hat, mehr Leute kennen zu lernen.
Argument 3:
Bahnfahren ist umweltschonender als Autofahren.
Argument 4:
Das Risiko, bei einem Unfall verletzt zu werden, ist beim Bahnfahren wesentlich geringer als beim Autofahren.

Die dialektische Technik

Auf die These folgt die Antithese

Die dialektische Technik eignet sich besonders gut um Meinung und Gegenmeinung gegenüberzustellen. Diese Argumentationsform kennen Sie vielleicht auch unter dem Namen *Erörterung.*

Sie starten mit Ihrer Meinung, der **These:** *Bahnfahren ist besser als Autofahren.* Dazu geben Sie ein Beispiel. Dann folgt die Gegenmeinung, die **Antithese:** *Bahnfahren ist viel zu teuer.* Geben Sie auch hierzu mehrere Beispiele. Entkräften Sie die Antithese, bestätigen Sie Ihre These anhand schlagkräftiger Beispiele und kommen Sie zu einem Resultat, der **Synthese:** *Es mag sein, dass Bahnfahren zu teuer ist, meine Erfahrung bestätigt jedoch, dass man vom Bahnfahren in puncto Kommunikation, Freude, Bequemlichkeit hundertmal mehr profitiert als vom Autofahren.* Selbstverständlich können Sie auch umgekehrt – zuerst die Antithese, dann Ihre These – argumentieren, bevor Sie zur Synthese gelangen.

Das Resultat: die Synthese

Die Induktions- und die Deduktionstechnik

Bei der *Induktionstechnik* beginnen Sie mit Beispielen und leiten daraus eine allgemeine Schlussfolgerung ab:

BEISPIEL

- *Beim Bahnfahren ist man frei von Stress und hat die Freiheit, während der Reise zu tun, was man will. Bahnfahren ist viel interessanter als Autofahren, da man die Möglichkeit hat, mehr Leute kennen zu lernen. Bahnfahren ist umweltschonender als Autofahren. Das Risiko, bei einem Unfall verletzt zu werden, ist beim Bahnfahren wesentlich geringer. Daraus folgt: Bahnfahren ist einfach die beste Art und Weise, ans Ziel zu kommen.*

Bei der *Deduktionstechnik* gehen Sie von einer allgemeinen Behauptung aus und schließen daran Ihre Beispiele (Pro-Argumente) an:

Behauptung:
Bahnfahren macht Spaß.
Das kann ich Ihnen bestätigen.

↓

Beispiel 1

↓

Beispiel 2

↓

Beispiel 3 usw.

↓

Bestätigende
Schlussfolgerung

BEISPIEL

▶ *Bahnfahren ist einfach die beste Art zu reisen. Das kann ich Ihnen wirklich bestätigen. Bei meiner letzten Reise konnte ich den ganzen Stress des Tages einfach wie meinen Koffer im Gepäckfach ablegen. Und dann habe ich einen interessanten Menschen kennen gelernt: Kommissar Flink aus der Fernsehserie. Und während all der Zeit, die wir uns unterhielten, sind wir mit Tempo 200 durch die Gegend geschossen ... Sie sehen: Bahnfahren ist eine prima Sache.*

Die Drei-W-Technik

W-Fragen als Orientierungshilfe

Zur Problemlösung empfiehlt sich die Drei-W-Technik. Orientieren Sie sich bei Ihrem Argumentationsaufbau an folgenden drei W-Fragen: *Was* ist das Problem? *Wie* kann man es lösen? *Wer* kann es lösen?

Die Frage-Antwort-Argumentation

Die Gliederung Ihrer Rede orientiert sich an der Beantwortung folgender Fragen. *Wer* macht oder sagt etwas? *Was* macht oder sagt er? *Zu wem* sagt er etwas? *Womit* begründet er das? *Welche Wirkung* erzielt er damit? *Welche Folgen* ergeben sich daraus für mich? *Welche Lösung* bietet sich an?

Mehr Fragen – präzisere Argumentation

Der Unterschied zur Drei-W-Technik ist die größere Ausführlichkeit. Je mehr Fragen Sie sich stellen und beantworten, desto präziser fällt Ihre Argumentation aus.

Vergessen Sie auch hier nicht, Vor- und Nachteile abzuwägen und Beispiele zur Veranschaulichung heranzuziehen.

Arten von Argumenten

Bei den Argumenten unterscheiden wir auch zwischen verschiedenen Arten, die unterschiedliche Wirkungen auf das Publikum haben – sei es, dass sie überzeugen, sei es, dass sie manipulieren sollen.

Das plausible Argument

Das plausible Argument gehört in den Bereich der negativen Argumentation, zur Schwarzweißmalerei. Eine Aussage wird hier durch eine scheinbar logische Konsequenz „bewiesen", bei genauem Hinsehen würde das plausible Argument einer Prüfung kaum standhalten. Sein Vorteil ist seine scheinbare Klarheit und deshalb sofortige Wirkung auf den Zuhörerkreis. Es eignet sich daher eher zur Manipulation als zur Argumentation vor Zuhörern, die sich in der Materie auskennen.

Vorsicht bei plausiblen Argumenten!

BEISPIEL

- *Die Abschiebung von 250 000 bosnischen Flüchtlingen in diesem Jahr wird 250 000 Arbeitsplätze für Deutsche schaffen.*

(In Wirklichkeit besitzt die Mehrheit der Flüchtlinge gar keine Arbeitserlaubnis, sie kann daher gar keine Arbeitsplätze wegnehmen, geschweige denn freimachen.)

Das sachliche Faktargument

Überzeugen durch Tatsachen

Das sachliche Faktargument versucht, die Zuhörer durch Fakten und Zahlen zu überzeugen, die hieb- und stichfest sind. Es gehört in den Bereich der positiven Argumentation, hält Nachprüfungen in der Regel stand. Sein Nachteil ist seine Nüchternheit, seine Wirkung auf das Publikum bleibt gering, wenn es nicht durch rhetorische Stilmittel schmackhaft gemacht wird. Die Wirklichkeit ist nun einmal schnöder als die Scheinwelt! Auf längere Sicht wird jedoch ein Redner, der sich sachlicher Faktargumente statt der Manipulation bedient, größeres Vertrauen ernten.

Das Wertargument

Effektiv und kaum zu widerlegen

Das Wertargument gehört wieder in den Bereich der manipulativen Aussagen. Es versucht, über gesellschaftlich akzeptierte Allgemeinaussagen möglichst viele Personen in seinen Bann zu ziehen.

BEISPIEL

- *Wir sind doch alle für Freiheit, oder? – Sie als mündige Bürger wollen sich doch von niemandem bevormunden lassen!*

Das Wertargument hat in der Regel eine schnelle Wirkung auf die Mehrheit der Zuhörer, wegen seines allgemeinen Inhalts erweist es sich als kaum widerlegbar.

Das taktische Argument

Auf indirektem Weg zum Ziel

Das taktische Argument wird eingesetzt, wenn man auf Umwegen ein Ziel erreichen möchte. Man gibt zunächst einmal in einem weniger wichtigen Punkt der Gegenseite Recht um dann umso besser den Hauptpunkt entkräften zu können. Taktische Argumente können leicht entkräftet werden, haben aber wegen ihrer einlullenden Funktion eine große Wirkung.

Das Holzhammerargument

Das Holzhammerargument schließlich würgt jede Kritik ab und beendet damit jede konstruktive Diskussion eines Problems.

BEISPIELE

- *Das haben wir schon immer so gemacht.*
- *Dazu ist kein Geld da.*
- *Das ist politisch nicht durchsetzbar.*
- *Das beruht doch offensichtlich auf Sozialneid.*

Keinen Widerspruch dulden

Wer mit Holzhammerargumenten um sich wirft, möchte nicht sachlich überzeugen (weil er vielleicht gar keine Argumente hat), sondern „totschlagen", er duldet keinen Widerspruch.

Mit Ausnahme des sachlichen Faktarguments eignen sich die genannten Arten nur, wenn unter Zeitdruck ein Publikum zu überzeugen ist, oder um zu verschleiern oder zu manipulieren. Wir möchten Ihnen davon abraten, sich der negativen Argumentation zu bedienen, sie sollten aber ihre Mechanismen kennen um diese bei anderen Rednern besser entlarven zu können.

KURZ GESAGT

Die richtige Argumentation

- Überprüfen Sie einmal selbst in Gesprächen, welche Argumentationsform Ihnen am meisten zusagt.
- Verlieren Sie nie das Ziel Ihres Vortrags aus den Augen. Wenn nötig, schreiben Sie es sich auf einen Pappdeckel und befestigen Sie ihn so, dass Sie ihn während des Vortrags sehen können.
- Ordnen Sie Ihre Gedanken und Argumente, versehen Sie sie mit schlagkräftigen Beispielen. Stellen Sie auch Beispiele zusammen, die Gegenpositionen entkräften.
- Entkräften Sie zuerst die Gegenpositionen, bei denen Ihnen dies am schwersten fällt.
- Entkräften Sie zuletzt die Gegenpositionen, bei denen Ihnen dies am leichtesten fällt.
- Enden Sie immer mit Beispielen oder Argumenten, die Ihre Position bekräftigen.
- Rufen Sie dann das Publikum dazu auf, die Konsequenzen aus Ihrem Vortrag zu ziehen und entsprechend Ihrer Position zu handeln.
- Benutzen Sie soweit es geht nur die positive Argumentation.

Stilfiguren

Überlegen Sie einmal, wodurch Sie andere zum Lachen bringen: Meist sind es Wortspiele oder plötzliche „unlogische" Verknüpfungen, die Heiterkeit hervorrufen. Das Spielen mit Wörtern braucht man also unbedingt um gewisse Effekte erzielen zu können. Diese sprachlichen Wendungen nennt man Stilfiguren oder Redefiguren. Sie weichen vom normalen Sprachgebrauch ab und wecken somit die Aufmerksamkeit. Doch zu viele davon in einer Rede bewirken das Gegenteil. Gehen Sie also sparsam mit ihnen um. Prüfen Sie bei Ihrer Vorbereitung, ob und an welchen Stellen Stilfiguren sinnvoll sind. Die wichtigsten davon sind hier zusammengestellt.

Wichtig: der wohldosierte Einsatz

Alliteration

So nennen wir den Kunstgriff, zwei oder mehr Wörter mit gleichlautenden Anfangsbuchstaben aufeinander folgen zu lassen. Beispiele: *mit Kind und Kegel, über Stock und Stein, wäscht weiße Wäsche weißer.* Die deutsche Bezeichnung lautet Stabreim.

Anakoluth

Gewollter Satzbruch

Eine bewusst herbeigeführte Störung im grammatischen Bau eines Satzes heißt Anakoluth oder Satzbruch. Beispiele: *Das Leben ist, lachen Sie nicht, zu kurz für lange Reden. – Für dieses Problem, und Sie werden mir zustimmen, gibt es nur eine Lösung.*

Anrede

Um das Interesse Ihres Publikums zu wecken und Ihrer Rede einen persönlichen Anstrich zu geben, können Sie an geeigneter Stelle die Zuhörer immer wieder anreden: *Sie werden mir zustimmen, meine Damen und Herren, wenn ich …*

Antiklimax

Eine Stilfigur, durch die – oft um Humor zu erzeugen – etwas Bedeutendes durch die Verbindung mit etwas Banalem relativiert wird. Beispiele: *Er ist ein großer Mann, besonders seine Füße.* – *XY war ein gelehrter Mensch und immer durstig.*

Antithese

Einem Begriff wird eine entgegengesetzte Behauptung gegenübergestellt. Beispiele: *Jung und Alt kamen zusammen um ...* – *Die beiden passen zusammen wie Hund und Katze.*

Antonomasie

Beifügung ersetzt den Namen

Um die dauernde Wiederholung eines Namens zu vermeiden wird die Person durch ein typisches Attribut ersetzt. So las man z. B. in der Presse oft statt des Namens des ersten Bundeskanzlers Adenauer: *der Alte.* Antonomasien können, müssen aber nicht lächerlich machen.

Appell (Mitdenkappell)

Ein Appell ist ein Aufruf an das Publikum zu handeln. Denken Sie nur an die Rundfunkwerbung: *Rufen Sie jetzt an!* oder *Hier muss sofort gehandelt werden!* Demgegenüber rufen Sie beim Mitdenkappell Ihr Publikum dazu auf, über das Gesagte nachzudenken: *Sie wissen schon, was ich damit meine.*

Bewusste Pause

Pausen verstärken die Wirkung

Unterbrechung der Rede um wichtige Aussagen wirken zu lassen. Probieren Sie es einmal aus: Bleiben Sie für einen Moment stumm, nachdem Sie etwas Bedeutendes gesagt haben, und schauen Sie ins Publikum. Die Spannung ist den Zuhörern ins Gesicht geschrieben! Blicken Sie dabei aber niemals auf Ihr Manuskript, sonst könnte der Eindruck entstehen, sie wüssten nicht weiter.

Chiasmus

Hier werden einander entsprechende Satzglieder spiegelbildlich gegenübergestellt: *Links steht Frau Huber und Herr Meier steht rechts.*

Ellipse

Einzelne Wörter oder Satzglieder, die inhaltlich klar von den Zuhörern erschlossen werden können, werden weggelassen: *Darum sollten wir alle öfter zu Fuß gehen. Auch Sie! Durstina Säfte gibt es mit und ohne Fruchtfleisch. Sie erfrischen immer, egal, ob mit oder ohne.*

Euphemismus

Ein Begriff oder ein Sachverhalt wird durch eine Umschreibung beschönigt. Sie vermeiden dadurch, dass Sie etwas direkt aussprechen, was in bestimmten Situationen unpassend, anstößig oder unangenehm ist. Statt eines Toten sprechen Sie dann von dem *Entschlafenen,* anstelle von Massenentlassungen redet der Firmeninhaber von *Gesundschrumpfung,* die Atommülldeponie wird von den Befürwortern als *Entsorgungspark* bezeichnet.

Fremdwörter

Fremdwörter sollen von den anderen verstanden werden

Benutzen Sie Fremdwörter nur dann, wenn es keine deutsche Entsprechung gibt oder wenn Sie gezielt Aufmerksamkeit erregen wollen. Benutzen Sie sie aber sparsam, damit es Ihnen nicht ergeht wie dem Professor, den alle zwar wegen seiner fremdwortreichen Sprache für sehr gelehrt hielten, an dessen Vorträge sich jedoch niemand mehr erinnern konnte. Vor lauter Fremdwörtern achtete niemand mehr auf den Inhalt der Rede.

Hyperbel

Damit sind bewusste Übertreibungen gemeint: *Das neue XY wäscht tausendmal reiner! – XY-Schokolade: Die größte Versuchung seit Adam und Eva!*

Klimax

Darunter versteht man die Anordnung von Wörtern oder Sätzen in einer schrittweisen Steigerung: *Sie war Hausfrau, Mutter und Oberärztin. – Der neue Wagen XY ist nicht nur preiswert, sondern besonders bequem und leistungsstark.*

Litotes

Ein Begriff wird besonders hervorgehoben, indem man sein Gegenteil in verneinter Form verwendet: *XY ist nicht gerade der Fleißigste* (anstatt: *XY ist sehr faul*). Diese Redefigur kann auch ironisierend wirken.

Metapher

Bildliche Vergleiche tragen zur Verständlichkeit einer Rede bei. Das, was Sie mitteilen möchten, kommt viel besser an und lässt sich besser merken: Ob Sie *den Bock zum Gärtner machen, wie Gott in Frankreich leben* oder *jemandem einen Floh ins Ohr setzen,* in jedem Fall sorgen solche bildhaften Ausdrücke für Aufmunterung und steigende Aufmerksamkeit.

Auch hier gilt: Tun Sie des Guten nicht zu viel!

Metonym

Wenn Sie hin und wieder *ein Gläschen trinken,* aber eigentlich den Inhalt meinen oder wenn Sie gerade *Brahms hören,* obwohl nicht Johannes Brahms gerade zu Ihnen spricht, sondern seine Musik spielt, dann sprechen Sie in Metonymen. Eine Aussage wird verkürzt, indem nur ein Teil davon genannt wird, der verschwiegene Teil kann aber von den Zuhörern in Gedanken leicht ergänzt werden.

Modeausdrücke

Sie mögen sich zwar „echt geil" anhören, sind aber kein Bestandteil einer seriösen, überzeugenden Rhetorik. Junge Leute empfinden ihre Alltagssprache aus dem Mund eines wesentlich „Älteren" oft als anbiedernd. Geschickte Redner benutzen Modeausdrücke jedoch bisweilen als besonderen Gag.

Kein Beispiel für gute Rhetorik

Neubildungen

In einigen Nachrichtenmagazinen tauchen sie häufiger auf und mancher Politiker nimmt sie gerne in den Mund – Wortkreationen wie *Rentnerschwemme, Minuswachstum, aushäusig.* Neubildungen von Wörtern oder Ausdrücken sollten Sie nur sehr spärlich verwenden, es sollte immer klar sein, was Sie mit dem neuen Ausdruck meinen, und der Zweck solcher Wortschöpfungen sollte die Steigerung der Aufmerksamkeit im Publikum sein. Am besten lassen Sie aber Ihre Finger von Wortneubildungen, zu leicht könnten Sie nicht ernst genommen werden.

Paradox

Der Widersinn ist gewollt

Wenn zwei scheinbar widersprüchliche Begriffe miteinander verbunden werden, sprechen wir von einem Paradox. Ein kleines, aber schnelles Auto mit hoher Motorleistung wird zu einem *kleinen Riesen.* Ein teures Hotel wird zum *Luxusschuppen* und ein Mensch mit zwei linken Händen wird zum *Professor Murks.*

Parallelismus

Wenn Sie bestimmte Wörter oder Satzteile immer wieder gleichlautend wiederholen, sprechen wir vom Parallelismus: *Heiße Sonne, heiße Nächte, heiße Strände – das ist das Leben in Spanien.*

Paraphrase

So wird die Umschreibung eines Namens oder Begriffs mit einem typischen Merkmal genannt. Für Adenauer sagt man oft *der erste Bundeskanzler,* ein besonders schneller Zug hieß in den dreißiger Jahren *der fliegende Hamburger.*

Rhetorische Frage

Der Redner gibt gleich selbst die Antwort

Eine Frage, die keine „echte" Frage ist – ein sehr beliebtes Stilmittel in der Rhetorik! Mit dieser Stilfigur können Sie das Publikum in Ihre Gedankengänge mit einbeziehen, eine Art mentalen Dialogs zwischen Ihnen und den Zuhörern aufbauen. Sie stellen dem Publikum immer wieder Fragen, erwarten darauf aber keine Antwort. Nach kurzer Atempause fahren Sie in Ihrer Rede fort. Beispiele: *Was folgt nun aus dem eben Gesagten, meine Damen und Herren? – Richtig, ...* oder: *Gehe ich recht in der Annahme, dass Sie ... ?* oder: *Haben Sie das nicht auch schon einmal erlebt: ... ?*

Stilblüten

Ausdrücke, in denen der logische Inhalt überraschend verändert ist oder die Bezüge der Wörter untereinander nicht stimmen. Wir kennen sie aus Zeitungen und lachen oft herzlich darüber: *Noch ist der Stadtpark ein riesiges Hundeklo. Doch schon bald sollen Kurgäste kommen.* Bewusst eingesetzt können Stilblüten Ihre Rede auflockern. Es sollte aber klar sein, dass Ihre Stilblüten wirklich bewusst (!) eingesetzt sind.

Trias

Prägnanz durch formelhafte Verkürzung

Besonders in der Werbung bedient man sich der Trias, der Aufeinanderfolge von drei Begriffen: *quadratisch, praktisch, gut* (Schokoladenwerbung) oder *sicher, sozial und frei* (Wahlkampfslogan). Der Zahl 3 wird ja eine magische Wirkung zugeschrieben und Psychologen haben herausgefunden, dass sich Begriffe in Dreierform leichter merken lassen als allein stehende Bezeichnungen.

Überraschung

Hier machen Sie scheinbar einen Fehler, was bewirkt, dass die Zuhörer aufhorchen. Beispiele: *Gleich und gleich gesellt sich ungern. Diesen Schluss legt eine Untersuchung nahe, die ...* oder *Was Hänschen nicht lernt, lernt Hans noch mehr. Das beweisen die steigenden Teilnehmerzahlen in den Kursen der deutschen Volkshochschulen ...*

Vergleich

Diese Stilfigur ist verwandt mit der Metapher (siehe dort). Sie ziehen Vergleiche um etwas anschaulicher darzustellen: *ein Hemd, so weiß wie Schnee* oder *so dickfellig wie ein Elefant.* Typisch ist die Satzstruktur *so ... wie ...*

Wiederholungen

Verwenden Sie diese rhetorische Figur um einer Aussage besonderen Nachdruck zu verleihen: *Das Wichtigste, meine Damen und Herren, das Wichtigste ist ...*

Wortspiele

Witze leben von Wortspielen. Sie haben im Allgemeinen einen hohen Unterhaltungswert und lassen sich leicht behalten. Beispiele: *Wieder vom Computer im Stich gelassen? Bleiben Sie gelassen!* oder *Ich weiß nicht, ob Sie wissen, dass ich nicht weiß, was Sie wissen.*

Zeugma

Satzverbindung mit komischer Wirkung

Hier werden mehrere gleichwertige grammatische Satzteile (z. B. Nomen) auf ein anderes grammatisches Satzteil (z. B. ein Verb) bezogen: *Tante Frieda hatte letzten Sonntag Besuch und Magenschmerzen. – Sabine lernte Spanisch sprechen und Pedro kennen.*

Visualisieren – Hilfsmittel einsetzen

Wenn Sie einen Vortrag halten, dann möchten Sie erreichen, dass das Publikum Ihre Gedanken versteht, verarbeitet und auch behält. Während eines Vortrags werden die Zuhörer in der Regel mit einer Fülle von Fakten und Informationen überschüttet, die leider nur zu schnell wieder in Vergessenheit geraten. Machen Sie sich aber klar, dass das menschliche Gehirn Informationen umso besser speichern kann, je gebündelter sie dargebracht und je mehr Eingangskanäle genutzt werden.

Die Aufnahmekanäle kombinieren

Im Kapitel „Die Grundlagen der Kommunikation" war bereits die Rede von den vier Kanälen, über die wir Informationen ins Gehirn aufnehmen. Dabei stellte sich heraus, dass die meisten Informationen über den optischen Kanal aufgenommen werden und dass eine Kombination mit anderen Kanälen (hören, riechen, anfassen etc.) eine deutliche Steigerung der Informationsaufnahme bewirkt.

Da über den optischen Kanal wesentlich mehr Informationen aufgenommen werden als über den akustischen, liegt es nahe, bei einem Vortrag auch den Augen des Publikums etwas zu bieten, d. h. die Inhalte (oder zumindest Teile davon) zu visualisieren. Sie selbst haben sicher auch schon festgestellt, dass Sie sich Dinge viel besser merken können, wenn Sie sie nicht nur hören, sondern gleichzeitig auch sehen. Daher folgende „handwerklich-technische" Tipps für Ihren Vortrag:

Grafiken zur besseren Anschaulichkeit

Benutzen Sie **Schaubilder!** Das sind z. B. grafische Darstellungen von Informationen, übersichtlich angeordnet und mit aussagekräftigen Zahlen versehen. Drei Arten von Schaubildern sind am gebräuchlichsten: die Liniengrafik, die Säulengrafik und die Tortengrafik.

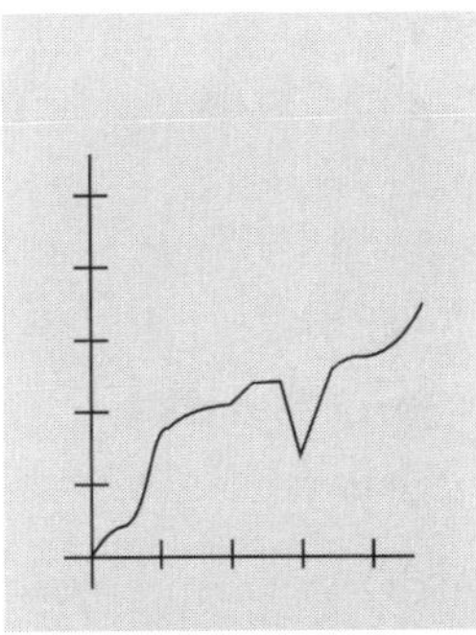

Liniengrafik

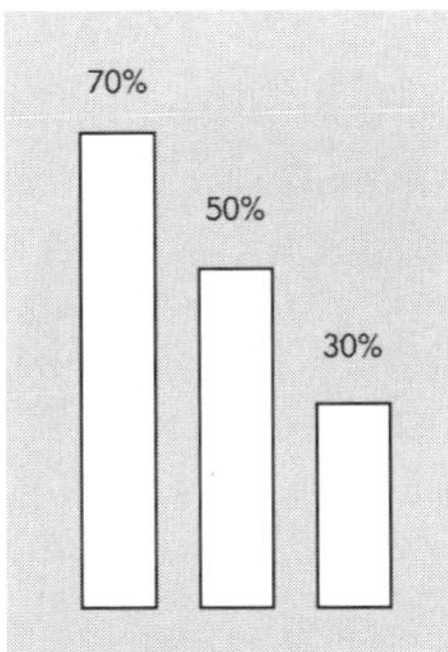

Säulengrafik

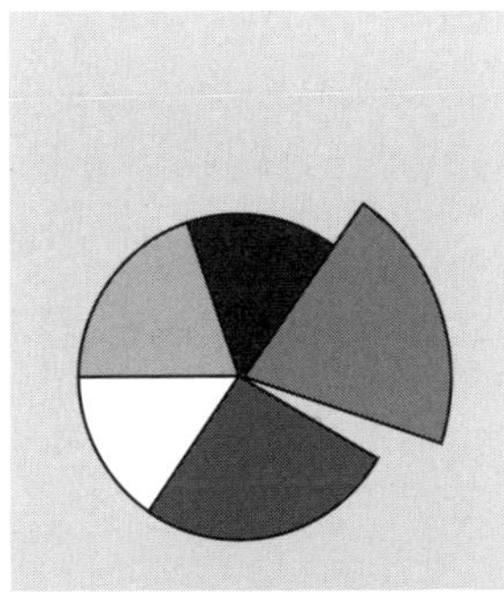

Tortengrafik

Benutzen Sie so viele **Bilder** und **Fotos** wie möglich, schreiben Sie **wichtige Begriffe** auf eine Tafel oder auf Folie. Bereiten Sie **Informationstafeln** vor, teilen Sie **Fotokopien** mit Diagrammen, Zahlenlisten etc. aus um das, was Sie sagen, visuell zu unterstützen. Die Mühe lohnt sich, denn Sie werden feststellen, dass Ihr Publikum Ihnen leichter folgt.

Poster mit Kernaussagen

Ein letzter Tipp: Benutzen Sie **periphäre Stimuli** (Wandposter mit Informationen, die unbewusst aufgenommen werden). Schreiben Sie die Kernaussagen Ihres Vortrags auf Poster, nicht mehr als eine Aussage auf eins, hängen Sie die Poster gut sichtbar vor Ihrem Vortrag im Raum auf und lassen Sie sie hängen. Wenn Sie während Ihrer Rede auf die jeweilige Kernaussage zu sprechen kommen, sind Ihre Zuhörer bereits unbewusst darauf vorbereitet. Wenn Sie außerdem zu jeder Kernaussage ein anschauliches

Beispiel parat und zu jedem Beispiel eine kleine Skizze auf den Postern angebracht haben, dann sind die optimalen Voraussetzungen für Ihr Publikum geschaffen, sich Ihre Informationen zu behalten.

Bei der Visualisierung stehen Ihnen mehrere *technische Hilfsmittel* zur Verfügung.

Wandtafel

(Fast) überall vorhanden

Dieses wohl am häufigsten benutzte Instrument kennen Sie sicher noch aus Ihrer Schulzeit. Schiefertafeln, die mit Kreide beschrieben werden, ersetzt man heute mehr und mehr durch weiße kunststoffbeschichtete Tafeln, die mit speziellen Stiften, den Boardmarkern, zu beschreiben sind.

Bevor Sie einen Boardmarker benutzen, achten Sie darauf, dass er abwischbar ist. Manche Redner sind schon aus dem Konzept geraten, weil Informationen mit falschen Stiften angeschrieben und nicht mehr zu entfernen waren, als neue Informationen angeschrieben werden sollten.

Der Vorteil der Wandtafel ist, dass sie in den meisten Vortragssälen vorhanden ist. Ihr Nachteil: Sie ist manchmal nicht von allen Plätzen aus sichtbar und einmal abgewischte Informationen sind nicht mehr verfügbar.

Flipchart

Flipcharts sind Papierblöcke im DIN-A0-Format, die auf einem Gestell befestigt sind. Das Flipchart hat gegenüber der Wandtafel einige Vorteile. So lassen sich die Seiten des Papierblocks schon vor dem Vortrag beschreiben oder bemalen, man kann die Schaubilder also gut vorbereiten.

Informationen gehen nicht verloren

Die einzelnen Seiten lassen sich beliebig vor- und zurückblättern, frühere Informationen also beliebig wieder hervorholen. Der Nachteil der Flipcharts ist ihre geringe Größe; bei größerem Publikum ist der Text aus den hinteren Reihen schwer lesbar. Außerdem haben komplexere Inhalte, z. B. großflächige Mindmaps, auf einem Flipchart keinen Platz.

Chart

Einige Redner bereiten vor ihrem Auftritt Charts vor, große Papptafeln, die mit wesentlichen Informationen oder mit plakativen Bildern versehen sind. An der entsprechenden Stelle im Vortrag können sie hochgehalten und so zur visuellen Unterstützung herangezogen werden. Wegen ihrer verhältnismäßig geringen Größe sind sie nur in kleinen Räumen mit wenig Sichtabstand zum Redner zu empfehlen.

Für Reden vor kleinerem Publikum

Stellwand

Stell- und Pinnwände sind heute in Tagungshäusern sehr beliebt, erlauben sie doch die flexible visuelle Begleitung des Vortrags. An der jeweils passenden Stelle wird ein Kärtchen mit Bild oder Text an der Stellwand befestigt. Dazu eignet sich am besten Kreppband (wie es zum Abkleben bei Malerarbeiten verwendet wird); es lässt sich selbst von Tapeten problemlos wieder entfernen. Für Pinnwände können Sie auch Nadeln oder Reißzwecken verwenden.

Vielseitig verwendbar

Tageslichtprojektor (Overheadprojektor)

Dieses Gerät erfordert spezielle Folien und Folienstifte. Die Folien lassen sich zu Hause vorbereiten oder während des Vortrags beschreiben. Ein Vorteil der Tageslichtprojektoren ist, dass sie auch bei größerem Publikum einsetzbar sind. Bei ihrem Einsatz müssen Sie jedoch aufpassen, dass Sie weiterhin mit Ihrem Publikum Blickkontakt halten und nicht mit der Glasplatte des Projektors. Etwas aus der Mode gekommen, gleichwohl aber sehr gut zur Präsentation von Fotos sind **Diaprojektoren.** Der Nachteil ist, dass die Vorbereitung der Dias relativ viel Zeit erfordert und dass der Raum stark abgedunkelt sein muss.

Wenn Sie vor vielen Leuten sprechen

Video

Wenn Sie geeignete Filme besitzen, können Videoanlagen zum Einsatz kommen. Beschränken Sie aber die Länge der Filmausschnitte: so kurz wie möglich, so lang wie nötig.

Welcher Aufwand ist angemessen?

Was den Einsatz technischer Medien betrifft, gilt es festzuhalten: Sie selbst müssen entscheiden, welcher Aufwand sich für Ihren Vortrag lohnt und welcher nicht. Erkundigen Sie sich bei Vorträgen an einem fremden Ort vorher genau, welche Hilfsmittel Ihnen zur Verfügung stehen, welche Schreibwerkzeuge Sie brauchen (Kreide, Boardmarker, Folienschreiber etc.). Denn alle Medien, die nicht vorhanden sind, die Sie aber benutzen möchten, müssen Sie in der Regel dann selbst mitbringen.

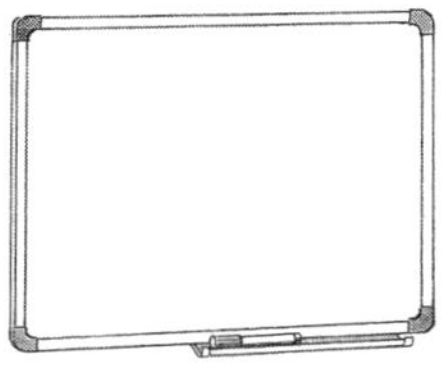

Wandtafel

Flipchart

Chart

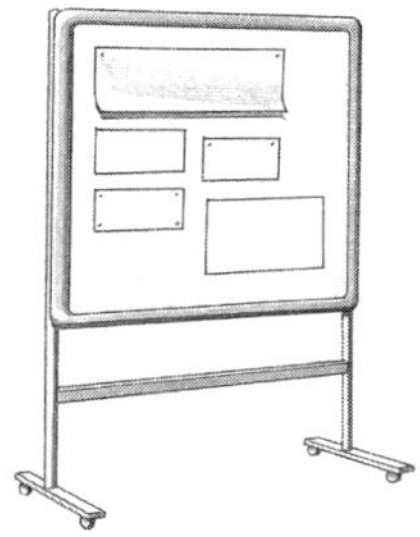

Stellwand

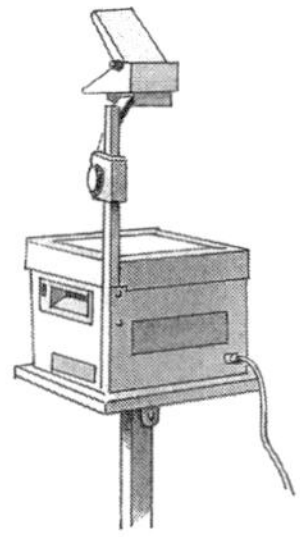

Overheadprojektor

Auf den Zuhörer eingehen

Für alle Zuhörer ist es schwer, sich über einen langen Zeitraum auf unbekannte Zusammenhänge zu konzentrieren. Das menschliche Gedächtnis ist so gebaut, dass es nur eine bestimmte Informationsmenge innerhalb einer bestimmten Zeit aufnehmen kann. Forscher haben herausgefunden, dass innerhalb von etwa 20 Minuten aus der großen Flut von Reizen und Informationen nur sieben Informationseinheiten herausgefiltert werden. Das können einzelne Begriffe oder aber auch zu „Informationspaketen“ geschnürte Zusammenhänge sein. Ein Informationspaket schnürt man, indem man mehrere Begriffe oder Einzelheiten so geschickt miteinander verknüpft, dass sie ein Gesamtbild ergeben und so auch als Gesamtinformation gespeichert werden. Sehr hilfreich beim Paketschnüren sind Bilder, Grafiken, eingängige Beispiele und dergleichen. Stellen Sie keine Kleinigkeiten in den Mittelpunkt Ihrer Rede. Bilden Sie vielmehr Themengruppen, in denen Details zu zusammenhängenden Oberthemen verbunden sind.

Informationen bündeln

„Verdauungspausen“ gewähren

Eine Grundregel für jeden Redner lautet: Begrenzen Sie Ihre Redezeit. Wenn Sie länger als 20 Minuten reden, bauen Sie „Verdauungspausen“ ein um dem Publikum die Möglichkeit zu geben, die Informationen zu verarbeiten. Nach wie vor gilt: Das Gehörte oder Gelernte muss „sich setzen“.

Nutzen Sie solche Pausen (ca. 1 Minute) für kurze Zusammenfassungen, geben Sie Zeit zum Mitschreiben, bringen Sie Ergänzungen an Schaubildern an usw.

Das Publikum aktivieren

Besonders elegant: Wenn Sie mit einer Stellwand und Themenkärtchen arbeiten, fragen Sie ins Publikum, welche Themen an dieser Stelle Ihres Vortrags jetzt an der Stellwand ergänzt werden müssen. Sie beschriften die Kärtchen, wie die Themen Ihnen aus dem Publikum zugerufen werden, und heften sie an die Stellwand. So überlassen Sie die Zusammenfassung dem Publikum, was einen dreifachen Nutzen hat: Die Zuhörer werden selbst aktiv, Ihre Informationen werden besser im Gedächtnis verankert und Ihr Publikum hat den Eindruck an Ihrem Vortrag mitzuwirken.

Kontakt mit dem Publikum halten

Während Ihres Vortrags sollten Sie so oft wie möglich Ihr Publikum ansprechen: mit rhetorischen Fragen, mit Abstimmungen per Handzeichen – aber nur, wenn Sie sich vorher des Ergebnisses sicher sein können *(Wer von Ihnen, meine Damen und Herren, schon einmal zu spät an den Arbeitsplatz gekommen ist, hebt bitte die Hand).*

Die Sprache anpassen

Die „richtige" Sprache finden

Werfen Sie nicht mit Fremdwörtern um sich, Sie gelten sonst als arrogant. Benutzen Sie Fachausdrücke nur vor einem Publikum, das diese Wörter auch kennt. Vermeiden Sie in Ihrer Argumentation „alte Hüte“ oder abgegriffene Beispiele und Klischees. Das Publikum ist in der Erwartung gekommen etwas Neues zu erfahren. Passen Sie Ihre Sprache immer den Zuhörern an. Dazu ist es notwendig, vor der Rede so viele Informationen über das Publikum zu sammeln wie möglich. Fragen Sie also beim Veranstalter nach. Es schadet Ihrem Vortrag genauso, wenn Sie einem Fachpublikum einfachste Sprache servieren, wie wenn Sie vor Nichtfachleuten nur Fachchinesisch verwenden.

Eine regionale Klangfärbung ist kein Manko

Unterdrücken Sie Ihren natürlichen Akzent nicht. Deutsch mit bayerischem, sächsischem oder plattdeutschem Akzent klingt allemal besser als der Versuch in „klinisch reinem“ Hochdeutsch sprechen zu wollen. Reden wirken dann gestelzt, emotionslos und daher weniger überzeugend. Akzent bedeutet jedoch nicht Dialekt. Reines Plattdeutsch wird man in Bayern oder in der Schweiz wenig verstehen und umgekehrt. Hochdeutsch mit regionaler Klangfärbung finden jedoch viele Zuhörer ansprechend.

Niemanden verletzen

Vermeiden Sie unbedingt einzelne Zuhörer verbal anzugreifen. Solche Attacken schaffen eine negative Stimmung. Schlimmstenfalls wird der Angegriffene Sie im weiteren Verlauf Ihres Vortrags stören und Stimmung gegen Sie machen.

Wenn Zwischenfragen Ihnen unangenehm sind oder Sie aus dem Konzept bringen, bitten Sie, diese zu notieren und am Vortragsende oder in Vortragspausen zu stellen. Gehen Sie dann aber unbedingt auf diese Fragen ein, Sie werden sonst unglaubwürdig.

Das Publikum einschätzen

Um Ihr Publikum richtig einschätzen zu können stellen Sie sich bei der Vorbereitung Ihrer Rede folgende Fragen:

Leitfragen zur Einschätzung des Publikums

- Wie ist der Zuhörerkreis zusammengesetzt?
- Welche Kenntnisse hat Ihr Publikum von dem Thema?
- Welches Interesse besteht an Ihrem Thema?
- Sind starke Emotionen zu erwarten?
- Welches Alter haben Ihre Zuhörer?
- Was erwartet das Publikum von Ihnen?
- Sind im Publikum Fachleute?
- Welche Einwände und Gegenpositionen sind zu erwarten?
- Sind Sie dem Publikum schon bekannt?
- Wird man Ihnen Sympathie oder Antipathie entgegenbringen?

Wenn Ihr Publikum das Gefühl hat, dass Sie auf es eingehen, dass es Ihnen nicht egal ist, dann werden Sie mit Ihrer Rede gut ankommen.

KURZ GESAGT

Auf das Publikum eingehen

- Überfordern Sie nicht die Gedächtnisleistung Ihres Publikums, bringen Sie nicht zu viel auf einmal.
- Sprechen Sie Ihre Zuhörer an (rhetorische Fragen).
- Beziehen Sie Ihr Publikum in Ihre Rede ein (Zusammenfassungen erstellen lassen, Handabstimmungen).
- Bringen Sie neue Informationen, Altbekanntes will keiner hören.
- Passen Sie die Sprache dem Publikum an.
- Lassen Sie sich nicht zu verbalen Attacken hinreißen.
- Erkunden Sie Ihr Publikum, bevor Sie Ihre Rede vorbereiten.

Gute Organisation ist wichtig

Neben einer guten Vorbereitung Ihrer Rede kommt es oft auch darauf an, alles, was mit Ihrem Auftritt zusammenhängt, optimal zu organisieren. Erkundigen Sie sich genau nach den Räumlichkeiten, in denen Sie sprechen werden. Wenn möglich, überprüfen Sie Akustik und Lichtverhältnisse. So ist es z. B. von Nachteil, wenn sich in Ihrem Rücken starke Lichtquellen befinden oder starkes Sonnenlicht durch ein Fenster hereinscheint. Ihr Publikum wird dadurch geblendet und nimmt Sie nur schemenhaft wahr, was zu Unaufmerksamkeit führt. Genauso störend ist es, wenn Sie im Dunkeln stehen.

Die räumlichen Gegebenheiten prüfen

Hilfsmittel überprüfen

Wenn Sie visuelle Hilfsmittel verwenden wollen, überprüfen Sie, ob geeignete Tafeln, Stellwände und dergleichen verfügbar sind. Fragen Sie nach, mit welchen Stiften vorhandene Tafeln etc. beschrieben werden, ob die Stifte vorhanden sind oder selbst mitgebracht werden müssen. Vergewissern Sie sich, dass alle technischen Geräte, die Sie benötigen, im Konferenzraum stehen und dass sie einwandfrei funktionieren. Machen Sie vor Ihrer Rede eine Probe mit dem Tageslichtprojektor, mit dem Kassettenrekorder, der Videoanlage, der Mikrofonanlage usw. So vermeiden Sie böse Überraschungen während Ihrer Rede, die Sie leicht aus dem Konzept bringen.

Technische Pannen weitgehend ausschließen

Fotokopien herstellen

Genügend Kopien bereithalten

Wenn Sie über komplexe Zusammenhänge reden, viele Daten und Zahlen präsentieren, empfiehlt es sich, Fotokopien herzustellen und an die Zuhörer zu verteilen. Sparen Sie dabei nicht an Kopien und Material, denn nur wenn an Ihrem Vortragsort ein Kopierer vorhanden ist, können Sie weitere Kopien herstellen. Dies ist jedoch nur selten der Fall.

Erschlagen Sie Ihr Publikum aber nicht mit Bergen von Papier. Auch hier gilt: so viel wie nötig, so wenig wie möglich.

Raum überprüfen

Überprüfen Sie den Zuhörerraum. Kann man Sie von allen Plätzen sehen und hören? Wenn nicht, versuchen Sie die Sitzordnung zu verändern.

Sitzordnung bedenken

Überlegen Sie, ob Sie ein Rednerpult brauchen oder nicht. Welche Sitzordnung bevorzugen Sie: die Frontalsitzordnung, bei der Sie vis-a-vis vor dem Publikum stehen, die Hufeisenform oder den Stuhlkreis. Letzterer baut die Distanz zum Zuhörer am meisten ab, eignet sich jedoch nicht bei einem größeren Publikum.

Wenn sie periphäre Stimuli (Poster mit Kernaussagen zu Ihrem Thema oder anschauliche Bilder, Skizzen, Grafiken) vor Ihrer Rede an den Wänden anbringen, überprüfen Sie, ob sie von allen Plätzen aus gut sichtbar sind.

Den Zeitrahmen einhalten

Halten Sie sich schließlich an Ihren Redezeitplan. Überziehen Sie nicht, einige Ihrer Zuhörer müssen vielleicht nach Ihrer Rede einen Zug erreichen und werden umso unruhiger, je länger Sie die veranschlagte Zeit überziehen. Diese Unruhe wirkt auf den Rest des Publikums sehr ansteckend.

Pünktlich beginnen und enden

Erkundigen Sie sich schließlich beim Veranstalter nach festen Pausenzeiten, die einzuhalten sind. Jedes Publikum, das weiß, dass es zu einer bestimmten Zeit Essen gibt, wird unruhig, wenn Sie diese Zeit ignorieren.

KURZ GESAGT

Gute Organisation ist wichtig

- Sehen Sie sich vor Ihrer Rede den Vortragsraum an.
- Prüfen Sie Akustik und Lichtverhältnisse.
- Fragen Sie nach Tafeln, Stellwänden, Projektoren, aber auch nach speziellen Stiften und anderen Kleinutensilien.
- Überprüfen Sie alle technischen Geräte vor der Rede.
- Stellen Sie, wenn nötig, genügend Fotokopien her.
- Verändern Sie, wenn nötig, die Sitzordnung: Alle Zuhörer müssen Sie gut sehen und hören können.
- Halten sie sich an vorgegebene Pausen- und Schlusszeiten.

Erste Hilfe bei Redepannen

Manchmal passiert es selbst geübten Rednern, dass sie während ihres Vortrags stecken bleiben. Für einen kurzen Moment scheint man sich an nichts mehr erinnern zu können, die entsprechende Stelle im Manuskript scheint unauffindbar. In dieser Situation heißt das oberste Gebot: **Ruhe bewahren!**

Sie können jedoch bereits im Vorfeld einiges tun um eine Panne zu vermeiden.

Vorbeugende Maßnahmen

Die beste *Vorbeugung* gegen Steckenbleiben ist ein gut gegliedertes und übersichtliches Manuskript, in dem Sie sich sofort zurechtfinden. Vermeiden Sie unbedingt „Zettelwirtschaft" während Ihrer Rede: Ein stärkerer Luftzug und alle Zettel schweben durch den Raum. Ungeordnete Blätter geraten auch leicht durcheinander und es macht keinen guten Eindruck auf das Publikum, wenn Sie während der Rede nach Stellen suchen und Papiere sortieren.

Überprüfen Sie elektrische Geräte wie Projektoren, Videorecorder, Mikrofonanlagen usw. vor Ihrer Rede auf Ihre Funktionstüchtigkeit. Für den Fall des Falles sollten Sie Ersatzlampen für den Projektor bereitlegen oder zumindest wissen, wo sie schnellstens zu finden sind.

Sollte dennoch einmal eine technische Störung auftreten, empfiehlt sich eine kurze Pause, in der Sie das Gerät in Ordnung bringen – es sei denn, Sie können auch ohne Hilfsmittel weiterreden.

Der rote Faden ging verloren ...

Kommen Sie trotz bester Vorbereitung einmal nicht weiter, bricht die Welt nicht zusammen. Fassen Sie den letzten Abschnitt noch einmal zusammen, während Sie im Manuskript die nächste Stelle suchen. Oder legen Sie eine kurze Pause ein um ein Fenster öffnen zu lassen oder, sehr elegant, um dem Publikum ein bis zwei Minuten Zeit zum Mitschreiben zu geben *(Ich lasse Ihnen jetzt zwei Minuten, in denen Sie Ihre Mitschrift in Ruhe vervollständigen können)*. Auch eine rhetorische Frage oder eine Frage nach dem Verständnis schafft Ihnen Zeit.

Eine andere Möglichkeit: Sie lassen sich nichts anmerken und gehen zum nächsten Stichpunkt über. Es spricht aber auch nichts dagegen, dass Sie Ihr Black-out zugeben. Entschuldigen Sie sich dann beim Publikum, man wird Ihre Ehrlichkeit schätzen.

Versprecher sind nicht tragisch

Versprecher, Freudsche Fehlleistungen usw. gehören zu einem Vortrag wie die Butter zum Brot. Nach einer Entschuldigung reden Sie einfach weiter oder Sie kommentieren Ihren Lapsus mit einer kurzen, witzigen Bemerkung.

Jedem Redner, jeder Rednerin passieren Pannen. Es hilft nicht, dann nervös zu werden – im Gegenteil: Nervosität kann Ihnen den Rest Ihrer Rede zunichte machen. **Bleiben Sie also ruhig.**

Den richtigen Schluss finden

Genauso wichtig wie der richtige Einstieg ist für Ihre Rede der passende Abschluss. Weckte der richtige Einstieg Interesse für Ihr Thema, so verankert der gelungene Redeabschluss Ihre „Botschaft", Ihre Argumente in den Köpfen der Zuhörer, verbunden mit einem Appell zu handeln. Nur dann war Ihr Vortrag erfolgreich, wenn Ihr Publikum „etwas mit nach Hause nimmt", an das es sich auch später noch erinnern kann.

Appell an die Zuhörer

Es ist also außerordentlich wichtig, dass sich der Schluss von der Rede abhebt. Das können Sie durch lauteres Sprechen, durch Wechsel Ihrer Tonlage oder durch eine gezielte Kurzpause, in der Sie den Blickkontakt zum Publikum herstellen, erreichen. Sie können aber auch eine vorbereitete Folie auflegen oder ein Poster aufrollen, das die Schlussfolgerungen Ihres Vortrags einprägsam präsentiert. Diese sprechtechnischen oder visuellen „Tricks" sind auch deshalb notwendig, weil Ihr Publikum am Ende der Rede meist nicht mehr so aufmerksam ist oder schon auf die Uhr schaut.

Aufmerksamkeit auf den Schluss lenken

Der Schluss – ein Höhepunkt der Rede

Den Redeschluss üben

Vergessen Sie nie: Der Schluss ist ein Höhepunkt Ihrer Rede. Deshalb sollten Sie ihm besondere Aufmerksamkeit widmen. Formulieren Sie den Schluss klar, überzeugend und motivierend. Halten Sie ihn wortwörtlich auf einer Stichwortkarte fest und üben Sie so lange, bis er wirklich „sitzt". Sie können die Schluss-Sätze auch auswendig lernen, wenn Sie sich dann sicherer fühlen.

Der Schluss sollte knapp und markant gehalten sein. Für das Publikum frustierend sind Redner, die den Schluss ihres Vortrags schon lange Zeit vorher ankündigen, dann aber nicht zum Ende kommen. Hüten Sie sich davor, den Schluss zu zerreden.

Die Zusammenfassung

Auf den Höhepunkt zusteuern

In der Zusammenfassung nennen Sie noch einmal Ihre zentralen Thesen und Argumente. Beziehen Sie auch das wichtigste Gegenargument mit ein, wiederholen Sie knapp Ihre Widerlegung des Gegenarguments. Die Präsentation Ihrer Argumente in der Zusammenfassung soll auf einen Höhepunkt zusteuern, der die Zuhörer von Ihren Wünschen und Ideen überzeugt und Handlungsanstöße gibt. Das Publikum soll der festen Meinung sein, mehr Wissen mit nach Hause zu nehmen und mit diesem Wissen etwas anfangen zu können.

Der Schlussappell

Das Publikum zum Handeln motivieren

Die Aufforderung an das Publikum, jetzt zu handeln, gehört eigentlich an das Ende jeder Rede. Beim Schlussappell zeigen Sie aber auch Wege, *wie* die Zuhörer handeln können. Machen Sie Vorschläge, die unmissverständlich sagen, *was* zu geschehen hat. Ihr Publikum soll das Gefühl haben, dass es jetzt gilt, die Ärmel hochzukrempeln und etwas zu tun.

Der positive Ausblick

Wenn aus irgendeinem Grund ein sofortiges Handeln als Reaktion auf Ihren Vortrag unmöglich ist (z. B. bei Themen wie

„Arbeitslosigkeit“ oder „Unheilbare Krankheiten“), sollten Sie die Einladung zum Handeln auf die Zukunft verschieben. Wichtig ist, dass Sie eine Klärung des Problems in Aussicht stellen, Hoffnung wecken, die Bereitschaft für zukünftiges Handeln schaffen. Es gilt den Zuhörern das Gefühl zu vermitteln, dass etwas Positives geschehen wird – auch wenn dies nicht sofort möglich ist.

Vielleicht müssen Sie einmal eine Rede zu einem Thema halten, das viele negative Aspekte berührt (z. B. die Entwicklung auf dem Arbeitsmarkt, Zukunftsaussichten von Kindern in Hungergebieten etc.). Trotzdem sollten Sie Ihren Vortrag nicht in einer pessimistischen Stimmung („Alles ist hoffnungslos“) beenden. Negative Aussagen provozieren in der Regel Hoffnungslosigkeit, Verwirrung, Apathie, also gerade das Gegenteil von aktivem Handeln. Verbreiten Sie Optimismus, indem Sie Ihre Rede mit einem positiven Ausblick schließen.

Optimismus verbreiten

Die Zuhörer günstig stimmen

Politiker stehen oft vor dem Dilemma, einerseits Einschränkungen für die Bürger ankündigen zu müssen, andererseits um die Gunst der Wähler zu werben (z. B. Steuererhöhungen wegen leerer Staatskassen). Sie erreichen dies, indem sie eine abstrakte Notwendigkeit oder höhere Gewalt verantwortlich machen und damit alle Schuld an den Problemen von sich weisen.

Wenn Sie in einer Rede unbequeme Tatsachen darlegen müssen, dann ist es unerlässlich, spätestens im Schlussteil Ihre Zuhörer günstig zu stimmen. Ihr Publikum muss das Gefühl haben, dass Einschränkungen notwendig sind und zu einem positiven Ergebnis führen. Sie laden dazu ein, gemeinsam auf das positive Ziel zuzugehen.

Positive Aspekte und Ziele betonen

Die Zuhörer ratlos lassen

Dieser Abschluss einer Rede ist normalerweise nicht ratsam. Das Publikum könnte denken, sie wüssten auch nicht, was zu tun sei. Sie hätten keine wirkliche Ahnung vom Thema. Aus der Enttäuschung darüber, dass Sie als Experte auch keine Lösung anzubieten haben, könnte sich Unmut oder Zorn Ihnen gegenüber bilden, der wiederum zur Ablehnung Ihres Vortrags oder gar Ihrer Person führen könnte.

Bewusstsein für selbst geschaffene Probleme wecken

Lediglich in ganz seltenen Fällen machen geschulte Redner von dieser Technik Gebrauch, z. B. am Schluss einer Kritikrede *(Ihr habt das ganze Chaos angerichtet, jetzt seht selbst zu, wie Ihr damit fertig werdet).*

Wer diesen Redeschluss wählt, sollte sich darüber im Klaren sein, dass er damit nicht zur Lösung eines Problems beiträgt – es sei denn, es geht darum, die Zuhörer wachzurütteln, ein Bewusstsein für ein selbst gemachtes Problem zu schaffen.

Der Zitatabschluss

Ein passendes, mitreißendes Zitat am Schluss einer Rede kann helfen, das Gesagte im Gedächtnis des Publikums zu verankern. Ideal wäre es, wenn das Schlusszitat gleichzeitig den Schlussappell, die Aufforderung zum Handeln beinhalten würde.

Die Rückkopplungsrunde

Besonders im Rahmen von Seminaren und Tagungen mit kleineren Teilnehmerzahlen hat sich die Rückkopplungsrunde am Ende eines Vortrags eingebürgert. Hierbei werden alle Zuhörer um eine Stellungnahme gebeten. Reihum im Kreis formuliert jeder Teilnehmer seine Meinung zu Inhalt und Form des Vortrags. Die Aussagen sollen bewusst in der Ich-Form gehalten sein um ihre Subjektivität zu unterstreichen. Die einzelnen Stellungnahmen dürfen nicht kommentiert oder kritisiert werden, die Rückkopplungsrunde ist keine Diskussion, sondern ein Forum, das dem Redner ermöglicht, die Reaktionen des Publikums und damit die Wirkung seines Vortrags einzuschätzen.

Wie ist der Vortrag angekommen?

Nur der Redner darf nachfragen um Unklarheiten in den Rückkopplungskommentaren auszuschließen. Am Schluss nimmt der Redner zu einzelnen Punkten noch einmal Stellung, stellt eventuelle Missverständnisse richtig, bedankt sich für die Kommentare des Publikums und schließt die Runde.

Die Schlussdiskussion

Auf viele Reden folgt eine Diskussion mit dem Ziel offene Fragen zu beantworten oder Missverständnisse auszuräumen. Vor allem unerfahrene Redner fürchten sich vor Diskussionen im Anschluss an ihre Rede, weil sie Angst haben eine Frage nicht beantworten zu können oder von negativ eingestellten Zuhörern schlecht gemacht zu werden.

Chance zur Überprüfung des Vortrags

Man sollte eine Diskussion jedoch eher als Chance begreifen und nicht als Bedrohung – bietet sich dem Redner doch die Möglichkeit, anhand der Fragen, die gestellt werden, zu überprüfen, ob alles in seinem Sinne verstanden worden ist. Er hat auch die Möglichkeit zu präzisieren, wo dies notwendig erscheint, Missdeutungen zu erkennen und zu beseitigen.

Aus der Sicht der Zuhörer bietet die Diskussion die Möglichkeit zu einem bestimmten Punkt zusätzliche Informationen zu erhalten, auch wenn es vielleicht „nur" darum geht, Literaturhinweise zu bekommen.

Kritik auf die Sache lenken

Es gibt allerdings auch Zuhörer, denen es darum geht, Kritik um der Kritik willen zu üben. Unsichere oder unerfahrene Redner werden in eine Position gedrängt, in der der gute Eindruck der vorausgegangenen Rede leicht zunichte gemacht werden kann. Als oberster Grundsatz in solchen Situationen gilt: Ruhe bewahren und sachlich bleiben. Kritik an Ihrer Person lenken Sie auf die Sache zurück und lassen die Frage, nun zur Sache, noch einmal genauer formulieren: *Können Sie Ihre Argumente präzisieren …*

Was tun bei unangenehmen Fragen?

Bei unangenehmen Fragen, die an Sie gerichtet werden, gilt es Zeit zu gewinnen. Dies erreichen Sie am besten durch Rückfragen: *Habe ich Sie richtig verstanden, dass …?* Sie können Fragen auch an das Publikum weitergeben: *Was denken Sie über …?* und im Plenum diskutieren lassen.

Sie sollten jedoch nie versuchen den Allwissenden zu spielen, wenn Sie etwas gefragt werden, zu dem Sie keine Antwort wissen. Ein direktes Zugeben der Wissenslücke *(Das ist nicht mein Fachge-*

biet) wird allemal mehr geschätzt als Behauptungen, die leicht entkräftet werden können und somit Ihre Kompetenz infrage stellen.

Nebenprobleme ausklammern

Manche Probleme, die sich im Verlauf einer Diskussion stellen, haben auch gar nichts mit Ihnen und Ihrem Vortrag zu tun. Sollten sich derartige Themen stellen (z. B. die schlechte Luft im Konferenzgebäude, das versalzene Mittagessen, die Tatsache, dass Ihre Informationen gut, aber bei den Vorgesetzten der Zuhörer nicht durchzusetzen sind etc.), klammern Sie diese Themen höflich aber bestimmt aus *(Bleiben wir bitte beim Thema).* Sie können auch versuchen den Grund der Unstimmigkeiten herauszufinden und dann gemeinsam über Lösungen nachdenken.

Nicht in die Enge treiben lassen

Lassen Sie sich nie in die Enge treiben, wenn man von Ihnen verlangt Partei zu ergreifen. Auch nach einer guten Rede können Sie leicht die Zustimmung der Zuhörer verlieren, wenn Sie sich in der anschließenden Diskussion leichtfertig auf eine bestimmte Seite stellen (die für die andere Hälfte der Zuhörer oft die falsche Seite ist). Bleiben Sie offen, benutzen Sie Formulierungen wie: *Nach meiner Erfahrung ...* oder *Ich persönlich habe den Eindruck ...*

Nicht auf Killerphrasen eingehen

Auf Killerphrasen aus dem Publikum *(Dafür ist doch kein Geld da ... Das haben wir noch nie so gemacht ... Aus Ihnen spricht doch nur der Sozialneid)* gehen Sie am besten nicht ein, es wäre Zeitverschwendung. Killerphrasen sind dazu da, Macht zu demonstrieren, die Macht nämlich, jede Argumentation zerstören zu können. Beenden Sie einfach die Diskussion mit einem Hinweis auf die begrenzte Zeit *(Die Zeit verbietet es uns, noch weiter auf das Thema einzugehen),* bedanken Sie sich für die Beiträge, antworten Sie auf Killerphrasen mit Killerantworten *(Wenn Sie das wirklich wollen, wird sich auch das Geld finden ... Hätten wir nie etwas Neues gewagt, wären wir immer noch auf den Bäumen ... So lassen Sie uns gemeinsam handeln um den Neid ein für alle Mal aus der Welt zu schaffen* usw.).

Lassen Sie sich also nicht aus der Ruhe bringen. Sie als Redner sind Spezialist für das Thema, schließlich haben Sie sich einen Wissensvorsprung erarbeitet, den Sie sich nicht durch unsachliche Kritik aus der Hand nehmen lassen sollten.

Zeitlimit für die Diskussion

Ein letzter, nicht unwichtiger Punkt: Lassen Sie Diskussionen nicht ausufern. Begrenzen Sie die Zeit vorab *(Wir werden uns auf 30 Minuten beschränken)* und brechen Sie nach Ablauf der vorgegebenen Zeit die Diskussion ab.

KURZ GESAGT

Den richtigen Schluss finden

- Ein markanter Redeschluss ist genauso wichtig wie ein zündender Auftakt.
- Der Redeschluss verankert den Inhalt der Rede im Gedächtnis der Zuhörer.
- Der Redeschluss gibt positive Ausblicke und ruft die Zuhörer zum Handeln auf.
- Der gute Redeschluss ist klar, überzeugend, motivierend. Zerreden Sie das Ende nicht.
- Kündigen Sie niemals an, Schluss zu machen, und reden dann endlos weiter.
- Wenn Sie eine Schlussdiskussion scheuen, führen Sie eine Rückkopplungsrunde durch.

Merke: Mittelmäßige Rede + guter Schluss = gute Rede
Gute Rede + schlechter Schluss = schlechte Rede

Das Redemanuskript

Das Manuskript ist das wichtigste Hilfsmittel, das Ihnen während Ihres Auftritts zur Verfügung steht. Es dient Ihnen als *Leitfaden* durch den Vortrag, es bietet Ihnen Hilfe, wenn Sie vergessen haben, wie es weitergeht. Ein Manuskript kann aber auch seine Tücken haben.

Ausformuliertes Manuskript

Die Nachteile überwiegen

Weit verbreitet ist es, den Text einer Rede auszuformulieren und den fertigen Text als Redemanuskript zu verwenden. Dem vermeintlichen Vorteil alles parat zu haben und nicht mehr während des Vortrags nachdenken zu müssen, stehen mehrere gravierende Nachteile gegenüber. Erst einmal ist ein solches Manuskript zu unübersichtlich und nicht selten brauchen Redner, die nach der passenden Stelle suchen müssen, peinlich viel Zeit. Wer ein freier gestaltetes Manuskript hat, ist eben auch freier und flexibler in seinen Reaktionsmöglichkeiten. Ausformulierte Redemanuskripte verleiten auch zum Ablesen, was oft zu einem monotonen Vortrag führt, der das Publikum schon nach kurzer Zeit abschalten lässt. Ohne Blickkontakt ist auch das Eingehen auf das Publikum unmöglich.

> Dies ist ein schlecht lesbares Manuskript. Machen Sie es nicht so! Dies ist ein schlecht lesbares Manuskript. Machen Sie es nicht so! Dies ist ein schlecht lesbares Manuskript. Machen Sie es nicht so! Dies ist ein schlecht lesbares Manuskript. Machen Sie es nicht so! Dies ist ein schlecht lesbares Manuskript. Machen Sie es nicht so! Dies ist ein schlecht lesbares Manuskript. Machen Sie es nicht so! Dies ist ein schlecht lesbares Manuskript. Machen Sie es nicht so! Dies ist ein schlecht lesbares Manuskript. Machen Sie es nicht so! Dies ist ein schlecht lesbares Manuskript. Machen Sie es nicht so! Dies ist ein schlecht lesbares Manuskript. Machen Sie es nicht so! Dies ist ein schlecht lesbares Manuskript. Machen Sie es nicht so! Dies ist ein schlecht lesbares

Beispiel für ein fertig ausformuliertes Manuskript (so sollten Sie es nicht tun!)

Wenn Sie unbedingt ein fertig ausformuliertes Manuskript benötigen, dann achten Sie auf *Übersichtlichkeit:*

1. Der Aufstieg des Automobils zum Massenverkehrsmittel

Dies ist ein Beispiel für ein übersichtlicher gestaltetes, ausformuliertes Manuskript. Einzelne Abschnitte sind durch Überschriften hervorgehoben.

2. Die heutige Situation

Dies ist ein Beispiel für ein übersichtlicher gestaltetes, ausformuliertes Manuskript. Einzelne Abschnitte sind durch Überschriften hervorgehoben.

Beispiel für ein übersichtlicher gestaltetes, ausformuliertes Manuskript in größerer Schrift. Die einzelnen Abschnitte sind durch Überschriften hervorgehoben.

Das wichtigste Kriterium: Übersichtlichkeit

Eine Verbesserung in puncto Übersichtlichkeit bietet Ihnen das **Zweispalten-Manuskript:**

Die ersten Kinos	Dies ist ein Beispiel für ein Zweispalten-Manuskript. Es bietet ausformuliertes Blindtext-Manuskript. Die Themen der Abschnitte stehen in einer Extraspalte.
Gesellschaftliche Bedeutung	Dies ist ein Beispiel für ein Zweispalten-Manuskript. Es bietet ausformuliertes Blindtext-Manuskript. Die Themen der Abschnitte stehen in einer Extraspalte. Dies ist ein Beispiel für ein Zweispalten-Manuskript. Es bietet ausformuliertes Blindtext-Manuskript. Die Themen der Abschnitte stehen in einer Extra-

In der linken Spalte stehen die Themen der einzelnen Abschnitte, in der rechten Spalte der ausformulierte Text. Das Zweispalten-Manuskript bietet die Möglichkeit frei nach Stichpunkten zu sprechen, gleichzeitig aber genau nachlesen zu können, wenn man in der Rede stecken bleibt.

Stichpunkt-Manuskript

Wichtiges ist auf einen Blick zu erkennen

Geübtere Redner bevorzugen ein Stichpunkt-Manuskript. Es ist so gestaltet, dass die wichtigsten Informationen – vielleicht ergänzt um Beispiele oder besonders gelungene Formulierungen – auf einen Blick erkennbar sind. Dadurch wird freies Sprechen ermöglicht, ohne dass die Gefahr besteht den Überblick zu verlieren oder wichtige Punkte auszulassen. Als Stichpunkt-Manuskripte bieten sich drei Varianten an.

a) Fortlaufende Gliederung:

1. XXXXX
1.1 xxxxxxxxxx
1.2 xxx
1.3 xxxxxxxxxxx

2. XXX XXX
2.1 xxxxxxxxxxxxxxxxxxx
2.2 xxxx
2.3 xxxxxxxxxxxxxxx
2.4 xxxxxx xxx

3. XX XXX XX

Bei dieser Form des Stichpunkt-Manuskripts werden die Abschnitte der Rede – getrennt nach Haupt- und Unterthemen – aufgelistet. Zur besseren Orientierung empfiehlt es sich, die Kapitel fortlaufend zu nummerieren und die jeweiligen Unterkapitel mit entsprechenden Ziffern (1.1., 1.2., 2.1. usw.) zu kennzeichnen. Wichtige Redeteile wie Zitate oder den Schluss fügen Sie im genauen Wortlaut ein.

b) Stichwortkarten:

Gedächtnis- und Orientierungshilfe

Hierzu benötigen Sie mehrere Kärtchen im DIN-A6-Format (Postkartengröße). Jedes Kärtchen wird mit einem Stichpunkt, der für einen Redeabschnitt steht, überschrieben. Weitere mögliche Informationen sind Beispiele, pointierte Aussagen usw. Die Kärtchen haben Sie nummeriert, damit Sie die richtige Reihenfolge rasch wiederherstellen können, wenn sie Ihnen einmal auf den Boden fallen sollten. Decken Sie die Kärtchen nacheinander auf und Sie werden so durch den Vortrag geführt. Stichwortkarten können Sie leicht bei sich tragen, das heißt, Sie können sich ohne großen Aufwand überall, wo Sie möchten, vorbereiten.

Thema/Stichpunkt 1

Beispiel 1 Formulierung
Beispiel 2 Zitat

Gegenargument

Thema/Stichpunkt 2

Beispiel
Gegenargument

ggf. Zitat

c) Das Mind-map-Manuskript:

„Wegweiser" für den Redeverlauf

Bei dieser Variante haben Sie den Verlauf Ihres Vortrags bildlich in Form von Pfaden dargestellt, denen Sie während Ihres Auftritts folgen. So kommen Sie nach und nach zu allen Punkten Ihrer Rede. Zur visuellen Unterstützung können Sie die einzelnen Punkte nach ihrer Abhandlung abhaken.

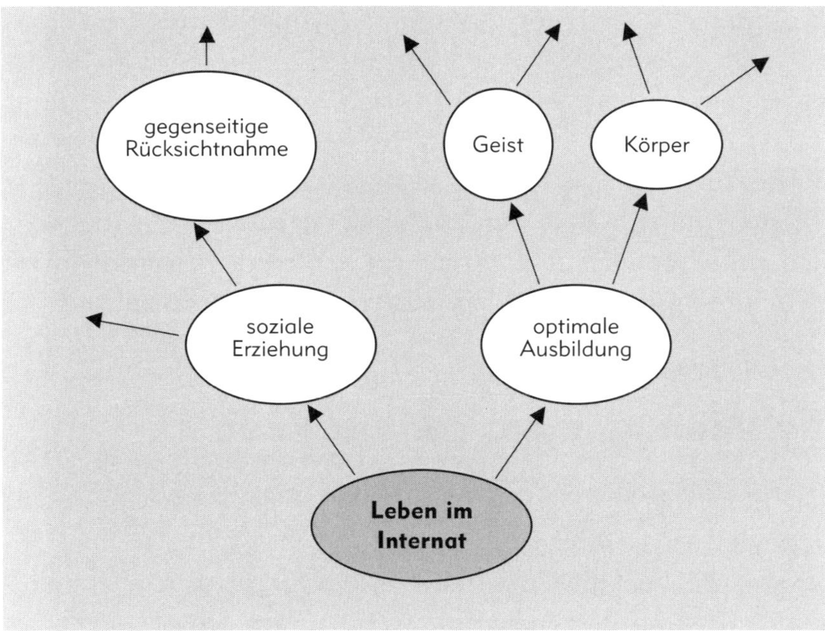

Das richtige Manuskript für jeden Redner

Welche Art von Manuskript Sie bevorzugen, hängt vom Thema Ihrer Rede und von Ihren Vorlieben ab. Für ungeübte Redner sind Zweispalten-Manuskripte oder Stichwortkarten zu empfehlen. Sie vereinen große Übersichtlichkeit mit einem hohen Grad an Information für den Redner. Und sie ermöglichen freies Sprechen, bieten aber gleichzeitig die Möglichkeit, an kritischen Stellen auf ausformulierte Textteile zurückgreifen zu können.

Zeitmanagement für Redner

Zeit – ein kostbares Gut

Den Zuhörern ist Zeit ein äußerst wertvolles Gut, das genutzt werden sollte, und Ihr Vortrag kostet sie Zeit: Lebenszeit, Arbeitszeit oder Freizeit. Wer freiwillig zu einem Vortrag geht, wer obendrein noch Eintritt bezahlt, der erwartet, dass er im Gegenzug Informationen erwirbt, die hilfreich sind bei der Bewältigung des eigenen Lebens oder die lohnenden Unterhaltungswert besitzen. Wer gezwungen ist, dem Vortrag zuzuhören, beispielsweise auf einer Hochzeitsfeier, der erwartet, dass die köstliche Suppe nicht kalt wird, der Sekt nicht warm. Wer eine Weiterbildungsveranstaltung besucht, rechnet fest damit, umfassend über das Thema unterrichtet zu werden. An all das muss der Redner denken, will er seinem Publikum gerecht werden. So wird auch für ihn Zeit zum kostbaren Gut, mit dem er sorgfältig planen muss.

Zeitmanagement vor der Rede

Die Bilderflut in Film und Fernsehen hat die Sehgewohnheiten verändert, die Informationsschwemme hat Lesegewohnheiten gewandelt. Auch die Gewohnheiten des Zuhörens sind von diesem Wandel nicht ausgenommen. Zog Anfang der achtziger Jahre ein zweistündiger Vortrag über den gegenwärtigen Stand der Friedensforschung noch Scharen von Zuhörern in die Säle, wird das gleiche Thema heute so manchen Stuhl leer lassen. Daran muss der Redner denken. Alles ist kurzweiliger geworden. Nachrichten werden im Fernsehen knapper und mit schnelleren Bildfolgen präsentiert, Artikel und Reportagen werden kürzer, direkter geschrieben. Vergleichen Sie einmal „Spiegel“ und „Focus“, schauen Sie sich eine Nachrichtensendung von 1970 und eine von heute an. Nicht allen gefällt dieser neue Stil, aber niemand hält den Wandel auf.

Knappe Informationen in den Medien

Kein Redner kann aktuelle Lese- und Sehgewohnheiten ignorieren. Denken Sie deshalb an diesen Wandel bei der Planung der Rede oder der Präsentation. Überlegen Sie: Wer wird der Rede zuhören? Vor älteren Menschen dürfen Sie etwas ausführlicher sein, Ihre Gedanken dürfen tiefer „schürfen“; vor Ihnen sitzt ein Publikum, das Zeit hat und nicht in jedem Satz eine Sensation erwartet, die aufhorchen lässt. Aber aufgepasst bei *feiner Ironie*. Selbst ein älteres Publikum ist nicht immer in der Lage oder bereit die Feinheiten herauszuhören. Dies ist keine wehmütige Beschwörung früherer Zeiten, sondern eine Feststellung ohne Für und Wider. Wir sind alle durch die Gegenwart geprägt und wer hat im Alltag noch die Zeit das Zuhören zu üben.

Straffer, aber nicht oberflächlicher präsentieren

Denken Sie an den „schnellen Schnitt“ bei der Planung des Redeaufbaus, wenn Sie vor jüngeren Zuhörern sprechen. Präsentieren Sie Themen direkter, zu feine Ironie und ein komplexerer Gedankenaufbau überfordern zumeist die Aufnahmefähigkeit oder -bereitschaft des Publikums. Das muss nicht heißen, dass Ihr Vortrag oberflächlicher werden muss. Aber er muss auf jeden Fall kürzer sein. Er muss auch einfacher strukturiert sein. Wenn Sie Fachvorträge halten, verweisen Sie auf Quellentexte und Bücher, dort kann sich, wer möchte, eingehender informieren.

Es gibt keine Richtwerte, wie lange eine Hochzeitsrede sein soll oder eine Rede auf einem Betriebsausflug, aber das ist auch gar nicht so wichtig. Unser Zeitempfinden und unser „Textempfinden“ entspricht auf jeden Fall mehr dem Geschmack von heute.

Sie sollten sich bei der Planung der Rede deshalb stets fragen: Ist die Rede zu lang? Dann fällt es auch leichter, den Text zusammenzustreichen und manchen guten Gedankengang auszulassen. Denken Sie daran, niemand erwartet, dass in Ihrem Vortrag alles gesagt wird, was es zu diesem Thema zu sagen gibt.

Dauer der Rede durch „Testläufe" überprüfen

Behalten Sie stets die *richtige Proportionierung der einzelnen Redeteile* im Auge und lesen Sie die Rede zumindest zweimal laut vor. Stoppen Sie die Zeit, stellen Sie fest, wie lang Ihr Vortrag dauert, wenn Sie langsam sprechen, wie lang, wenn Sie normal sprechen. Der mittlere Zeitwert entspricht etwa der Dauer Ihrer Rede. Übertragen Sie die gemessenen Werte von Einleitung, Hauptteil und Untergliederungspunkten sowie Schluss in Ihr Manuskript oder Ihre Stichwortkarten. Jetzt können Sie in aller Ruhe dem großen Ereignis entgegensehen.

Zeitmanagement während der Rede

Faktoren, die die Redezeit beeinflussen

Unter den realen Bedingungen, das heißt, wenn die Rede gehalten wird, wirken Faktoren auf den Redner ein, die das Sprechtempo stark beeinflussen. Bei Kurzvorträgen wirkt es sich natürlich weniger aus, wenn Lampenfieber kein normales Zeitempfinden zulässt, Müdigkeit langsamer reden lässt, Wachsein hingegen schneller. Bei längeren Vorträgen kann das aber zu beträchtlichen Abweichungen von der geplanten *Rededauer* führen. Vielleicht müssen auch Zwischenfragen beantwortet oder technische Störungen (z. B. Schwierigkeiten mit dem Mikrofon) beseitigt werden. Dies führt dazu, dass selbst die geübtesten Redner den Zeitüberblick verlieren. Zwar stehen auf dem Manuskript oder auf den Stichwortkarten Minutenangaben, aber wie soll man sie kontrollieren? Der ständige Blick auf die Armbanduhr verbietet sich, das Publikum könnte denken, der Redner langweilt sich oder hat nichts mehr zu sagen. Das hätte fatale Auswirkungen. Ein höfliches Publikum verlässt zwar nicht sofort den Saal, aber es sehnt das Ende Ihrer Rede herbei und hört Ihnen nicht mehr zu. Sorgen

Sie deshalb immer dafür, dass die Uhrzeit in Ihrem Blickfeld ist. Die Zuhörer dürfen jedoch nicht bemerken, wie Sie die Zeit kontrollieren. Legen Sie also Ihre Armbanduhr unauffällig neben das Manuskript. Damit allein ist es jedoch nicht getan. Prägen Sie sich unbedingt ein, *wann* Sie zu sprechen beginnen, sonst nutzen all die Zeitangaben auf Ihren Stichwortkarten nichts.

Die Uhrzeit im Auge behalten

Psychologische Aspekte

Kleider machen Leute. Man kann dieses Sprichwort in Bezug auf Reden getrost abwandeln und sagen: Kleider machen gute Reden. Denn Aussehen und Auftreten sind entscheidend für den Erfolg einer Rede. Wer vor Bankern in Jeans und mit Viertagebart auftritt, kann sicher sein, dass manche ihm gar nicht zuhören. Andererseits wird man im dunklen Anzug vor Auszubildenden am Montageband nicht die Aufmerksamkeit finden, die man sich als Redner wünscht. Hier kann ein sportliches und lässiges Auftreten viel Erfolg zeigen, vor Bankleuten hingegen kann es bedeuten, dass keiner dem Redner Seriosität zuspricht, was wiederum bedeutet, auch die Rede wird nicht ernst genommen. Deshalb gilt: *Der Anlass prägt Auftreten und Kleidung.*

Auftreten des Redners

Gute Redner strahlen *Persönlichkeit* aus. Sie treten selbstsicher auf ohne arrogant zu wirken. Das erweckt Kompetenz und flößt dem Publikum sofort Vertrauen ein. Gute Redner werden aber auf Befragen auch erklären, dass sie Lampenfieber, unruhigen Schlaf in der Nacht vor einer Rede sehr wohl kennen. Das Publikum spürt von dieser Nervosität allerdings nichts – der gute Redner kennt

Persönlichkeit schafft Kompetenz

seine Stärken und Schwächen. Will er frei vortragen, so hat er den Vortrag auswendig gelernt. Will er die Rede ablesen, hat er ein gut lesbares Manuskript oder Karteikarten zur Hand. So wandelt sich die Unruhe zu positiver Aktivität.

Jeder Mensch wird unter ganz bestimmten Voraussetzungen zu solch einer Persönlichkeit. Sind Umgebung und Zuhörer vertraut, das heißt, kennt man sich selbst und die anderen, mit denen man zu tun hat, fühlt man sich sicher.

Sie sind, wie Sie sind

Auch Sie fühlen sich sicherer, wenn Sie Ihre persönlichen „Wirkungsmittel" kennen. Kommt Ihre Stimme an oder ein bestimmtes Lächeln? Schätzt man Ihren fundierten Rat oder flachst man lieber mit Ihnen herum? Überlegen Sie, was schätzen andere Menschen am meisten an Ihnen und was missfällt ihnen? Fragen Sie Freunde, Partner! Lernen Sie sich selbst kennen und nehmen Sie sich so an, wie Sie sind. Ausgeglichen oder einfühlsam, ungeduldig oder trocken.

Wenn Sie sich akzeptieren, finden Sie zu der Selbstsicherheit, die Sie ruhiger Ihrer Rede entgegensehen lässt. Dann können Sie selbst Ihre schwachen Seiten in starke verwandeln. Sogar ein geborener Langweiler kann dann eine recht kurzweilige Rede halten, indem er humorvoll seine Schwäche anspricht: *Meine Damen und Herren, draußen regnet es in Strömen. Aber seien Sie beruhigt, ich verspreche Ihnen, hier drinnen geht es so trocken zu, da werden Sie bestimmt nicht nass.*

Schauspielern bringt Sie nicht weiter

Sich Verstellen hingegen führt zu nichts. Geben Sie nicht vor ein anderer zu sein, das Publikum spürt schnell, wer da zu ihm spricht. Sie hinterlassen den besten Eindruck, wenn Sie sich zeigen, wie Sie wirklich sind. Benutzen Sie darum auch eine Sprache, die Ihren eigenen Sprechgewohnheiten und Ihrer Erlebniswelt entspricht. Wer Fontane für ein neues Aftershave hält, sollte nicht Goethe zitieren. Führen Sie keine Beispiele vom Fruchtbarkeitstanz der Jivaro-Indianer ins Feld um zu erklären, warum Sie gerne Bier trinken. Ihre Zuhörer und Zuhörerinnen wissen, Sie sitzen lieber zu Hause vor dem Fernsehschirm, statt im südamerikanischen Regenwald zu wandern.

Ihr Mut, sich der eigenen Sprache und Ausdrucksform zu bedienen, wird mit einem Mehr an Ursprünglichkeit belohnt. Das Publikum spürt, Sie sind ehrlich mit ihm. Das wird zumindest mit aufmerksamem Zuhören honoriert.

Aussehen und Kleidung

Sich selbst kennen und annehmen – das ist das Zaubermittel um auf andere positiv zu wirken. Wer eine *positive Ausstrahlung* hat, dem öffnen sich nicht nur die Herzen, sondern auch die Ohren. Wenn Sie jetzt noch darauf achten, dem Anlass entsprechend gekleidet zu sein, dann wird Ihnen eine etwaige Unsicherheit zu Beginn Ihrer Rede gern verziehen.

Dem Anlass angemessene Kleidung

Überlegen Sie, welche Kleidung die Mehrzahl der Leute zum gegebenen Anlass tragen könnte. Informieren Sie sich bei Gastgebern oder Veranstaltern, welches Publikum erwartet wird. Wählen Sie danach Ihre Kleidung aus. Aber auch hier gilt: Nicht verkleiden! Bleiben Sie Sie selbst, ziehen Sie das an, was Ihrer Person entspricht. Vor einer Gesellschaft in Jeans wirken Sie im Anzug zwar etwas fehl am Platz, aber warum sollen Sie keine Fliege zu legerer Freizeitkleidung tragen, wenn Ihnen danach zu Mute ist? Natürlich dürfen Sie vor der Hochzeitsgesellschaft Ihr sportliches Jackett tragen, wenn Sie ein Anzugmuffel sind. Und sollten Sie vor Mitgliedern einer orthodoxen Kirchengemeinde eine Rede halten, müssen Sie sich keinen Bart wachsen lassen.

Missgeschicke humorvoll eingestehen

Ein Sportler, der zum Sportler des Jahres gewählt worden war, gestand bei der Preisverleihung: *Wenn ich gewusst hätte, ich würde gewählt, hätte ich mir sicher die Schuhe geputzt.* Überlegen Sie, warum hatte dieser Mann die Lacher auf seiner Seite – weil er ungepflegt war oder weil er eine Schwäche, ein kleines Missgeschick eingestand? Vom vorbereiteten Redner aber wird auf jeden Fall ein ansprechendes Äußeres erwartet. Ungepflegte Haare oder Flecken auf dem Hemd stoßen ab, führen auf jeden Fall zu Ablehnung. Selbst die beste Rede kommt dann nicht an.

Körpersprache

Nonverbale Botschaften vor dem Redebeginn

Bevor ein Redner das erste Wort sagt, hat bereits ein Dialog mit dem Publikum stattgefunden. Es wurde der Gang zum Rednerpult registriert. Schlenkernde Arme, zu Fäusten geballte Hände, Schweiß auf der Stirn, Kurzatmigkeit, Keuchen sind vernommen worden. Ihr Parfüm, Ihr Haarschnitt, Ihre Kleidung – all das wurde bereits bewusst oder unbewusst aufgenommen und bewertet. Den einen zeigt Ihre falsche Kleidung, dass Sie sich um Konventionen überhaupt nicht scheren, den anderen, dass Sie arrogant und überheblich sind, und die dritten finden Sie dumm und ungebildet. Der aufdringliche Duft eines Rasierwassers oder eines Parfums zieht die einen an, die andern stößt er ab. Zwei Drittel der Kommunikation finden auf diesem Wege statt, daher darf kein Redner diese psychologischen Aspekte der nonverbalen Kommunikation außer Acht lassen.

Mimik, Gestik, Körperhaltung sind Signale der Körpersprache. Zwar werden diese Signale nicht bewusst von den Zuhörern gedeutet, aber sie werden empfangen und gefühlsmäßig verstanden. Das führt dazu, dass besonders Widersprüche zwischen Gesagtem und „Gezeigtem" im Gedächtnis haften bleiben. Ein „Herzliches Willkommen", das nicht von Herzen kommt, ein spöttisches Lächeln, eine übertriebene Betonung eines Wortes lassen die Zuhörer am Wahrheitsgehalt des Gesagten zweifeln. Die Glaubwürdigkeit des Redners ist untergraben, dem weiteren Verlauf der Rede wird mit Skepsis oder mit Ablehnung gefolgt, manche werden sich ausklinken und mit den Gedanken beim Hauptgang des Menüs oder den Kindern sein.

Körpersprache ist ehrlich

Die Körpersprache ist eine ehrliche Sprache. Sie zu steuern, zu manipulieren ist meist ein aussichtsloses Unterfangen. Nur wenigen Schauspielern mag dies gelingen, denn ein echtes Verstellen wird nur in den seltensten Fällen nicht vom Publikum durchschaut. Einstudierte Gesten, Stimmlagen, Körperhaltungen werden vom Unterbewusstsein sofort als unecht erkannt. Setzt der Politiker während seiner Rede die Brille noch so gekonnt auf und ab, um Kontakt mit dem Publikum aufzunehmen, das Publikum spürt, hier wird ihm etwas vorgetäuscht. Die bewusste Hinwendung zum Publikum, um ihm seine Wichtigkeit in dieser Frage zu zeigen, wird als übertrieben und lächerlich empfunden. Hüten Sie sich folglich vor aufgesetzter Freundlichkeit, betonen Sie ohne falsches Pathos, sprechen Sie nicht lauter und nicht leiser, als sie gewohnt sind, machen Sie Pausen, aber übertreiben Sie es damit nicht.

Signale der Zuhörer

Auch das Publikum sendet Signale an den Redner aus. Deshalb spricht man von der *Zwei-Wege-Kommunikation.* Stellen Sie als Redner allgemeines Stirnrunzeln im Saal fest, so stoßen Ihre Aussagen höchstwahrscheinlich auf Entrüstung. Haben Sie das Gefühl, man schaut durch Sie hindurch, so zeigt dieser starre Blick meist kein angestrengtes Nachdenken über das Gesagte an, sondern spricht eher für Geistesabwesenheit. Schaut man Sie hingegen offen und direkt an, dürfen Sie daraus auf Interesse an Ihrem Vortrag schließen. Ebenso lässt ein Reiben an der Nase auf eine positive Aufnahme des Gesagten denken.

Körpersignale nicht isoliert deuten

Aber aufgepasst: Kein Körpersignal ist isoliert zu betrachten, es muss stets im Zusammenhang mit der Persönlichkeit, dem Umfeld, den verursachenden Reizen und anderen Einflüssen gesehen werden. Zusammengepresste Lippen können ein Zeichen für Anspannung oder Zorn sein, aber ebenso Nachdenklichkeit signalisieren. Überprüfen Sie folglich Ihre Vermutung durch weitere Beobachtung. Versuchen Sie dabei, Ihre Vermutung zu entkräften. Denn wer nach Bestätigung seiner Vermutung sucht, deutet die tatsächliche Stimmungslage der Zuhörer schnell falsch. Dieses Korrigieren der tatsächlichen Wirklichkeit hin zur subjektiven Wirklichkeit ist bekannt als „Phänomen der selbsterfüllenden Prophezeiung“.

Folgende Körpersignale des Publikums können im Allgemeinen negativ gedeutet werden:

- Schultern hochziehen,
- Kopf einziehen,
- Kopf ruckartig zurückwerfen,

- Stirn runzeln,
- Augenbrauen heben,
- durch Redner hindurchschauen,
- Oberlippe hochziehen,
- Oberkörper zurücklehnen,
- Arme verschränken.

Offene und verschlossene Körperhaltung

Die hier abgebildeten körpersprachlichen Aussagen sind beispielhaft als Anregungen für die eigene Deutung gedacht. Aber nochmals: Vorsicht vor zu einfachen Deutungen, die nicht genügend abgesichert sind.

Körpersprachliche Signale des Redners

Diese offene Haltung demonstriert Sicherheit (Signale: Blick geradeaus, ausgestreckte Arme).

Der Blick nach unten und das Festhalten am Pult sind ein Zeichen für Unsicherheit.

Dieser freundlich-natürliche Gesichtsausdruck wirkt sympathisch.

Ein unfreundlich-ablehnender Gesichtsausdruck lässt Missmut aufkommen.

Körpersprachliche Signale des Zuhörers

Offene Sitzhaltung: gerader Blick auf gleicher Höhe und demonstrative Zuwendung.

Diese verschlossene Sitzhaltung signalisiert Abwehr (verschränkte Arme und Beine, erhobene Fußspitze, unbewegte Miene).

Abweisende Körperhaltung: zurückgebeugter Oberkörper und Blick über die Schulter.

Atmung

Richtiges Atmen ist ein wichtiges Mittel gegen Lampenfieber und Redestress. Es führt Sauerstoff in der exakt benötigten Menge in die Lunge, sodass das Herz gleichmäßig schlägt. Der Kreislauf beruhigt sich, der Mensch entspannt sich und wird ruhiger. Auch der Kopf wird freier.

Richtiges Atmen kann man lernen, u. a. durch *autogenes Training*, einer Methode der „konzentrativen Selbstentspannung". Allen, die eine Karriere als Redner starten wollen, sei der Besuch von solchen Kursen empfohlen. Sie lernen dort Körperfunktionen und -empfindungen (z. B. die Herzschlagfolge) zu beeinflussen, Spannungszustände auszugleichen oder Verkrampfungen zu lösen. Das heißt, Sie werden ganz gezielt in Situationen, die Sie steuern wollen, reagieren können.

Hilfreich für den Redner: Entspannungstechniken

Auch in Geburtsvorbereitungskursen lernt man dem Anlass entsprechend zu atmen. Es wird im Fünferpack nach Zilgrei laut ein- und ausgeatmet oder im Dreiertakt nach Temis auf- und abgezählt. Man lernt laut zu hecheln nach Müller und befreit zu stöhnen nach Hech. Wenn Sie jemals solch einen Kurs besucht haben, versuchen Sie das dort Gelernte auch vor Ihrer Rede anzuwenden. Natürlich kann eine Rede nie ein so großartiger Vorgang wie eine Geburt sein, aber manche Gemeinsamkeit findet sich doch, denn eine gehörige Menge Stress wird in beiden Situationen produziert. (Spezielle Atemübungen finden Sie im Praxisteil, Seite 218 f.)

Entspannung vor und während der Rede

Die oben genannten Tipps zur Atemtechnik können Ihnen in der Vorbereitungszeit Ihrer Rede wertvolle Helfer gegen Herzjagen, schlaflose Nächte und gereizte Diskussionen mit den Nächsten sein, aber was taugen sie gegen den Stress kurz vor und während der Rede.

Damit Ihre *Stimme* während des Vortrags so funktioniert, wie Sie es sich wünschen, sollten Sie all die Faktoren ausschalten, die sie unruhig, flatterig, grell und unsympathisch wirken lassen. Kaffee oder Tee in Maßen, Hände weg von jedem zweiten Glas Alkohol, frühzeitig schlafen gehen, all das sind Regeln, die unbedingt zu befolgen sind. In den Stunden vor der Rede möglichst oft ganz bewusst die Hektik aus dem Tagesgeschehen nehmen und tief und rhythmisch durchatmen. Streit vermeiden, komplizierte Diskussionen vertagen. Weniger als gewöhnlich sprechen, schonen Sie sich, sagen Sie ruhig, dass Sie an diesem Tag eine Rede halten werden. Dann nimmt man Rücksicht, belästigt Sie nicht mit unnötigen Dingen.

Schonzeit in den Stunden vor der Rede

Schließlich naht der große Auftritt. Zehn Minuten zuvor wird der Puls unruhig schlagen oder jagen, Schweiß tritt auf die Stirn, Sie sehen blass aus – typische Anzeichen von Lampenfieber. Jetzt hilft eine kleine Entspannungsübung aus dem autogenen Trainingsprogramm oder eine Yogaübung. Konzentrieren Sie sich auf Ihren Atem, atmen Sie bewusst ein und aus. Zählen Sie einzelne Körperteile durch um zu Ihrem Ich zu finden. Wenn Sie dann zum Rednerpult gehen, denken Sie positiv! Denken Sie nicht daran, dass alle auf Sie schauen und auf Ihre Fehler warten, auf ein Verhaspeln oder den totalen Redeausfall. Man ist gespannt, was Sie zu sagen haben. Jeder, der dort vor Ihnen sitzt, weiß um die Angstgefühle vor einer Rede und ist Ihnen wohlgesinnt. Dann atmen Sie tief durch und sprechen laut und deutlich die ersten Begrüßungsworte. Kontrollieren Sie von Anfang an Ihr Redetempo und machen Sie nach der Anrede eine kurze Pause. Suchen Sie unter den Zuhörern ein freundliches Gesicht, nehmen Sie diesen ersten Blickkontakt auf. Sie wissen: Ihre Rede ist ein Dialog, Sie erkennen leicht an den Reaktionen in den Gesichtern, wie Ihre Rede ankommt.

Positiv denken

Beginnen Sie dann mit der Einleitung, Sie werden feststellen, dass Sie schon viel ruhiger geworden sind. Legen Sie immer wieder sinnvolle Sprechpausen ein. Das verhindert das Fortgaloppieren der Stimme, das Flattern des Atems.

Wenn Sie den Blickkontakt mit Ihrem Publikum wahren, werden Sie jederzeit bemerken, wie Ihre Rede aufgenommen wird. Sie werden feststellen, ob die Zuhörer sich langweilen oder ob sie interessiert Ihren Ausführungen zuhören. Schaut Sie niemand an – die einen blicken zu Boden, scharren mit den Füßen, die anderen starren zum Fenster hinaus –, läuft irgendetwas fehl. Vermeiden Sie jetzt panikartige Reaktionen! Denken Sie daran, dass bald ein amüsanter Abschnitt in Ihrer Rede folgt. Denken Sie an Redetricks, die Sie jetzt anwenden könnten, variieren Sie Sprechtempo, Stimmhöhe, Lautstärke.

Der Blickkontakt gibt Aufschluss über die Reaktionen der Zuhörer

Denken Sie aber auch daran, dass manche Themen eben trockener sind als andere, oder akzeptieren Sie einfach, dass Sie es nicht allen recht machen können. Atmen Sie dann bewusst während des Vortrages, Sie werden feststellen, wie die Stimme sich entkrampft und wie das Sprechen wieder leichter fällt.

Redearten und Redebeispiele

Reden werden überall gehalten. Im privaten Bereich wird der 80. Geburtstag von Tante Liesel mit einer Rede festlicher gestaltet. Das frisch getraute Ehepaar wird an seinem Ehrentag vor den versammelten Hochzeitsgästen mit guten Ratschlägen von wohlmeinenden Vätern oder Müttern für den zukünftigen gemeinsamen Lebensweg beglückt. Und den Verstorbenen wird ein würdevolles letztes Geleit gegeben.

Vielzahl der Anlässe und Gelegenheiten

Im öffentlichen Bereich werden beispielsweise Umweltkonferenzen mit einer Ansprache des Ministers eröffnet oder neue Autos auf der Messe unter Lobeshymnen präsentiert.

In diesem Kapitel werden die wichtigsten Redearten vorgestellt und durch Redebeispiele veranschaulicht.

Eröffnungsreden

In Kassel wird feierlich mit Cocktail und Häppchen die documenta eröffnet, im Ruhrgebiet gibt der Verkehrsminister per Scherenschnitt ein paar neue Autobahnkilometer frei. Eröffnungsreden bieten sich für viele Anlässe an. Ein neues Fabrikgebäude wird eingeweiht, eine Podiumsdiskussion wird eingeleitet mit einer kurzen Ansprache, einem Grußwort. Neue Kollegen werden mit einer Rede in ihr Amt eingeführt und vorgestellt. Der Redeaufbau kann sich an folgenden Schemata orientieren.

Gliederungspunkte auf einen Blick

Begrüßungsrede:

- anwesende Zuhörer begrüßen
- Referenten, Diskussionsleiter, neuen Kollegen begrüßen
- Zweck der Veranstaltung erläutern
- Höflichkeitsformel

Grußwort:

- Vorsitzenden begrüßen
- wichtige Gäste, Teilnehmer begrüßen
- für die Möglichkeit zu sprechen danken
- freundliche Botschaft

Empfangsrede:

- Anwesende begrüßen
- die vorzustellende Person begrüßen
- über diese Person sprechen: gestern – heute
- über die weitere Entwicklung reden
- freundliche Botschaft

Rede zum Cocktailempfang

Vorstellung eines Malers, der noch unbekannt ist	**Anlass**
Das Werk näher bringen und verkaufen	**Ziel**
Nach kurzer Vorstellung der Person folgt die Rede der Drei-Zeiten-Formel, siehe Seite 60	**Formel/Aufbau**
Der Maler wird mit den großen Künstlern der Moderne verglichen. Dabei werden Tendenzen der modernen Malerei („Kreise und Kleckse") als veraltet erklärt. Die neue Kunst malt wieder gegenständlich.	**Inhalt**

Sehr geehrte Damen und Herren,
ich möchte Sie heute herzlich zur Eröffnung dieser Ausstellung in der Galerie Wildenhahn begrüßen. Wieder einmal stellen wir Ihnen einen Künstler vor, der den meisten von Ihnen unbekannt sein dürfte, von dem wir aber überzeugt sind, dass er seinen Weg machen wird: Martin Berger, gebürtiger Wiesbadener und Weltenbürger mit Wohnsitz in Wiesbaden. „Die Kunst ist lang und kurz ist unser Leben", lässt Goethe Faustens Famulus Wagner feststellen. Das möchte ich heute Abend beherzigen und werde Ihnen deshalb nur das Allerwichtigste zu Martin Bergers bisherigem Schaffen sagen.

Vorstellung der Person (Rückblick)

Nach dem Studium der Sozialwissenschaften arbeitete er zunächst als Betreuer von langzeitarbeitslosen Jugendlichen, dann als Dozent an der Fachhochschule Schwetzingen. Er lehrte dort so erfolgreich, dass ihn schließlich die Industrie, genauer gesagt Unilever, abwarb. Dort wurde Martin Berger als Manager im Personalbereich tätig. Eigentlich war er mit seinem Leben sehr zufrieden, doch eines Nachts träumte er, er sei ein Maler. Verwundert sah er damals genau die Bilder vor sich, die er später einmal malen würde. Als er am nächsten Tag aufwachte, wusste er, dass nun unwiderruflich ein neuer Lebensabschnitt begann. Er gab sofort seinen Posten bei Unilever auf und widmete sich von diesem Tage an voll und ganz der Malerei.

Die Gegenwart

Heute ist Martin Berger den Bildern, die er in jenem Traum sah, bereits sehr nahe gekommen. Sie sehen sie hier vor sich und werden mit mir feststellen, sie üben eine ganz besondere Magie auf den Betrachter aus. Sie finden auf den Bildern nicht die üblichen Kleckse und Kreise der Postmoderne, Martin Berger malt ganz gegenständliche Werke, die auf den ersten Blick an Cezanne, an van Gogh denken lassen. Bei genauerem Hinschauen werden Sie jedoch eine Urtümlichkeit, eine Ursprünglichkeit erkennen, die Sie so noch nie gesehen haben. Ganz gewiss ist Martin Berger kein moderner Maler, er ist aber ein Maler der Moderne. Er ist auch ein gewaltiger körperlicher Maler. Das heißt, er malt gewaltige Körper, gewaltige Körperteile, die nicht mehr zu vergessen sind, hat man sie erst einmal gesehen. Martin Berger ist der Wahrheit auf der Spur, das ist in jedem Bild zu spüren. Das Häßliche wird nicht geschönt, das Schöne wird nicht häßlich gemacht und deshalb üben seine Bilder entweder eine große Anziehungskraft auf den Betrachter aus oder sie stoßen ab.

Ein Blick nach vorn

Die Malerei ist tot, es lebe Video und Clip! So sieht mancher die Zukunft. Wer Martin Bergers Bilder heute sieht, wer seine leidenschaftliche Suche kennt, der ahnt, dass die Malerei morgen nicht gestorben sein wird. Wer Martin Bergers Bilder sieht, der spürt, dass morgen, übermorgen neue Maler und Malerinnen dem totgesagten Medium Malerei eine glanzvolle Auferstehung bereiten werden. Und schließlich weiß jeder, der die Bilder dieses Malers sieht, heute Abend hat er das erste Auftreten eines großen Malers des 21. Jahrhunderts erlebt.

Ich danke Ihnen für Ihre Aufmerksamkeit, genießen Sie nun die ersten Werke der „Posthypermoderne", genießen Sie die Bilder von Martin Berger.

Konferenzeröffnungsrede

Eröffnung einer Konferenz	**Anlass**
Objektive Diskussion der neuen deutschen Rechtschreibung	**Ziel**
1-2-3-Formel, siehe Seite 58	**Formel/Aufbau**
Begrüßung, Nennung des Konferenzthemas; Schilderung der Problematik; Anmerkung zum Konferenzprogramm; Ankündigung der ersten Rednerin	**Inhalt**

Sehr geehrte Frauen Kultusministerinnen,
sehr geehrte Herren Kultusminister,
liebe Kolleginnen und Kollegen, sehr geehrte Anwesende,
der Publizist Johannes Gross sagte einmal, manche Pluralbildung bereichere die Sprache, schenke ihr neue Nuancen – Ängste seien nicht so arg wie Angst; eines Menschen Dummheiten müssen nicht auf genereller Dummheit beruhen und von seinen Weisheiten ließe sich nicht auf Weisheit schließen. Wir sind hier zusammengekommen um über Sinn und Unsinn der Rechtschreibreform zu diskutieren.

Nennung des Themas

Viele, die mit Sprache tagtäglich umgehen, Schriftsteller und Lehrer versagen sich der Reform, ziehen wegen der von Sprachsachverständigen erarbeiteten Änderungen vor Gericht. Ist es Angst oder sind es Ängste um den Verfall der deutschen Sprache, die Pädagogen, aber auch Eltern dazu treibt, gegen das neue Regelwerk zu klagen? Haben wir es mit einer Dummheit oder mit Dummheiten zu tun, wenn wir in Zukunft Balllokal mit drei „l" schreiben sollten statt, wie gewohnt, mit zweien? Stellt die Reform der Weisheit letzten Schluss dar? Dies wollen wir uns heute und in den nächsten Tagen vorbehaltlos fragen.

Schilderung der Problematik

Wir, die Rektorenkonferenz der deutschen Hochschulen, als deren Vertreter ich spreche, haben uns bemüht, all diejenigen einzuladen, die am Reformprozess beteiligt waren. Ebenso haben wir Mitglieder des Verbandes deutscher Schriftsteller sowie Kollegen und Kolleginnen aus Schulen und anderen Bildungsinstituten eingeladen.

Hinweis zu den Teilnehmern

Sehr verehrte Anwesende, wir hoffen, die Voraussetzungen für eine erfolgreiche Diskussion geschaffen zu haben. Aufgrund der Vielzahl

Anmerkung zum Konferenzprogramm

der Referentinnen und Referenten möchte ich auf deren Benennung verzichten. Informationen hierzu sowie zu Ort und Zeit der Vorträge und Diskussionen finden Sie im ausliegenden Konferenzprogramm.

„Wer die Sprache reinigt, ohne sie zu bereichern, der schwächt sie", sagte der deutsche Schriftsteller Friedrich Georg Jünger. Lassen Sie uns nun versuchen, offen die neuen Regeln der Rechtschreibung zu diskutieren. Lassen Sie uns kritisch prüfen, ob die neue deutsche Rechtschreibung eine Bereicherung oder eine Schwächung unserer Muttersprache darstellt.

Ankündigung der ersten Rednerin

Und jetzt will ich Ihre Geduld nicht länger strapazieren. Ich darf Ihnen die erste Referentin ankündigen, die keiner Vorstellung meinerseits bedarf. Frau Kultusministerin Hauser, ich erteile Ihnen das Wort.

Verabschiedungsreden

Nach politischen Wahlen verabschiedet man gern Ministerialdirigenten in eine andere Funktion, nach ein, zwei mageren Jahren lobt man den Bereichsleiter eines Unternehmens in eine andere Niederlassung weg. Konferenzen werden mit realistischen Wünschen, Seminare mit aufbauenden Worten beendet. Folgende Gliederung bietet sich an:

Schema für den Redeaufbau

Abschiedsrede:

- Anwesende und die zu verabschiedende Person begrüßen
- Gründe für das Ausscheiden nennen
- auf gemeinsame Zeiten zurückblicken, Erinnerungswertes berichten, dabei vorbildliches Verhalten herausstellen
- für Geleistetes danken

Abschlussrede von Konferenzen, Tagungen usw.:

- den Referenten und Vortragsrednern danken
- Dank begründen
- Ergebnisse/Erkenntnisse zusammenfassen
- Höflichkeitsformel

Abschiedsrede

Verabschiedung einer Kollegin	**Anlass**
Anerkennung der Persönlichkeit und der Leistungen, Danksagung	**Ziel**
1-2-3-Formel, siehe Seite 58	**Formel/Aufbau**
Nach Erwähnung des Anlasses und Beschreibung der zukünftigen Tätigkeit werden rückblickend Ereignisse aus den gemeinsamen Berufsjahren genannt. Das vorbildliche Engagement der Person, ihre Entschlossenheit und Tatkraft stehen im Mittelpunkt der Rede. Mit einem Zitat wird abschließend der Anlass noch einmal gewürdigt.	**Inhalt**

Liebe Kolleginnen und Kollegen, sehr verehrte Frau Müller,
anlässlich Ihres letzten Tages hier in der Willy-Brandt-Schule fällt mir als Rektorin die Aufgabe zu, die Abschiedsrede für Sie, liebe Frau Müller, zu halten. Gerne komme ich dieser Aufgabe nach, obwohl ich Sie ungern aus dem Schuldienst entlasse, denn stets waren Sie eine vorbildliche und bei allen beliebte Mitarbeiterin und Kollegin. Aber natürlich respektiere ich Ihren Wunsch. Schon nächste Woche werden Sie Ihre neue Aufgabe als Beauftragte der Landesregierung in Bosnien-Herzogowina antreten. Sie werden dort in Srebrenica das Projekt „Kinder wollen versöhnen und vergeben" leiten. Sicher wird dies keine leichte Aufgabe sein, Sie werden viel Kraft für diese Arbeit brauchen, ich zweifle jedoch nicht daran, dass es Ihnen gelingen wird, Mauern einzureißen und Gräben zuzuschütten, die in den Menschen aufgrund des jahrelangen grausamen Mordens entstanden sind. Wer könnte mehr Wissen und Gefühle um Empfindlichkeiten mitbringen als Sie: Ihr Vater ein Deutscher, Ihre Mutter eine Jugoslawin, Sie selbst sind hier aufgewachsen.

Zukünftige Tätigkeit

Ich erinnere mich noch sehr genau, als ich Sie vor 15 Jahren den anwesenden Kolleginnen und Kollegen vorstellte. Keine dieser Kolleginnen, dieser Kollegen, ob im Ruhestand oder unterrichtsfrei, hat es sich nehmen lassen, Ihrer heutigen Verabschiedung beizuwohnen. Das zeigt, welche Wertschätzung wir Ihnen entgegenbringen, wie beliebt Sie im Kollegium sind. Gerne erinnere ich mich an gemeinsam ver-

Rückblick

brachte Stunden, an Klassenfahrten und Elternabende, vor allem auch an Fachkonferenzen, zu deren Erfolg gerade Sie mit Ihrem gewinnenden und versöhnlichen Wesen oftmals entscheidend beigetragen haben, wenn die Meinungen gar zu gegensätzlich aufeinanderprallten.

Engagement

Es findet sich auch eine Abmahnung in Ihrer Personalakte, persönlich unterzeichnet vom Herrn Kultusminister: „Frau Šera Müller wird hiermit abgemahnt. Sie wird aufgefordert, unverzüglich Ihren Unterrichtsverpflichtungen nachzukommen." So heißt es dort, und ich bin sicher, wir alle hier erinnern uns genau an Ihre Empörung, weil per ministeriellem Erlass der Förderunterricht für die Kinder ausländischer Eltern gestrichen werden sollte. Damals haben Sie den Herrn Kultusminister öffentlich aufgefordert, die Maßnahme rückgängig zu machen, andernfalls werden Sie mit den Ihnen anvertrauten Kindern Mahnwache vor dem Ministerium halten. – Und das haben Sie getan, eine ganze Woche lang. Frau Müller, wir alle haben Ihre Durchsetzungskraft, Ihren Mut und Ihre Konsequenz bewundert.

Entschlossenheit und Tatkraft

Ich erinnere mich, als Sie mich vor einigen Monaten um eine Unterredung baten. Sie erzählten mir, wie betroffen es Sie macht, dass Politiker fast aller Parteien die baldige Rückführung der Menschen aus Bosnien-Herzogowina fordern, obwohl viele dieser Menschen echte Jugoslawen, also keine Bosnier, keine Kroaten, keine Serben oder Albaner sind. Diese Menschen haben keine Heimat mehr, wie kann man sie in ein ihnen fremdes Land zurückschicken? Das hat Sie entsetzt und auch ich habe damals verstanden, welches Unrecht wir begehen.

Nach jener Unterredung wusste ich, Sie werden gegen das Unrecht ankämpfen, ich ahnte, es würde eine Veränderung geben. Ich dachte allerdings nicht, dass Sie uns verlassen würden.

Ein passendes Zitat

Liebe Frau Müller, jeder Abschied ist ein kleiner Tod. Abschied ist aber auch eine innige Form menschlichen Zusammenseins. Lassen Sie mich Ihnen sagen, wir, das Kollegium der Willy-Brandt-Schule, sind traurig darüber, dass Sie uns verlassen. Wir sind aber auch sehr stolz auf Sie, auf Ihren mutigen Abschied vom Hier und Jetzt, Ihren Mut zum Aufbruch in ein besseres Morgen. Ihr Handeln soll uns und unseren Schülern stets Aufforderung und Mahnung sein. Haben Sie vielen Dank!

Konferenzabschlussrede

Ende einer öffentlichen Stadtverordnetensitzung	**Anlass**
Zusammenfassung der Ergebnisse	**Ziel**
Mischform aus 1-2-3-Formel sowie Fünf-Finger-Formel, siehe Seite 58 bzw. Seite 59	**Formel/Aufbau**
Thema der Konferenz benennen; Dank an die Teilnehmer für den fairen Umgang miteinander; Nennung der nicht erreichten Verhandlungsziele; Nennung der erreichten Verhandlungsziele; besondere Danksagung an Privatpersonen und Bürgerinitiativen für deren Einsatz; Aufruf zur Nachahmung.	**Inhalt**

Sehr geehrte Stadtverordnete,
liebe interessierte Bürgerinnen und Bürger dieser Stadt,

Thema

Sie haben mit mehr oder minder großen Erwartungen an dieser Konferenz über die zukünftige Entwicklung unserer Stadt teilgenommen. Wir haben recht unterschiedliche Redebeiträge gehört und haben kontrovers darüber diskutiert. Nicht in allen strittigen Punkten konnte eine Einigung erzielt werden. Lassen Sie mich in meiner Eigenschaft als Entwicklungsdezernent dieser Stadt Ihnen allen danken für den fairen Umgang miteinander, selbst in Momenten, als Meinungen hart aufeinanderprallten. Stets hat die Vernunft gesiegt und ich bin sicher, wir können stolz auf die erzielten Ergebnisse sein.

Dank an die Teilnehmer

Nicht erreichte Ziele

Zwar ist es uns nicht gelungen, eine Übereinkunft für den Bau einer neuen Kläranlage zu erzielen, auch die Thematik der Verbreiterung unserer Flanierstraße konnte nicht abschließend geklärt werden. Kein Konsens wurde erzielt in der Frage der neuen Bestuhlung des Theaters sowie hinsichtlich einer Neuregelung der Ausschankerlaubnis im Freien.

Erreichte Ziele

Diese Fragen konnten heute nicht geklärt werden. Ich bin aber sicher, dass trotzdem alle mit den erzielten Ergebnissen höchst zufrieden sind. Die Eltern aus dem Westend können erleichtert aufatmen, die Unfallgefahr wird dort drastisch gesenkt werden durch die von allen Seiten akzeptierte Lösung der Verkehrsberuhigung. Ebenso wird die

Begrünung des Konrad-Adenauer-Platzes ein neues Stück Lebensqualität in die Innenstadt bringen. Aber besonders stolz dürfen wir alle darüber sein, dass es endlich gelungen ist, einen Weg zu finden, der den Abriss der hässlichen Hochbrücke, die unsere Stadt noch immer verunstaltet, ermöglicht. Private Interessen, Vereinsinteressen wurden zurückgestellt, sodass eine Umschichtung von öffentlichen Geldern nun erfolgen kann. Bereits im nächsten Monat könnte theoretisch mit dem Abriss begonnen werden. Das ist sicher ein großartiges Ergebnis dieser Konferenz.

Dank an Privatpersonen und Bürgerinitiativen

In diesem Zusammenhang möchte ich noch einmal ganz herzlich all den anwesenden privaten Spendern sowie der Bürgerinitiative „Brücke? Nein, danke" danken. Durch ihren unermüdlichen Einsatz für den Abriss dieses Schandmals unserer Stadt, durch persönliche Opferbereitschaft haben Sie etwas erreicht, was keiner der Stadtverantwortlichen noch vor einem Jahr für möglich gehalten hätte. Sie haben uns gezeigt, dass Demokratie kein leeres Wort ist. Wer sich nicht dahinter versteckt, sondern tätiger Demokrat, tätige Demokratin ist, entscheidet mit über das Wohlergehen aller. Daher gilt Ihnen unserer Dank, gilt Ihnen der Dank all der Bürgerinnen und Bürger unserer Stadt. Mögen Ihre Energie und Ihre Beharrlichkeit ein leuchtendes Beispiel aktiver Demokratie sein, das viele zur Nachahmung animiert.

Das Engagement als Vorbild

Ich danke Ihnen für Ihr Interesse und für Ihre Mitarbeit. Bevor Sie nun nach Hause gehen, möchte ich Sie auf die nächste öffentliche Stadtverordnetensitzung am 17. Juni hinweisen. Auf Wiedersehen.

Festreden

Die Ansprache zur Verabschiedung eines nicht ganz so beliebten Kollegen kann für die eine oder den anderen ein „großes Fest" darstellen. Dennoch wird diese Rede nicht als Festrede in die Annalen der Firma eingehen. Viele Reden haben eine festliche Note, sind aber keine Festreden im Sinne folgender Definition: eine Rede anlässlich eines Festes. Die Redebeispiele sind nach dieser Umschreibung des Begriffs ausgewählt worden.

Festreden finden in einem offiziellen, aber auch im privat-familiären Umfeld statt. Sowohl die Ehrungsrede, die noch festlichere Laudatio oder Lobrede als auch die Geburtstagsrede, die Rede zur Hochzeit oder zum Firmenjubiläum sind Festreden im eigentlichen Sinn.

Das folgende Gliederungsschema kann für alle Festreden als Orientierung dienen:

- die Anwesenden nach Rang und Namen begrüßen
- Anlass der Feier erläutern
- einen kurzen geschichtlichen Rückblick geben bzw. den Werdegang der Person skizzieren
- Beispiele, besondere Vorfälle, Anekdoten einfügen
- Ausblick

Privat

Ehrungsrede zum 80. Geburtstag

80. Geburtstag des Vaters	**Anlass**
Dank an den Vater; zum Ausdruck bringen, welch großartiger Mensch er ist.	**Ziel**
Mischform aus Fünf-Finger-Formel sowie Vier-B-Formel, siehe Seite 59 bzw. Seite 63	**Formel/Aufbau**
Auftakt der Rede mit Bemerkungen zum Anlass; der angesprochene Gesundheitszustand sowie eine Episode aus der Kindheit wecken Interesse. Der Dank wird begründet, indem positive Wesensmerkmale und Ideale des Jubilars geschildert werden. Am Schluss steht die Ermunterung, die nächsten Jahre in Saus und Braus zu leben.	**Inhalt**

Mein lieber Vater, liebe Tanten und Onkel,
liebe Geschwister und Verwandte,
Bekannte und Freunde meines Vaters,

Einige Worte zum Anlass

bevor wir jetzt gleich ein leckeres Essen serviert bekommen und den köstlichen Wein genießen werden, möchte ich in Erinnerung rufen, warum wir hier zusammensitzen. Lieber Vater, du bist heute 80 Jahre alt geworden und hast uns alle eingeladen, diesen besonderen Tag mit dir zu feiern. Und wie du siehst, sind alle gekommen. Aus Amerika und Walsheim, aus München und Lippborg und anderen berühmten Orten. Das liegt sicher nicht daran, dass wir alle nur selten solch ein herrliches Menü umsonst bekommen – ich denke, keiner von uns Geschwistern denkt heute ans Essen. Wir sind viel zu froh, denn es ist einfach wunderschön, dass wir diesen Tag mit dir verbringen dürfen. Ich muss gestehen: Manchmal sahst du doch schon recht wacklig aus und dann waren wir sehr besorgt um dich. Aber welch ein Glück, lieber Vater, dass es die Familie gibt. Denn deine Schwester Liesel, die schon ein wenig älter ist als du und darum auch ein wenig weiser, hat uns stets Mut gemacht, hat unsere Sorgen zerstreut, wenn sie zum dritten Mal amüsiert davon erzählte, wie du früher deine zärtelnde Konstitution ins rechte Licht zu setzen wusstest – so brauchtest du keine Zwiebeln im Salat zu essen.

Episode aus der Kindheit des Jubilars

Lieber Vater, die Zeiten ändern sich, wie wir alle wissen! Irgendwann wolltest du gar nicht mehr auf Zwiebeln im Salat verzichten, so sind auch wir mit Zwiebeln im Salat aufgewachsen und keiner will sie missen, weil du verstanden hast den gleichen Wunsch in uns zu wecken.

Positive Eigenschaften und Ideale

Du hast sehr viel verstanden in uns zu wecken: Neugier und Gelassenheit, Toleranz und Verständnis. Mit deiner unbedingten Liebe zur Wahrheit hast du uns infiziert, die uns manchmal gar nicht froh macht, weil sie so manches in der Gemeinschaft mit anderen erschwert.

Das haben wir als Kinder natürlich nicht bemerkt, nein, wir hatten eine wunderschöne, sorgenfreie Kindheit. Aber später hat sich so mancher Widerspruch geregt, später habe ich schon einmal gefragt, ob so manche Freiheit, die ich genossen habe, nicht auf Nachlässigkeit, auf Bequemlichkeit beruhte.

Lieber Vater, die Ehrlichkeit, von der ich gerade sprach – hier schlägt sie zu und für manchen sicher nicht am passenden Ort. Aber ich bin sicher, du verstehst. Und was kann schon diese Kritik bewirken gegen diesen unerschütterlichen Optimismus, den du uns vorgelebt hast. Den hast du uns eingeimpft, wieder und wieder, und nur selten gelingt es diesem Optimismus nicht, uns diese oder jene Sorge oder Angst zu nehmen. Nein, den werden wir nur selten los, selbst in den schwierigeren Lebenssituationen.

Aber was sind schon unsere schwierigen Lebensumstände gegen die, die du erlebt, erlitten hast. Du hast ganz sicher dein Leben nicht so gelebt, wie du es dir einst vorgestellt hattest. Aber wir Kinder haben nie ein böses Wort von dir gehört, nie hast du Wut an uns, an unserer Mutter, deiner Frau, ausgelassen. Natürlich hast du uns schon einmal gegrollt und bisweilen ging dabei sogar ein Kochlöffel an einem unserer Hinterteile entzwei. Aber wir haben daran keinen Schaden genommen, wahrscheinlich musste das einfach manchmal sein – wobei anzumerken ist, das körperliche Züchtigung auch ein Akt der Liebe ist, der dich ganz sicher mehr als uns geschmerzt hat.

Eine leidvolle Erfahrung wird angesprochen

Lieber Vater, ich bin sicher, manchmal hat dich sehr viel geschmerzt. Aber deinen Schmerz hast du uns lange nicht gezeigt. Erst als unsere Mutter gestorben ist, da hast du uns dein aufgerissenes Herz in die Hände gegeben, wer sollte es sonst in diesen Stunden der Trauer und des Schmerzes bewahren.

Lieber Vater, du hast uns gelehrt, was Menschsein heißt. Du hast uns vorgelebt, wie wichtig es ist, dass man auch im Alter noch gern im Spiegel sein eigenes Antlitz schaut, weil da nur sehr wenige Lügen in den Falten eingegraben sind. Kurz und gut, ich möchte dir danken dafür, dass wir, deine Kinder, zu den Menschen geworden sind, die wir heute sind – denn es hätte auch ganz anders kommen können. Da sind sicher alle, selbst die kritischsten Kritiker, einer Meinung mit mir.

Redeschluss mit guten Wünschen

Lieber Vater, jetzt wird es aber wirklich Zeit, das Glas auf dich zu erheben, denn erstens ist meine Kehle jetzt ausgetrocknet und zweitens wird gleich der erste Gang serviert. Hiermit verpflichte ich meine nachgeborene Schwester, die Ehrenrede zu deinem Neunzigsten zu halten. So hat sie genügend Zeit, all das zu sammeln, was ich zu sagen vergaß. Auf dein Wohl, lieber Vater, ich fände es toll, wenn du die nächsten zehn Jahre so richtig in Saus und Braus genießt, denn das hat sich ein wunderbarer Mensch wahrhaft verdient.

Privat

Hochzeitsrede

Anlass	Hochzeit eines Freundes
Ziel	Angemessene Eröffnung des Festes; eine Hochzeitsrede halten, die dem Redner selbst gefällt
Formel/Aufbau	1-2-3-Formel, siehe Seite 58
Inhalt	Einleitende Worte, die die Ansicht des Redners wiedergeben: Hochzeitsreden sind grässlich, müssen aber gehalten werden wegen des würdigen Anlasses. Empfehlungen, wie sich die Ehe meistern lässt, schließen sich an. Ein origineller Wunsch beendet die Rede.

Liebes Brautpaar, liebe Hochzeitsgäste,

Einstellung des Redners zum Thema „Hochzeitsrede"

Als Leon mich vor einem Monat fragte, ob ich anlässlich seiner Hochzeit eine Rede halten möchte, erschrak ich fürchterlich, denn bisher fand ich alle Hochzeitsreden, die ich erlebt habe, grässlich. Da wurden kluge Sprüche über die Ehe rezitiert, etwa „Hinter einer guten Ehe steckt immer eine sehr gute Frau". Oder: „Viele von denen man glaubt, sie seien gestorben, sind bloß verheiratet." Darüber wurde gelacht und irgendwann war die Rede zu Ende, dann wurde artig Beifall geklatscht und sich froh zurück zum Essen begeben. Was aber hatte das Brautpaar von der Rede? Was konnte es von all den guten Tipps und Empfehlungen für das Leben zu zweit mitnehmen auf den gemeinsamen Lebensweg?

Nun gut, Leon hat mich also gebeten die Hochzeitsrede zu halten. Leon ist mein Freund und Freunde sind dazu da, dass man ihnen in guten und bösen Zeiten zur Seite steht, womit ich aber nicht sagen will, dass Leon nun böse Zeiten erwarten. Ich möchte einfach nur sagen, dass ich nicht lange überlegt, sondern gerne meiner Freundespflicht nachgekommen bin, als ich ihm zusagte diese Rede zu halten.

Empfehlungen für die Ehe

„If you want my future, forget my past. – Wenn du meine Zukunft willst, vergiss meine Vergangenheit." Als ich diese Liedzeilen zum ersten Mal hörte, fuhr es mir durch Mark und Bein. Wie banal doch die einfachsten Wahrheiten sind. Vielleicht ist es nicht immer leicht, diese

Wahrheiten zu leben. Aber dann sollte man nie vergessen, wie leicht sie doch zu verstehen sind. Liebe Lea, lieber Leon, wenn ihr euch von dieser Leichtigkeit ein wenig beeinflussen lasst, dann kommt ihr garantiert ganz schnell zur Leichtigkeit des Seins auch im Zusammenleben mit dem Partner. Mit dieser Gelassenheit werdet Ihr Krisen leichter überstehen.

Auf Licht folgt Schatten und auf Schatten folgt Licht, eine Partnerschaft, eine Ehe ist ein äußerst lebendiger Prozess. Der Partner ist ein Wesen, das wächst, sich verändert. Und ebenso verändert sich das Verhältnis zwischen zweien, die sich lieben. Es wird Zeiten geben, in denen ihr den anderen nicht versteht. In denen ihr an seiner oder ihrer oder eurer Liebe zweifelt. Die Ehe ist die Schule der Einsamkeit, aber man lernt nicht genug in ihr. So sah ein frustrierter Philosoph diesen entsetzlichen Zustand, wenn sich Partner vom anderen verlassen fühlen. Ich wünsche euch beiden, dass ihr dann dennoch in der Lage seid, die banalen Wahrheiten rund um die Ehe zu erkennen und auch zu beherzigen. Wenn ihr daran denkt, dass eine gute Ehe auf dem Talent zur Freundschaft beruht, dann fühlt ihr auch den Schlüssel zu eurem Glück stets in eurer Tasche.

Origineller Wunsch

Liebe Lea, lieber Leon, ich, und ich glaube auch all die Anwesenden hier wünschen euch nun für euer gemeinsames Leben tausend Tonnen Glück und viel, viel Sonnenschein. Und sollte es doch einmal dunkel sein, dann wünschen wir euch einen klaren Blick für Schlüssel und für die wichtigen Gewächse in eurem Ehehaus, das ihr nun baut. Auf euer Wohl!

Offiziell
Laudatio (Lobrede)

Anlass	Verleihung des goldenen Ehrenbandes der Handwerkerinnung
Ziel	Würdigung der Persönlichkeit und des unermüdlichen Einsatzes bei der Schaffung von Arbeitsplätzen für langzeitarbeitslose Jugendliche; Werben um Nachahmer
Formel/Aufbau	Vier-B-Formel, siehe Seite 63
Inhalt	Zuerst wird die Leistung gewürdigt, dann eine persönlich erlebte Begebenheit geschildert; dabei wird eine Redensart zitiert, die die Verdienste des Geehrten deutlich macht. Am Ende der Rede stehen Glückwunsch und Dank.

Sehr geehrter Herr Maschuwski,
sehr geehrte Mitglieder der Handwerkerinnung,
sehr verehrte Damen und Herren,
es ist in mir eine große Freude, Sie alle hier so zahlreich versammelt zu sehen. Ihre Anwesenheit zeigt, wie sehr auch Sie eine beispiellose Leistung für unsere Gemeinschaft zu würdigen wissen. Und Sie, sehr geehrter Herr Maschuwski, sind der Anlass dieser Zusammenkunft: Wir wollen am heutigen Tag Ihren unermüdlichen Einsatz für die Schaffung von Arbeitsplätzen für langzeitarbeitslose Jugendliche gebührend würdigen.

Würdigung der Leistungen und Verdienste

Herr Maschuwski, Sie haben in den 20 Jahren Ihrer Zugehörigkeit zur Handwerkerinnung Vorbildliches geleistet. Ihren eigenen Betrieb haben Sie in den schweren Zeiten der Rezession erfolgreich auf ein neues Produkt umgestellt. Und trotz dieser schweren Zeiten haben Sie nichts von Gesundschrumpfen und billiger Fertigung mit Hilfskräften gehalten, sondern haben jedes Jahr Jugendlichen eine echte Chance gegeben, einen Beruf zu erlernen. Als Sie gebeten wurden, Ihre Erfahrungen als Unternehmer der Handwerkerinnung zur Verfügung zu stellen, haben Sie sich mit unermüdlichem Fleiß an die Aufgabe gemacht, langzeitarbeitslosen Jugendlichen Ausbildungsplätze zu verschaffen. Viele Mitglieder unserer Innung haben über Sie, über Ihren unverbesserlichen Optimismus den Kopf geschüttelt. Bisweilen hat mancher Sie auch verwünscht, weil Sie nicht aufgaben und genau vorrechneten, wie vielen Jugendlichen der betreffende Betrieb einen Ausbildungsplatz bieten könnte.

Persönlich erlebte Begebenheit

Herr Maschuwski, vor Jahren saßen wir einmal nach einer Debatte mit dem Gemeinderat im Rathauskeller zusammen und redeten über die Zukunft. Natürlich sprachen wir damals auch über Ihr Lieblingsthema. „Wer nicht arbeitet, soll nicht essen." So hat Ihnen Ihr Vater gesagt. Sie haben diesen Satz immer beherzigt, er hat Sie geprägt, er war ein Schlüssel zu Ihrem Erfolg. Und dennoch – und hier meine Damen und Herren, bewundere ich Herrn Maschuwski aufrichtig – haben Sie erkannt, dass Zeiten, Umstände und Bedingungen sich ändern. Nun war dieser alte Sinnspruch sinnlos oder gar unsinnig geworden. Denn es gab auf einmal viele, die wollten arbeiten, fanden aber keine Arbeit. Hatten sie etwa kein Recht auf Essen? Diese Menschen waren nicht faul, wie so mancher erklärte. Diese Menschen wollten sich auch nicht vor schweren Aufgaben drücken, wie manchmal behauptet wurde. Diese Menschen hatten einfach keine Chance zu beweisen, dass sie sehr wohl arbeiten wollten um zu essen. So erklärten Sie mir damals die Lage.

Anerkennung und Dank

Herr Maschuwski, ich bewundere Sie für Ihre Einsicht und für Ihr kompetentes Beispiel, das Sie allen gaben und immer noch geben. Sie haben uns vorgemacht, dass auch in Zeiten wirtschaftlicher Rezession die Schaffung von Arbeitsplätzen in kleinen und mittleren Handwerksbetrieben keine Utopie sein muss. Meine Damen und Herren, vergleichen Sie bitte einmal die in unserer Innung angebotenen Ausbildungsplätze der letzten Jahre mit denen anderer Innungen. Überall gab es Stagnation oder Rückgang, bei uns hingegen hat sich die Zahl der angebotenen Ausbildungsplätze in den letzten zehn Jahren verdoppelt.

Herr Maschuwski, zu diesem Erfolg haben Sie einen entscheidenden Anteil beigetragen. Sie haben fertiggebracht, was keinem Gesetzgeber gelungen ist. Sie haben uns vorgemacht, wie der kleine Unternehmer seiner sozialen Verantwortung auch heute noch gerecht werden kann.

Sehr geehrter Herr Maschuwski, die Handwerkerinnung ist stolz darauf, Sie in ihren Reihen zu wissen. Es gab nicht einen Augenblick des Zögerns, als Sie für das goldene Ehrenband vorgeschlagen wurden.

Lassen Sie mich Ihnen also nun als Zeichen unseres Dankes für Ihre Verdienste um die Handwerkerinnung und die Jugend unseres Kreises dieses Ehrenband überreichen. Herr Maschuwski, ich bin ganz gewiss, ich spreche im Namen aller Anwesenden, wenn ich Ihnen sage: Wir sind sehr, sehr stolz auf Sie. Vielen Dank.

Offiziell

Dankrede auf eine Lobrede

Anlass	Antwort auf die Rede zur Verleihung des goldenen Ehrenbandes der Handwerkerinnung
Ziel	Dank für Ehrung und Anerkennung; Verständnis wecken für die Bedeutung von Arbeits- bzw. Ausbildungsplätzen für Jugendliche
Formel/Aufbau	Fünf-Finger-Formel, siehe Seite 59
Inhalt	Ein amüsanter Vergleich zu Beginn weckt das Interesse; Dankesworte an die Innung und an den Vorsitzenden; Anmerkungen zur sozialen Situation der Jugendlichen, verbunden mit der Begründung für den persönlichen Einsatz; Ausdruck der Hoffnung, dass das Engagement der Innung anhält.

Sehr geehrter Herr Vorsitzender,
sehr geehrte Mitglieder der Handwerkerinnung,
sehr verehrte Damen und Herren,

Humorvoller Redeeinstieg

meistens hört man Beschwerden. Die eigene Frau beschwert sich darüber, dass man zu wenig Zeit für die Familie habe. Kolleginnen oder Kollegen beschweren sich darüber, dass man penetrant sei, egoistisch auf seiner Sichtweise beharre. Deshalb haben mich die Worte meines Vorredners bisweilen erröten lassen – denn so über den grünen Klee gelobt worden bin ich das letzte Mal vor 15 Jahren. Der mich damals lobte, war der Bräutigam meiner Tochter, der auf dem Hochzeitsfest nach etlichen Gläsern Sekt und sonstigen berauschenden Getränken zu vorgerückter Stunde mir unbedingt erklären wollte, welch fabelhafte Tochter ich doch hätte. Ob er mich heute noch so loben würde, weiß ich nicht. Aber dass nun meine Arbeit von Ihnen mit dem goldenen

Ehrenband ausgezeichnet wird, macht mich verlegen, macht mich gleichzeitig sehr glücklich, zeigen Sie mir doch dadurch, dass Sie meine Arbeit in der Innung anerkennen. Vielen Dank für die große Freude, die Sie mir damit bereitet haben.

Dank an die Innung

Ich möchte diese Gelegenheit nutzen Ihnen auch zu danken für Ihre Unterstützung, Ihr Entgegenkommen in diesen 20 Jahren gemeinsamen Arbeitens. Sie hatten es oft nicht leicht mit mir. Ich bin kein Diplomat und so passierte es bisweilen, dass ich ein wenig zu laut für dies oder jenes eintrat, was ich für richtig hielt. Nicht nur einmal haben Sie, Herr Vorsitzender, die Wogen geglättet, haben bei den Kollegen oder Kolleginnen angerufen um ein arg strapaziertes Klima der Zusammenarbeit zu bereinigen, sodass diese Zusammenarbeit wieder funktionierte. Dafür möchte ich mich bei Ihnen, Herr Keller, bedanken. Und bei Ihnen, liebe Kollegen, liebe Kolleginnen, möchte ich mich entschuldigen für manchen groben Ton. Sie wissen, wie sehr mir das Wohl Jugendlicher am Herzen liegt. Was für ein Leben erwartet diese denn ohne eine Arbeit, die sie ernährt? Und welche Überlebenschancen hat eine Gesellschaft, wenn die Mehrzahl ihrer Mitglieder auf die Hilfe anderer angewiesen ist? Wer zwei und zwei zusammenzählen kann, weiß, wohin das unweigerlich führt. Chaos, Anarchie sind noch die geringsten Übel.

Begründung des eigenen Engagements

Vorhin wurde bereits mein Vater zitiert. Ich möchte dieses Zitat aufgreifen und fortführen: Wer essen will, muss arbeiten. Wer arbeiten will, muss eine Ausbildung haben. Wer eine Ausbildung haben will, muss eine Chance dazu erhalten. Das haben fast alle in unserer Innung begriffen und dafür gilt Ihnen mein Dank, gilt Ihnen der Dank vieler junger Menschen, denen Sie eine Ausbildung ermöglicht haben. Sie haben diesen Jugendlichen eine Hoffnung auf eine Zukunft gegeben. „No future!" gilt für diese Menschen nicht. Meine Damen und Herren, das ist Ihr Verdienst, seien Sie stolz darauf.

Hoffnungsvoller Ausblick

Damit möchte ich schließen. Ich hoffe, dass dieser Geist, der die Verleihung des Ehrenbandes an mich ermöglicht hat, noch lange unsere Innung in all ihrem Handeln beflügelt – sei es bei der Vergabe des Ehrenbandes, sei es bei der Schaffung von Ausbildungsplätzen für Jugendliche. Meine Damen und Herren, ich danke Ihnen.

Sachreden

Alle Reden, die der Präsentation eines Produktes oder eines Themas dienen, sind Sachreden im eigentlichen Sinn. Hierzu gehören: ein Fachvortrag oder ein Referat, eine Forderung, die Beauftragung, eine politische Rede, die Rede auf einer Betriebsversammlung oder die Präsentation eines neuen Herstellungsverfahrens. Streng genommen ist auch die Vorstellung eines neuen Stelleninhabers sowie dessen Antrittsrede eine Präsentation.

Inhalte und Darstellungsformen von Sachreden sind sehr unterschiedlich. So wird beispielsweise im Referat ein Thema erläutert, in der Beauftragung werden Forderungen gestellt und übergeben. Folgender Aufbau bietet sich für diese Reden an:

Referat:
- Tatsachen offenbaren
- Ursachen und Beweise darlegen
- geschichtliche Entwicklung aufzeigen
- Beispiele anführen
- Ziel und Zweck beschreiben

Die wesentlichen Gliederungspunkte

Präsentation:
- Ausgangssituation beschreiben
- Zielsetzung erklären
- Entscheidung formen: Vorschläge und Pro-Argumente unterbreiten
- an die Zuhörer appellieren

Präsentation einer Alternative:
- Vorteile der ungeeigneten Alternative beschreiben
- ihre Nachteile eindringlich schildern
- Nachteile der gewünschten Alternative beschreiben
- ihre Vorteile überzeugend darlegen
- Auswahlkriterien ansprechen
- an die Zuhörer appellieren

Antrittsrede eines Stelleninhabers:

- für die Berufung oder Wahl danken
- die Leistungen des Amtsvorgängers würdigen
- vertrauensvolle Zusammenarbeit anbieten
- Vertrauen einfordern
- eigene Wertvorstellungen darlegen
- Ausblick geben (mittelfristige Vorhaben, erste Maßnahmen)

Präsentation

Präsentation einer ausgeführten Beauftragung	**Anlass**
Interesse und Verständnis wecken für die gefundene Lösung	**Ziel**
1-2-3-Formel, siehe Seite 58	**Formel/Aufbau**
Begrüßung, Nennung des Auftrages, Schilderung der Fakten (Konkurrenzprodukt, Analyse der Möglichkeiten des eigenen Produkts); Vorstellung der gefundenen Lösung; Aufforderung, sich dieser Lösung anzuschließen.	**Inhalt**

Liebe Kolleginnen, liebe Kollegen,

Nennung des Auftrags

der Auftrag unserer Arbeitsgruppe lautete: Ideensammlung für die Konzeption eines neuen Pkw, mit dem wir der beherrschenden Stellung unseres Konkurrenten im oberen Marktsegment wirksam entgegentreten können.

Es handelt sich um dessen neue F-Klasse. Neu an diesen Fahrzeugen ist folgendes: Das Design wurde geringfügig überarbeitet, Kühlermaske, Schwellenverkleidung, Stoßfänger und Schutzleisten sorgen für einen überaus dynamischen Gesamteindruck (wie die Aufnahmen zeigen).

Detaillierte Beschreibung des Konkurrenzprodukts

Folgende technische Details wurden verwirklicht: Völlig neu konzipierte V6-Motoren bewirken mehr Dynamik, niedrigeren Verbrauch und wesentlich geringere Schadstoffanteile im Abgas. Außerdem werden weniger Geräusche produziert. Ein Bremsassistent, genannt BAS, erkennt serienmäßig Notsituationen und baut in Sekundenbruchteilen die größtmögliche Bremskraft auf. So verkürzt sich der Bremsweg um bis zu 45 %. ASR, die Antriebs-Schlupf-Regelung, verbessert Traktion und Fahrsicherheit. Sie ist serienmäßig in allen Modellen der F-Klasse eingebaut.

Serienmäßige Sidebags vergrößern den Schutz für die Insassen bei Unfällen, ebenso trägt ein Leistungsgurtstraffer mit Gurtkraftbegrenzer durch optimierte Abstimmung der Gurtkräfte mit den Airbags zur größeren Sicherheit bei. Eine automatische Kindersitzerkennung – der Konkurrent nennt sie AKSE, verhindert serienmäßig die Auslösung des Beifahrer-Airbags, wenn ein passender Kindersitz installiert ist. Die elektrischen Fensterheber vorn bieten einen automatischen Einklemmschutz.

Neben diesen Sicherheitsfeatures bieten die Fahrzeuge die serienmäßig eingebaute Wartungsintervallanzeige ASSYST. Sie berechnet exakt, wann eine Inspektion notwendig wird. Laut Angabe wird dadurch eine unnötige oder zu späte Wartung verhindert. Gegen Diebstahl wurde ein neues Schließsystem namens ELCODE entwickelt. Es soll das Anlassen des Wagens durch Unbefugte verhindern und außerdem den Komfort beim Öffnen, Schließen und Starten erheblich vergrößern.

Konsequenzen: gegenwärtige Marktsituation, Perspektiven

Die Ausgangssituation stellt sich wie folgt dar: Seit die neue F-Klasse auf dem Markt ist, sind die Bestellungen für unser Modell Forza, das diesem Marktsegment entspricht, um 23 % zurückgegangen. Im Werk West wird zur Zeit durch Kurzarbeit versucht, die qualifizierten Fachkräfte zu halten. Sollte die Nachfrage aber weiterhin so drastisch rückläufig sein, werden ganz sicher Arbeitskräfte entlassen werden müssen, wenn nicht gar das ganze Werk stillgelegt werden muss.

Bevor die neue F-Klasse auf den Markt kam, lagen die Verkaufszahlen für den Forza um fünf Prozentpunkte über denen der alten F-Klasse. Dahin muss der Forza wieder kommen! Dann wären die Fertigungsstraßen im Werk West wieder mit 115 % ausgelastet, niemand müsste also um seinen Arbeitsplatz bangen.

Vorstellung der gefundenen Lösung

Der Auftrag an die Arbeitsgruppe lautete: Ideensammlung für einen neuen Wagen, mit dem wir der F-Klasse Paroli bieten können. Wir sind jedoch zu dem Schluss gekommen, dass es unsinnig wäre, jetzt mit Hochdruck an der Entwicklung eines neuen Forzas zu arbeiten. Viel sinnvoller erscheint uns, den jetzigen Forza für das nächste Modelljahr mit ähnlichen technischen Neuerungen auszustatten sowie die für das übernächste Modelljahr vorgesehenen optischen Änderungen vorzuziehen. Diese Umstellung dürfte nicht schwer fallen, der Produktion stehen die benötigten neuen Pressformen bereit im nächsten Monat zur Verfügung. Wir könnten dann auf der Genfer Ausstellung im Herbst unseren technisch und optisch veränderten Forza präsentieren. Und haben so genügend Zeit, an der Entwicklung eines Nachfolgemodells zu arbeiten.

Begründung des Lösungsvorschlags

Die Gründe für unsere Entscheidung sind wie folgt: Der Forza hatte sich gut verkauft, ein nochmals verbesserter Forza mit einer nur gering veränderten Linienführung sollte sich also zumindest ebenso gut verkaufen. Die Produkttreue unserer Kunden ist ja stets gegeben gewesen. Mit dem Slogan „Bewährtes wahren" und einem spürbar günstigeren Preis für die gleiche Leistung sollte es gelingen, die verlorenen Marktanteile zurückzuerobern. Wird der potentiellen Käuferschaft auch vermittelt, dass unsere Motoren weniger Kraftstoff verbrauchen und sowohl kostengünstiger im Unterhalt als auch weitaus umweltfreundlicher sind, sehen wir keinen Grund, warum wir jetzt in großer Eile ein völlig neues Modell gegen die F-Klasse entwickeln sollten.

Aufforderung

Wir fordern folglich dazu auf, sich unseren Überlegungen nicht zu verschließen und unsere Entscheidung dem Vorstand vorzutragen. Vielen Dank für Ihre Aufmerksamkeit.

Politische Rede

Anlass	Kandidatur für das Amt des Kreisvorsitzenden einer Partei
Ziel	Nominierung zum Kreisvorsitzenden der eigenen Partei
Formel/Aufbau	1-2-3-Formel, Fünf-Finger-Formel, siehe Seite 58 und Seite 59. Besonderheit: Der Text orientiert sich im Aufbau an einer berühmten Rede: der Kandidatur Robert Kennedys zum Präsidenten der Vereinigten Staaten.
Inhalt	Absichtserklärung am Beginn der Rede; Darlegung der Motive für die Kandidatur; Beispiele für die vielfältigen Erfahrungen und Fähigkeiten, die den Redner für das angestrebte Amt befähigen; Beschreibung der Missstände, die es zu beseitigen gilt; Respekt für den politischen Gegner, aber auch klare Abgrenzung von dessen Zielvorstellungen; Hinweis auf ein übergeordnetes Ziel am Ende.

Sehr geehrte Damen und Herren,

Absichts-erklärung

ich gebe heute bekannt, dass ich für das Amt des Kreisvorsitzenden unserer Partei kandidieren werde.

Ich kandidiere für das Amt des Kreisvorsitzenden, nicht nur um mich dem bisherigen Kreisvorsitzenden entgegenzustellen, sondern um eine ganz neue Politik zu machen.

Motive

Ich kandidiere, weil ich überzeugt bin, dass sich unsere Region auf einem gefährlichen Weg befindet und weil ich von der Notwendigkeit meiner Aufgabe so sehr überzeugt bin, dass ich alles tun muss, was in meinen Kräften steht.

Ich kandidiere für den Vorsitz, weil ich wünsche, dass die Soziallibe-rale Partei und der Kreis Kaiserberg ein Symbol der Hoffnung statt der Trauer und ein Symbol der Verständigung und des friedlichen Zusammenlebens statt eines neuen Rassismus und Nationalismus werden.

Ich kandidiere, weil jetzt unverkennbar deutlich ist, dass wir die derzeitige umstrittene und verhängnisvolle Politik nur ändern können, indem wir die Männer ablösen, die sie machen. Denn die Wirklichkeit der jüngsten Ereignisse in Magdeburg, Lübeck und Berlin ist vertuscht worden. Die Berichte der Untersuchungskommissionen sind weitgehend unter den Tisch gefallen. Die finanzielle Krise der Länder, die finanzielle Krise der Kommunen und Kreise, die Krise der Ausländergettos – ihnen allen ist viel zu spät und nur halbherzig entgegengetreten worden!

Beispiele, die Erfahrung und Fähigkeiten zeigen sollen

Niemand, der so viel wie ich über die außerordentlichen Anforderungen an das Amt des Kreisvorsitzenden weiß, kann behaupten, dass irgendjemand dieses Amt angemessen auszuüben vermag. Aber meine Arbeit im Kreistag während der Krise in der Landwirtschaft, während der Zeit einer nie dagewesenen Arbeitslosigkeit, während der Zeit eines hohen Zwangszugangs an Ausländern aus den Ballungszentren haben mich etwas über den Nutzen, aber auch die Grenzen politischer Macht gelehrt. Ich konnte mir Klarheit verschaffen über den Wert von Verhandlungen mit Freunden und Gegnern sowie über die Chancen und Gefahren, die unseren Kreis auf Landesebene erwarten, wo ich – wie viele von Ihnen wissen – in meiner Funktion als Ausländerbeauftragter tätig bin.

Missstände, die es zu beseitigen gilt

Als Mitglied des Kreistages habe ich entsetzliche, unentschuldbare Missstände gesehen. Sie führen dazu, dass Kinder nicht mehr richtig unterrichtet werden können, dass alte Menschen nicht wagen vor die Tür zu treten und unzählige Familien aus einem anderen Land ihr Leben mit ödem Nichtstun verbringen!

Ich habe mit den jungen Leuten unseres Kreises gesprochen und dabei ihren Zorn gespürt auf die Gesellschaft, in die sie entlassen werden, und auf die Welt, die sie bald übernehmen werden.

In privaten Gesprächen und in vielen öffentlichen Diskussionen habe ich vergebens versucht, den Kurs unserer Finanzpolitik zu ändern, bevor er weiter Energien schwächt, aus Ausländern Feinde macht und unser Land ins Verderben stürzt.

Abgrenzung vom politischen Gegner

Meine Entscheidung ist nicht das Ergebnis persönlicher Abneigung oder mangelnder Achtung gegenüber unserem Kreisratsvorsitzenden, Herrn Michel. Ich habe seine Bemühungen auf dem Gebiet der Gesundheitsfürsorge, des Bildungswesens und in vielen anderen Bereichen stets begrüßt. Und ich empfinde tiefe Anteilnahme für die Lasten, die er heute trägt. Aber das Problem ist nicht persönlicher Natur. Es geht um unsere zutiefst unterschiedlichen Auffassungen darüber, zu welchem Ziel wir uns hinbewegen.

Hinweis auf ein übergeordnetes Ziel

Ich ignoriere nicht leichtfertig die Risiken und Schwierigkeiten, die darin liegen, einen amtierenden Kreisvorsitzenden herauszufordern. Aber die Gegenwart ist keine gewöhnliche Zeit und was vor uns liegt, ist keine gewöhnliche Wahl. Denn es geht nicht allein um den Kreisvorsitz unserer Partei oder etwa um den Anspruch unserer Partei, dieses Land zu führen, sondern es geht vielmehr um unser Recht auf einen angemessenen Platz in der Völkergemeinschaft. Deshalb meine Damen und Herren bewerbe ich mich um Ihre Stimme. Vielen Dank!

Sonderformen

Menschen verhalten sich oft anders als geplant, erwartet oder erhofft – sie sind lebendige Wesen. Auch das Wesen einer Rede ist Lebendigkeit. In ein starres Schema gepresst wirkt sie schnell einschläfernd auf die Zuhörer. Wer gute Reden halten will, kennt kein festes Schema, er verändert, variiert und erfindet.

Eine Systematik dient dem Überblick, hält aber im Einzelfall nicht immer den aufgestellten Beurteilungskriterien stand. Am Beispiel der Trauerrede lässt sich das gut erkennen. Nach den üblichen Definitionen stellt sie eine Verabschiedungsrede dar. Ebenso erfüllt sie einige Merkmale der Festrede, denn eine Beerdigung ist kein alltäglicher Vorgang und wird zumeist in würdigem Rahmen begangen.

Trauerrede:

Muster für den Aufbau der Rede

- die eigene Betroffenheit bekunden
- auf die Todesursache/-umstände eingehen
- tröstende Worte an die Hinterbliebenen richten
- an den Verstorbenen erinnern (Wesenszüge, Lebensziele und -stationen, besondere Talente usw.)
- das Vermächtnis des Verstorbenen darstellen
- versprechen, das Andenken in Ehren zu halten

Gedenkrede auf eine Verstorbene

Beerdigung einer Freundin	**Anlass**
Einfühlsam Abschied nehmen, die Persönlichkeit der Verstorbenen würdigen	**Ziel**
1-2-3-Formel, siehe Seite 58	**Formel/Aufbau**
Am Anfang wird die Todesursache genannt. Dann drückt der Redner seine Fassungslosigkeit aus und begründet, weshalb er die Rede hält. Im Hauptteil wird die Verstorbene gewürdigt: ihre liebenswerten Eigenschaften und besonderen Fähigkeiten, ihr soziales Engagement. Eine Gedichtzeile leitet zum Schluss über: Trost und ehrendes Gedenken.	**Inhalt**

Lieber René, liebe Frau Bali, lieber Herr Bali,
liebe Anwesenden,
als ich vor drei Tagen die traurige Nachricht erhielt, dass meine liebe Freundin Nahia Bali an ihrer heimtückischen Krankheit gestorben ist, war ich wie gelähmt. Nahia war erst 27 Jahre alt. Wie konnte das nur passieren? – so fragte ich mich wieder und wieder. Nahia war so umsichtig, sie war nie leichtsinnig. Aber all das Grübeln hilft nicht weiter, Nahia ist tot und es ist sinnlos zu fragen, welchen Sinn ihr Tod hat, der Tod eines jungen Menschen ist immer sinnlos. Gestern rief mich Nahias Schwester an und bat mich die Abschiedsworte für ihre Schwester zu sprechen. Es fällt mir schwer, sehr schwer, denn auch mein Schmerz ist groß, aber ich will es versuchen.

Ausdruck der Fassungslosigkeit

Liebe Familie Bali, lieber Freund René, liebe Trauergäste, Nahia war so jung und dennoch hat sie mir, hat sie dir, René, und allen unseren Freunden so viele Seiten Leben aufgezeigt, die wir ohne sie wohl nie gesehen hätten. Sie hat uns die Kultur ihrer Vorfahren gelehrt; unser Verständnis hat sie bereichert, unsere Toleranz hat sie in einem Maße wachsen lassen, wie niemand es von einem derart jungen Menschen für möglich hält. Keiner und keine in unserer Gruppe hat nicht irgendetwas von ihr gelernt. Jetzt ist Nahia tot, aber Nahia ist unersetzlich, wie sollen wir nur ohne sie weiterleben?

Würdigung der Verstorbenen

Liebe Eltern Nahias, ich möchte Ihnen sagen, welch wunderbarer Mensch Ihre Tochter war. Nahia hat stets drei Stufen auf einmal ge-

Einsatz für andere Menschen

nommen, Nahia hat gelacht, wenn es allen – auch ihr selbst – zum Weinen war. Sie hat gelacht, weil sie wusste, ohne Lachen heilt kein Leid. Liebe Frau Bali, lieber Herr Bali, wir wussten, Nahia weinte bisweilen nachts, aber sie hat es vor uns tapfer verborgen. Ich glaube, Nahia war eine Heldin. Sie hat in ihrem kurzem Leben vielen Menschen gezeigt, was Menschsein heißt. Sie hat die Verkäuferin an der Kasse darauf hingewiesen, dass auch Kinder mit schwarzen Haaren gute Menschen sind, sie hat aber auch Kinder mit schwarzen Haaren darauf hingewiesen, dass man nicht einfach mitnehmen kann, was einem gefällt. Nahia hat im Flüchtlingsrat viel Lebenszeit verbracht, selbst als sie wusste, dass ihr nicht mehr viel Zeit für ihr eigenes Leben bleibt.

Nahia war ganz sicher ein guter Mensch und es heißt, gute Menschen sterben immer zuerst. Aber dieser Satz mag mich nicht trösten. Ich glaube, Nahia hat diesen Satz auch nicht gemocht. Denn wer wollte dann noch ein guter Mensch sein, wenn es nicht lohnte, dafür zu leben? Ich glaube, Nahia hätte eher gesagt, gute Menschen sterben zuletzt. Denn viele, die da leben, sind längst gestorben, über ihren Lügen, ihrer Gleichgültigkeit gegenüber den Grausamkeiten, die ein Mensch dem andern zufügt. Nahia ist tot, ihr Tod ist grausam und wir fragen uns: Wie sollen wir ohne sie weiterleben? Aber wir wissen, natürlich werden wir weiterleben.

Die Erinnerung als Trost

Irgendwann hat Nahia folgende Gedichtzeile von Dylan Thomas gelesen: „Do not go gentle into that black night." Daraufhin schrieb sie in ihr Tagebuch: „Tod, sei nicht so stolz und unnahbar, wenn ich von dort dich gehen spür." Liebe Familie Bali, lieber René, liebe Freunde, liebe Anwesende, Nahia wird immer in uns weiterleben, ihre funkelnden Augen werden wir nie vergessen. Immer werden wir an sie denken und an das Vermächtnis, das sie uns hinterlassen hat. Nahias Toleranz und Verständnis, ihr unermüdlicher Einsatz für andere, ihre Lebenskraft – selbst dann, wenn alles Handeln sinnlos schien – soll uns durchs Leben begleiten und ein Licht in dunklen Tagen sein. Liebe Eltern, liebe Geschwister, liebe Trauernden, so wird Nahia stets bei uns sein.

10 HAUPTFEHLER BEI REDEN

1. Mangelnde Information über die Erwartungen der Zuhörer
2. Schlechte Vorbereitung
3. Langweiliger, fantasieloser Beginn der Rede (Redner weckt kein Interesse und keine Aufmerksamkeit)
4. Unübersichtliches Manuskript (Gefahr des Steckenbleibens!)
5. Kein Blickkontakt – keine Einbeziehung der Zuhörer
6. Nicht erkennbare Argumentationslinie
7. Keine Beispiele, Veranschaulichungen
8. Zu monotones, zu leises oder zu lautes Sprechen
9. Fehlende Identifikation des Redners mit der Rede
10. Schlechter Schluss – kein optimistischer Ausblick, kein Aufruf zum Handeln

10 TIPPS FÜR GUTE REDEN

1. Sammeln Sie Informationen über Ihr Publikum.
2. Bereiten Sie sich gründlich vor – denken Sie auch an Gegenpositionen, die Sie entkräften müssen.
3. Starten Sie Ihre Rede effektvoll (ironisch, provokant ...).
4. Überprüfen Sie Raum und Hilfsmittel.
5. Gestalten Sie Ihr Manuskript übersichtlich.
6. Bauen Sie Ihre Rede logisch und nachvollziehbar auf. Denken Sie an Höhepunkte und Ausruhphasen.
7. Visualisieren Sie den Inhalt der Rede.
8. Beziehen Sie Ihr Publikum mit ein: Blickkontakt, rhetorische Fragen etc.
9. Nutzen Sie die Möglichkeiten Ihrer Stimme, Mimik und Gestik. Aber: Schauspielern Sie nicht!
10. Denken Sie an einen optimalen Schluss: Das Publikum muss sich zum Handeln aufgefordert fühlen.

Ziele definieren – Partner einschätzen

Bevor Sie in den Urlaub reisen, treffen Sie gewöhnlich genaue Vorbereitungen: Sie überlegen sich, welche Kleidung dem Klima Ihres Urlaubsorts entspricht, Sie treffen Vorkehrungen gegen Unpässlichkeiten, indem Sie Medikamente einpacken, Sie besuchen vielleicht sogar einen Sprachkurs um im Urlaubsland Kontakte mit der Bevölkerung knüpfen zu können. Sie erkundigen sich vorher über Klima, Essen und Trinken, Unterhaltungs- und Ausflugsmöglichkeiten usw. Diese Vorabinformationen haben Sie oft auch zur Wahl Ihres Urlaubsortes geführt. Denn mit dem Urlaub verbinden Sie ganz bestimmte Ziele und Erwartungen. Diese Vorbereitung auf den Urlaub halten viele für wichtig um keinen Reinfall zu erleben.

Auch Gespräche müssen geplant werden

Vor wichtigen Gesprächen hingegen verhalten sich nicht wenige ganz anders als bei der Urlaubsplanung: Reden kann ja schließlich jeder – aber wenn das Gespräch anders gelaufen ist als erwartet, dann erst beginnen viele zu überlegen, was wohl falsch gelaufen sein könnte.

Eine gute Vorbereitung auf ein wichtiges Gespräch wird Enttäuschungen vermeiden helfen. Der erste Schritt ist, sich darüber klar zu werden, welches **Ziel** man mit dem Gespräch verfolgt:

- Möchte ich jemanden zu etwas überreden?
- Jemanden von einem Sachverhalt überzeugen?
- Möchte ich etwas verkaufen?

- Möchte ich jemanden für mich gewinnen oder muss ich jemandem „die Meinung sagen“?
- Möchte ich einen guten Eindruck hinterlassen, z. B. um eine Stelle zu bekommen?
- Muss ich mich beschweren und gleichzeitig zu meinem Recht kommen?
- Möchte ich bestimmte Informationen erhalten?

Gesprächsziel festlegen

Wenn Sie sich über Ihr Gesprächsziel klar geworden sind, prägen Sie sich dieses Ziel gut ein und halten Sie es sich während des ganzen Gesprächs vor Augen: ***Ich will und werde das Ziel XY erreichen!***

Manchmal hilft es, sich das Ziel auf ein Kärtchen zu schreiben und für sich sichtbar auf die Gesprächsunterlagen zu legen um auch visuell ständig daran erinnert zu werden. Platzieren Sie das Kärtchen aber so, dass Ihr Gesprächspartner Ihr Ziel nicht unbedingt auf den ersten Blick erkennen kann. Stark visuell ausgeprägte Zeitgenossen versehen ihr Zielkärtchen auch mit einer Skizze, die das Ziel optisch darstellt.

ICH WILL UND WERDE DIE GEHALTSERHÖHUNG BEKOMMEN!

Allein der Glaube an ein Ziel hat schon oft Berge versetzt!

Den Gesprächspartner in die Planung einbeziehen

Erfolge kommen nicht aus heiterem Himmel. Wird die Persönlichkeit des Gesprächspartners nicht taktisch in die Verhandlungen mit einbezogen, wird auch das Gesprächsergebnis nicht den gewünschten Vorstellungen entsprechen. Deshalb empfiehlt es sich, vorbereitend Informationen über den Gesprächspartner einzuholen. Sie sollten zumindest Alter und Geschlecht des Gesprächspartners kennen, evtl. auch sein Bildungsniveau, die Hobbys und – natürlich – seine Stellung im Unternehmen. Je mehr Sie über Ihr Gegenüber wissen, desto besser können Sie das Gespräch planen und führen. Vorsicht ist jedoch bei diesen Vorausinformationen geboten, allzu leicht werden sie zu Vorausurteilen. Dann nehmen Sie sich die Möglichkeit zum freien Entscheiden.

Planung des Gesprächs

Jedes Gespräch ist eine Verhandlung!

Die Debatten der Staatenvertreter von heute haben mit einem Menschengespräch nichts mehr gemeinsam: man redet nicht zueinander (Martin Buber). Das mag daran liegen, dass jedes Gespräch letztendlich ein Verkaufsgespräch ist. Da wird versucht, Meinungen und Informationen, Menschen und Güter (Apparate) zu verkaufen. Und das Gespräch war gut, wenn es etwas bewirkt hat. Dann spricht man von einem erfolgreichen Gespräch.

Erfolg bedarf der Planung. Überlegen Sie vor jedem Gespräch, welche Art von Gespräch Sie führen werden. Ein persönliches Gespräch bedarf einer anderen Planung als eines im beruflichen Bereich. Bei beruflich veranlassten Gesprächen ist es wichtig zu wissen, ob über etwas verhandelt oder diskutiert wird und wie viele Gesprächspartner anwesend sein werden. Machen Sie sich klar, welche Rolle der Gesprächspartner einnimmt. Mit Ihrem Vorgesetzten oder einem neuen Kunden werden Sie anders sprechen als mit einem altbewährten und treuen Kunden oder einem Ihrer Mitarbeiter. Überlegen Sie auch, wie Ihre Gesprächspartner Sie sehen? Sind Sie sich sympathisch oder antipathisch?

Gesprächsort

Ein entscheidender Faktor für ein gelungenes Gespräch ist der *Ort,* an dem man zusammentrifft. Ein neutraler Ort, beispielsweise ein Restaurant oder ein Seminarhotel, bietet eine größere Abgeschlossenheit, auch eine größere Bereitschaft, dem anderen zuzuhören. In der Firma wiederum sind alle benötigten Mittel zur

Gesprächsführung vorhanden. Aber in welcher Firma soll man sich treffen? Auf eigenem oder auf fremdem Boden? Der Symbolgehalt dieser Ortswahl ist nicht zu übersehen. Berücksichtigen Sie diese Überlegungen bei Ihrer Planung.

Sitzordnung

Auch die *Sitzordnung* muss beachtet werden. Werden sie sich gegenüber sitzen oder an einem runden Tisch? Bieten Sie einen bestimmten Sitzplatz an oder lassen Sie zwischen zwei Plätzen wählen. Niemand fühlt sich wohl, sitzt er mit dem Rücken zur Tür, denn damit gibt man die Kontrolle über den Raum auf und verliert den Überblick. Solch ein ungutes Gefühl kann sich negativ auf den Gesprächsverlauf auswirken. Setzen Sie sich um, sorgen Sie für eine positive Ausgangssituation, für Wohlbefinden und eine angenehme Atmosphäre. Das sind wichtige Voraussetzungen für den Erfolg.

Anlass

Der *Gesprächsanlass* ist meistens klar definiert: Der Versicherungsvertreter kommt um 15.30 Uhr und möchte Ihnen eine Rentenzusatzversicherung verkaufen. Oder: Sie bitten um eine Unterredung mit Ihrem Vorgesetzten, da Sie sich dem Mobbing eines Kollegen ausgesetzt fühlen.

Ziele und Verhandlungsmargen

Damit ein Gespräch nicht zum Geschwätz wird, werden Sie sich klar über Ziele und Nebenziele dieser Unterredung. Welche dieser Ziele sind ein Muss, welche lassen einen Verhandlungsspielraum zu? Muss der Kollege in eine andere Abteilung versetzt werden oder genügt Ihnen eine Ermahnung dieses Kollegen? Überlegen Sie auch, welche Pläne und Ziele Ihr Vorgesetzter verfolgen könnte. Vielleicht kommen Sie zu dem Schluss, der betreffende Mitarbeiter ist ihm wichtiger als Sie. In diesem Fall müssen Sie Ihre Argumentation anders aufbauen, als wenn Sie in der besseren Position wären.

Ihr Image entscheidet mit

Welches *Image* haben Sie bei Ihrem Gesprächspartner – sind Sie beliebt oder unbeliebt? Sind Sie eine bequeme Mitarbeiterin oder eine unbequeme? Auch dieser Faktor wird im späteren Verlauf des Gesprächs eine wichtige Rolle spielen und erleichtert Ihnen die Beantwortung der Frage, ob das Gespräch mehr offensiv oder defensiv zu führen ist.

Ist ein Protokoll erforderlich?

„Ein Wort, geredet zu seiner Zeit, ist wie goldene Äpfel auf silbernen Schalen." (Salomon 25,11) Damit diese goldenen Äpfel sich nicht als Fata Morgana erweisen und sich in Luft auflösen, wenn Sie sie benötigen, sollten Sie überlegen, ob Sie das Gespräch protokollieren lassen.

KURZ GESAGT

Schritte der Gesprächsplanung

- die eigenen Ziele formulieren
- Ausgangslage taxieren
- mögliche Ziele des Gesprächspartners einschätzen
- Konfliktpotentiale abwägen
- eigenen Handlungsspielraum einschätzen
- Handlungsspielraum des Gesprächspartners ermessen
- eigene Stärken und Schwächen bedenken
- Verhandlungsstrategie entwickeln, dabei die Stärken und Schwächen des anderen einbeziehen
- benötigte Unterlagen und Hilfsmittel vorbereiten
- ungestörten Gesprächsverlauf sicherstellen
- vorhersehbare Gesprächssituationen durchspielen
- beiderseitigen Gewinnplan aufstellen
- Verhandlungsort wählen
- Protokollführung planen

Gesprächsstruktur und -ablauf

Der Ablauf eines Gesprächs ähnelt der Gliederung einer Rede. Auf die Einleitung folgt der Hauptteil, dann der Schluss. Werden die strukturellen Gegebenheiten der einzelnen Teile beachtet, ist es gar nicht so schwer, zu einem guten Gesprächsschluss, einem Happy End, zu gelangen.

Schaffen Sie in der *Einleitungsphase* eine positive Atmosphäre. Kommen Sie nicht zu spät, begrüßen Sie Ihren Gesprächspartner mit Händedruck und Namensnennung, stellen Sie Fremde einander vor. Signalisieren Sie, dass Sie genügend Zeit haben. Schalten Sie jegliche Störfaktoren aus.

Wichtig: eine lockere, positive Atmosphäre

In TV-Nachrichtensendungen wird gern der Beginn einer Verhandlungsrunde zwischen Gewerkschaftsführern und Arbeitgeberpräsidenten gezeigt. Auf der einen Seite sitzt der Chef der Gewerkschaft, flankiert von Beratern, auf der Seite gegenüber der Arbeitgeberpräsident, flankiert von seinen Mitarbeitern. In jedem Gespräch sitzt man sich normalerweise so gegenüber. Meist zeigt die Kamera zu Beginn solch eines Gespräches lachende Gesichter. Bisweilen ist zu hören, worüber gesprochen wird: über das Wetter natürlich, über das Befinden und Hobbys. Mit diesem Smalltalk sorgen die Partner für eine lockere, positive Atmosphäre. Dann wird die Tür geschlossen, das Gespräch beginnt.

Im *Hauptteil* werden zuerst Gesprächsanlass und Gesprächsziel benannt, ebenso Ablauf und Zeit, die zur Verfügung steht. Meist ist es für alle Beteiligten hilfreich, wenn man das gewünschte Resultat umreißt. Dann kann das Gespräch gemäß Ihrem Argumentationsschema beginnen.

Argumentationsschema

Behaupten, begründen, belegen, Beispiel nennen, folgern. So lautet das richtige *Argumentationsschema.*

Sie sagen, der Kündigungsschutz muss bestehen bleiben, denn sonst nutzen Arbeitgeber die Notsituation der Arbeitnehmer aus und fordern die grundsätzliche Bereitschaft zu Samstagsarbeit. In den Ländern der Dritten Welt wagt niemand gegen Samstagsarbeit vorzugehen. Die Bediensteten in den großen Touristenhotels arbeiten praktisch rund um die Uhr, weil sie froh sind überhaupt eine Arbeit zu haben. Das lässt den Schluss zu, dass auch hier aufgrund der angespannten Situation auf dem Arbeitsmarkt der freie Samstag wegfällt, sobald der Kündigungsschutz nicht mehr besteht.

Halten Sie sich an dieses Schema, wird man sich Ihren Argumenten nur schwer verschließen können.

Ein gutes Gespräch vermittelt den teilnehmenden Parteien das Gefühl, dass alle gleichberechtigt mitreden, mit entscheiden. Animieren Sie Ihren Gesprächspartner zum Reden, wenn Sie das Gefühl haben, zu viel zu reden. Fragen Sie, das signalisiert Interesse. Es zeigt, Sie nehmen Anteil und nehmen die Meinung des Gesprächspartners ernst. Kurze Fragen, die nicht als zu persönlich und zu direkt empfunden werden, tragen dazu bei, das Gespräch in Gang zu halten und ggf. zum Thema zurückzuführen. Fragen verschaffen Ihnen aber auch einen Vorteil: Wer fragt, lenkt das Gespräch. Aber nicht jede Frage darf gestellt werden; die Frage an Bewerberinnen nach ihrem Kinderwunsch hat in diesem Zusammenhang „Berühmtheit“ erlangt.

Wer fragt, der lenkt

Zur Struktur eines Gespräches gehört auch Schweigen und Ansprechen von Problemen zur rechten Zeit. Unangenehme Dinge besprechen Sie besser nicht zu Beginn oder am Ende eines Gesprächs. Das wandelt höchstwahrscheinlich eine positive Eingangsstimmung in eine negative, hinterlässt am Schluss jenen unangenehmen Nachgeschmack, der einen angenehmen Ausklang verhindert und ein positives Ergebnis wieder infrage stellt. Sprechen Sie über Unangenehmes in der Mitte des Gesprächs, dann bleibt viel Zeit, Missstimmungen durch die richtige Argumentation wieder zu beseitigen. Und ein Schweigen zur rechten Zeit wirkt Wunder. Lassen Sie Ihrem Gegenüber nach einer guten Argumentation Ihrerseits Zeit, das Gehörte gedanklich zu wiederholen. Schaut Ihr Gesprächspartner Sie nach einer Argumentation seinerseits erwartungsvoll an und Sie schweigen, zeigen Sie, wie

Sensible Themen ansprechen

beeindruckt Sie sind. Wen nähme solch eine Reaktion nicht für einen anderen Menschen ein?

Womit das Happy End des Gesprächs bereits erkennbar ist. Fassen Sie in dieser freundlichen Grundstimmung die Ergebnisse des Gesprächs zusammen. Wenn ein Protokoll geführt wird, formulieren Sie gemeinsam die Ergebnisse. Drücken Sie Ihre Freude darüber aus. Wurde kein Ergebnis erzielt, drücken Sie Ihr Bedauern aus. Nicht jedes Gespräch kann auf Anhieb erfolgreich sein, verlassen Sie in solchen Fällen aber nicht türenschlagend den Raum, vereinbaren Sie lieber einen neuen Termin.

Ergebnisse gemeinsam formulieren

Das ist out zu sagen:

- *Nun seien Sie doch nicht so empfindlich.*
- *Das ist Ihr persönliches Problem.*
- gegenüber weiblichen Gesprächspartnern: *Frauen sind eben anders. – Sie sind doch nicht etwa gegen die Männer?*

Das bleibt in zu sagen:

- Frage: *Welche Erfahrungen haben Sie damit gemacht?*
- Kontrollfrage: *Schaffen Sie es bis nächste Woche? – Machen Sie die Überstunde heute oder morgen?*
- Bestätigungsfrage: *Sie sind doch sicher auch dieser Meinung?*

Der richtige Einstieg

In der *Eröffnungsphase* wird die wechselseitige Beziehung der Gesprächsteilnehmer geprägt. Der erste Eindruck ist am Erfolg oder Misserfolg eines Treffens nicht unwesentlich beteiligt. Deshalb sollten Sie in angemessener Kleidung auftreten. Wenn Ihr Äußeres dem anderen Gepflegtheit signalisiert, wird in dieser ersten Phase ein positiver Eindruck entstehen.

Der erste Eindruck

Halten Sie *Blickkontakt* zu Ihrem Gesprächspartner, achten Sie auf einen nicht zu festen, aber auch nicht zu laschen Händedruck bei der Begrüßung. Sie könnten als unsicher oder unaufrichtig

Verhalten bei der Begrüßung

bzw. rücksichtslos eingestuft werden. Nennen Sie Ihren Namen, haben Sie den Namen des Gesprächspartners nicht verstanden, so fragen Sie nach. Kennen sich einige Teilnehmer nicht, dann machen Sie sie miteinander bekannt. Sie sehen, Knigge kommt nicht aus der Mode. Bieten Sie eine Sitzgelegenheit an, lassen Sie, wenn möglich, den Besuchern die Wahl zwischen zwei oder mehreren Möglichkeiten. Achten Sie aber darauf, dass die Tür im Blickfeld aller Gesprächsteilnehmer bleibt.

Nachdem Sie derart eine angenehme Atmosphäre geschaffen haben, leiten Sie das Gespräch ein. Aber fallen Sie nicht mit der Tür ins Haus – lassen Sie sich Zeit, ehe Sie zur Sache kommen. Sie sind jetzt erst in der *Aufwärmphase.* Wie Sportler vor dem Wettkampf ihre Muskeln lockern, lockern Sie die Atmosphäre auf um bessere Ergebnisse zu erzielen. Sprechen Sie über den letzten Urlaub, das Wetter oder drücken Sie Ihre Freude darüber aus, dass man sich nach den vielen Telefonaten persönlich kennen lernt. So schaffen Sie den gewünschten positiven Gesprächseinstieg.

Aufwärmphase: Smalltalk beim Gesprächseinstieg

Da ein Gespräch von mindestens zwei Personen gestaltet wird, kann es jedoch passieren, dass es eine andere Richtung nimmt als erwünscht. Die Gesprächspartner sind sich unsympathisch auf den ersten Blick, einer sagt etwas Dummes, das dem andern das Blut zum Kochen bringt. Lassen Sie sich von solchen Dingen nicht aus der Ruhe bringen, das ist oberstes Gebot. Reagieren Sie der Situation entsprechend und verkriechen Sie sich nicht ins Schneckenhaus. Gestehen Sie Ihren Fehler ein, sagen Sie ruhig: *Ja, Sie haben Recht, da habe ich mich ungeschickt verhalten.* Dem Gefühl der Antipathie begegnen Sie dadurch, dass Sie an all die Menschen denken, die Ihnen auf den ersten Blick unsympathisch waren und es heute nicht mehr sind.

Emotionen lenken, Fehler eingestehen

Manche behaupten, für ein Gespräch ist nicht entscheidend, was der Partner sagt, sondern was er macht. Halbherzigkeit und vorgetäuschte Gefühle werden sofort gespürt. Wenn sie daran denken, werden Sie keine übertriebene Freundlichkeit an den Tag legen oder laut polternd über Ihren Gesprächspartner herfallen.

10 KARDINALFEHLER BEI GESPRÄCHEN

1. Am falschen Ort reden
2. Störungen zulassen
3. Unpünktlich erscheinen
4. Unpassend gekleidet sein
5. Informationsdefizite zeigen
6. Den Partner falsch einschätzen
7. Zu lange reden und zu wenig zuhören
8. Unfair argumentieren und brüskieren
9. Auf Einwände des Partners nicht eingehen
10. Den eigenen Standpunkt unter allen Umständen durchboxen wollen

Den richtigen Absprung schaffen

Der Abschluss eines Gespräches kann die gemeinsam erarbeiteten Ergebnisse festigen, kann aber auch die gefundenen Lösungen wieder infrage stellen. Lassen Sie es nicht so weit kommen, dass Ihr Gegenüber denkt: Lieber ein Ende mit Schrecken als ein Schrecken ohne Ende.

Signale für das Gesprächsende erkennen

Eindeutig ist: Ein Gespräch tritt dann in seine Abschlussphase, wenn alle Argumente ausgetauscht worden sind, wenn die veranschlagte Zeit um ist oder wenn der Gesprächspartner unmissverständliche *Signale* sendet. Solche eindeutigen Zeichen sind: gähnen, auf die Uhr schauen, unruhig auf dem Stuhl hin- und her rutschen. Auch Magenknurren ist ein Signal, jetzt die Initiative zu ergreifen und bewusst den Abschluss herbeizuführen.

Fassen Sie jetzt noch einmal die Ergebnisse mündlich oder schriftlich zusammen, stellen Sie Rückkopplungsfragen um sicher zu gehen, dass Sie die Ergebnisse richtig interpretieren. All das erfordert Takt, denn wichtig ist ein versöhnlicher Abschluss. Fordern Sie keine sofortige Zustimmung, wenn Sie spüren, dass Ihr Gesprächspartner noch unschlüssig ist. Strittige Fragen haben Sie bereits in der Mitte des Gespräches besprochen; sind nur Teillösungen erzielt worden, würdigen Sie diese. Drücken Sie Ihr Bedauern aus, dass nicht alles oder womöglich gar nichts gelöst wurde, und vereinbaren Sie einen neuen Termin.

Ein harmonisches Gesprächsende herbeiführen

Heftige Emotionen führen hier nicht weiter, sorgen Sie für ein harmonisches Auseinandergehen. Sagen Sie etwas Angenehmes für Ihren Partner. Aber Vorsicht! Gerade in dieser Phase des Gesprächs sind seine Antennen ganz weit ausgefahren. Lügen Sie ihm deshalb nichts vor, unterlassen Sie nichtssagende Floskeln. *Aber ist denn nicht wahr, dass die Bereitschaft zu einem unangenehmen Gespräch auf jeden Fall zu würdigen ist?* Sagen Sie das. Vielleicht zeigt sich später unverhofft doch noch ein Erfolg, jetzt aber ist bereits als Erfolg zu sehen, dass die Türen für weitere Gespräche offen stehen.

KURZ GESAGT

Anzeichen für die Beendigung eines Gesprächs

- Sämtliche Gesprächspunkte sind erörtert, die Ergebnisse zusammengefasst.
- Die eingeplante Zeit ist abgelaufen.
- Trotz positiver Gesprächsführung verhält sich der Gesprächspartner unangemessen aggressiv.
- Der Gesprächspartner kann ein Gähnen nicht mehr unterdrücken.
- Der Gesprächspartner rutscht auf dem Stuhl unruhig hin und her.
- Der Gesprächspartner schaut (wiederholt) auf die Uhr.
- Magenknurren ist deutlich zu vernehmen.

Gesprächstechniken

Redemittel richtig einsetzen

Redemittel richtig einsetzen bedeutet wirksamer formulieren. Wenn Sie wissen, wie Sie höflich bleiben bei unfairen Attacken, wie man unterbricht, ohne den Partner damit zu irritieren oder zu verletzen, wird es Ihnen leichter fallen, das Gespräch in eine gewünschte Richtung zu lenken.

Konfliktfrei formulieren

Grundsätzlich gilt für den korrekten Gebrauch der Redemittel: konfliktfrei formulieren. Nehmen Sie aus Erwiderungen jegliche Schärfe und Ablehnung, schaffen Sie jenes positive Klima, das unerlässlich ist für ein erfolgreiches Gespräch. Formulieren Sie daher

nicht:	sondern:
▸ *Sie sehen das falsch.*	*Das ist durchaus richtig, aber …*
▸ *Sie müssen das so sehen!*	*Ich verstehe Ihre Einstellung, hier sind jedoch auch …*
▸ *Passen Sie bitte auf!*	*Dazu kann ich Ihnen diesen Hinweis geben.*
▸ *Das haben Sie falsch verstanden.*	*Ich habe mich unklar ausgedrückt. Ich wollte sagen …*

Zuhören und fragen

Zeigen Sie durch sinnvolle Zwischenfragen, dass Sie über die Worte Ihres Gesprächspartners nachdenken, signalisieren Sie durch dieses „*reflektierende Zuhören*“ die Bereitschaft sich auf ihn einzulassen. Dieser wird so ermutigt mehr zu sagen. Er wird sachliche und gefühlsmäßige Inhalte eingehender schildern. Ihm wird auch bewusster, welche Inhalte sachlicher, welche gefühlsmäßiger Natur sind. Das hilft, Gefühle von der Sache zu trennen. Nun steht einer sachlichen Behandlung des Themas nichts mehr entgegen. Wichtig für den Zuhörer ist, dass er in dieser Gesprächsphase keine Bewertungen und voreiligen Ratschläge erteilt. Sie sind das Echo Ihres Partners, vorsichtige Redewendungen und Fragen sind angebracht.

BEISPIELE

- *Ich frage mich, meinen Sie damit ...*
- *Das klingt, als hätten Sie das Gefühl ...*
- *Habe ich (Sie) richtig verstanden, dass ...*
- *Ich frage mich, ob Sie damit meinen, dass ...*

Formulieren Sie diese Redewendungen in der Ich-Form, geben Sie zu erkennen, dass Sie sich nicht festlegen, sondern Verhandlungsspielraum für beide Seiten offen lassen. So wird eine partnerschaftliche Atmosphäre geschaffen, in der sich alle Beteiligten wohl fühlen.

Was ist für Gesprächspartner wichtig?

Ich-Formulierungen können allerdings auch eine starke Ich-Bezogenheit zum Ausdruck bringen. Dann erzeugen Sie Unmut und Ablehnung. Sie entgehen diesem Dilemma, wenn Sie sich stets fragen, was für die Gesprächspartner wichtig ist und nicht für Sie. Dieses *personenorientierte Sprechen* wird Sie automatisch von der Ich-Form zur Sie-Form wechseln lassen. Sie sagen dann

nicht:	sondern:
▸ *Ich halte das für wichtig, weil ...*	*Das ist für Sie besonders wichtig, weil ...*
▸ *Ich kann Ihnen Folgendes dazu sagen:*	*Hierbei kann Folgendes für Sie von Interesse sein:*
▸ *Ich als Experte ...*	*Aus der Sicht der Experten ...*

Erkennen Sie an der Reaktion Ihres Gegenübers Unmut, Ablehnung, empfiehlt es sich zu fragen: *Ich habe das Gefühl, etwas stimmt nicht. Habe ich vielleicht etwas Falsches gesagt?* Diese offene Frage wird zumeist dankbar aufgegriffen. So kann die Störung beseitigt und das Gespräch auf einer konstruktiven Ebene fortgeführt werden.

Eine funktionierende Beziehungsebene wird auch dadurch hergestellt, dass Sie den Namen Ihres Gesprächspartners nennen. Diese Nennung seines Namens vor einer Aussage Ihrerseits schafft Verbindlichkeit und wird ihn aufhorchen lassen. Deshalb sollten Sie vor wichtigen Argumenten diese *direkte Anrede* verwenden. Teilen Sie unangenehme Sachverhalte mit, kann eine Namensnennung aber auch Abwehr erzeugen.

Den Gesprächspartner mit seinem Namen ansprechen

Wenn Sie Ihr Gegenüber unterbrechen möchten, um Ihren Standpunkt klarzumachen oder um die Initiative zu übernehmen, bieten sich folgende Redemittel an:

- *Sie sagten soeben, dass ...*
- *Das ist ein interessanter Aspekt. Allerdings stellt sich die Frage, ob er uneingeschränkt gelten kann. Sehen Sie, ...*

Sie würdigen zunächst die Argumentation Ihres Partners. Das trägt zur positiven Gesprächsatmosphäre bei. Ihr Gegenüber wird Ihrer Argumentation gegenüber weitaus aufgeschlossener sein, als wenn sie gesagt hätten: *Darf ich Sie bitte unterbrechen!*

Auch Schweigen ist sinnvoll

Zu den erfolgreichen Redemitteln gehört auch das Schweigen zur rechten Zeit. Haben Sie ein wichtiges Argument genannt, geben Sie dem Gesprächspartner die Zeit, dieses richtig zu verarbeiten. Machen Sie also eine Redepause und zerstören Sie die positive Wirkung Ihres Arguments nicht dadurch, dass Sie meinen, Sie müssten pausenlos drauflosreden. Damit würden Sie Unwillen erzeugen oder gar den Verdacht, dass Sie so viel reden, weil irgendetwas an Ihrer Argumentation nicht stimmt.

Das Gespräch gestalten

Sicherlich haben Sie auch schon herausgefunden, dass es durchaus nicht egal ist, auf welchem Platz man bei Gesprächen sitzt. Viele Menschen fühlen sich nicht wohl, wenn sie die Tür im Rücken haben, andere sitzen ungern allein einem vielköpfigen Gremium gegenüber. Wenn Sie einem Gesprächspartner das Gefühl vermitteln möchten, er sei bei Ihnen gut aufgehoben, dann lassen Sie ihn den Sitzplatz wählen. Folgende Dinge haben einen negativen Einfluss auf den Gesprächsverlauf und sollten daher vermieden werden: überheizter oder zu kalter Raum, schlecht durchlüfteter Raum oder Zugluft, starker Zigarettenqualm, blendende Lichtquellen, Störungen durch Telefonanrufe, Unterbrechungen durch Besuche. Die beiden Letzteren geben dem Gesprächspartner das Gefühl nicht wichtig genug genommen zu werden.

Der Ton macht die Musik

Gesprächspartner ernst nehmen

Es gehört zu einer der Grundregeln der menschlichen Kommunikation, dass es so, wie man in den Wald hineinruft, auch wieder herausschallt. Geben Sie Ihrem Gesprächspartner immer das Gefühl, ihn ernst zu nehmen, vermeiden Sie insbesondere: den Gesprächspartner zu verletzen oder mit ihm kumpelhaft umzugehen. Bleiben Sie sachlich (ohne arrogant zu wirken) und lassen Sie Ihr Gegenüber ausreden. Wenn Ihr Gesprächspartner diese Regeln nicht beherzigt, sprechen Sie dies freundlich, aber bestimmt an. Vermeiden Sie Abschweifungen, lenken Sie Abschweifungen Ihres Gesprächspartners auf das Thema zurück.

Den Verlauf beeinflussen

Einige nützliche Kniffe

Um den Gesprächsverlauf in Ihrem Sinne zu beeinflussen, stehen Ihnen eine Reihe von Kniffen zur Verfügung. Sehen Sie die folgenden Empfehlungen aber nicht als „Taschenspielertricks“, mit denen Sie den Gesprächspartner über den Tisch ziehen können. Denken Sie daran: Ein gutes und letztendlich erfolgreiches Gespräch findet unter fairen Gesprächspartnern statt.

Die wiederholende Frage

B wiederholt die Teile der Aussagen von A, zu denen er mehr Informationen haben möchte, in der Frageform. Dieser Kniff hilft, in Maßen angewandt, unbemerkt den Gesprächspartner „auszufragen“. Aber man sollte es nicht übertreiben. Sonst wird der Trick irgendwann durchschaut.

BEISPIEL

A: *Also, das ist wirklich eine ganz große Unverschämtheit. Die Nachbarskinder machen den ganzen Tag über so einen Lärm, dass man überhaupt keine Ruhe mehr hat.*
B: *Keine Ruhe mehr hat?*
A: *Ja, das dauernde Geschrei, das Fußballspielen, den ganzen Tag geht das.*
B: *Den ganzen Tag?*
A: *Ja, gestern Nachmittag war es besonders schlimm …*

„Ja, aber"-Formulierungen

Widerspruch mit Augenmaß

Besonders ernst genommen fühlt sich ein Gesprächspartner, wenn er das Gefühl hat im Recht zu sein. Diesen Umstand können Sie sich zunutze machen, indem Sie ihm nicht direkt widersprechen (Sagen Sie also niemals: *Da liegen Sie falsch, Sie haben ja keine Ahnung!, Ich bin der Fachmann!* usw.), sondern indirekt mit „*Ja, aber*"-Formulierungen:

- *Grundsätzlich haben Sie Recht, aber haben Sie schon einmal daran gedacht, dass …*
- *Das ist ein wertvoller Hinweis, wir müssen aber auch …*
- *Ich verstehe Ihre Situation voll und ganz, trotzdem …*
- *Das stimmt, Sie müssen aber auch daran denken …*
- *Ich schätze Ihre Ansicht in dieser Sache hoch ein, doch …*

Sie können Ihren „sanften" Widerspruch auch in Frageform kleiden: *In diesem Punkt muss ich Ihnen Recht geben. Was schlagen Sie nun als Lösung vor?*

Zeit gewinnen

Ein rhetorischer Kniff, den Sie vor allem dann anwenden, wenn Sie sich in die Enge getrieben fühlen oder unangenehme Fragen an Sie gerichtet wurden. Sie fragen Ihren Gesprächspartner, wie er zu dieser oder jener Meinung gekommen ist und lassen ihn dann seinen Weg der Meinungsbildung erklären. Während dieser Zeit sammeln Sie in aller Ruhe Ihre Gedanken.

BEISPIEL

A: *Es hat doch gar keinen Sinn, das Problem mit dem Durchgangsverkehr in unserer Straße wieder im Ortsbeirat vorzubringen, die hocken doch sowieso nur rum, schwätzen und machen nichts.*
B: *Wie sind Sie denn eigentlich zu dieser pessimistischen Ansicht gekommen?*
A: *Erst vor zwei Wochen habe ich an so einer Sitzung teilgenommen, die haben nur über so unwichtige Sachen gesprochen wie Umwelt, Kinderspielplätze usw. Aber wenn ein Bürger wie du und ich etwas vorzubringen hat, dann schalten die auf stur.*
B: *Sind Sie wirklich der Auffassung, dass …*

Geeignete Formulierungen, um Zeit zu gewinnen, sind:

- *Kann man eigentlich generell sagen, dass …*
- *Aber wir sind uns doch einig, dass …*
- *Sie glauben also, dass …*
- *Wie sind Sie zu dieser Auffassung gekommen?*

Während Ihr Gesprächspartner noch damit beschäftigt ist, auf Ihre Bestätigungsfrage oder Ihren Einwand einzugehen, haben Sie Zeit sich Ihre Argumente zurechtzulegen.

Schweigen

Der fragende Blick

Ähnlich wie die „Wiederholende Frage" funktioniert der Schweigetrick. Auf einen Einwand oder ein Argument Ihres Gegenübers erwidern Sie überhaupt nichts, Sie schauen ihm nur fragend in die Augen und geben ihm damit zu verstehen, dass Sie noch weitere Informationen erwarten. In aller Regel wird Ihr Gegenüber daraufhin weiter reden, bis Sie einen günstigeren Augenblick finden, einzuhaken. Aber auch hier gilt: Bei all zu häufiger Anwendung verliert der Schweigekniff seine Wirksamkeit.

Den schwächsten Einwand zuerst widerlegen

In einer Argumentationskette sind die einzelnen Argumente unterschiedlich stark. Dies können Sie für Ihre Gegenargumentation nutzen, indem Sie sich zuerst die schwächsten Argumente Ihres Gegners vornehmen. Haben Sie erst einmal ein paar schwächere Argumente „zerpflückt", werden auch stärkere Argumente ins Wanken geraten. Zudem erzeugen Sie auf der Gegenseite Unsicherheit, was wiederum Ihrer Argumentation zugute kommt.

Argumentieren und widerlegen mit System

Argument 1: *Längere Ladenöffnungszeiten nützen nichts.*

Argument 2: *Niemand verdient damit mehr Geld.*

Argument 3: *Die betroffenen Arbeitnehmer sind unzufrieden.*

Argument 4: *Das Verkehrschaos in den Städten wird größer.*

Das letzte Argument (4) wird am leichtesten zu entkräften sein. Daraus folgt: Präsentieren Sie Ihre stärksten Argumente zuletzt, so wird es für den Gegenpart schwieriger, Ihre schwächeren Argumente anzugreifen.

Die zurechtgelegte Antwort

Haben Sie schon einmal genau zugehört, wie Politiker im Fernsehen auf Journalistenfragen antworten? Hatten Sie dabei manchmal den Eindruck, dass die Antwort eigentlich gar nichts mit der Frage zu tun hatte? Dann haben Sie einen beliebten Kniff erkannt, die „zurechtgelegte Antwort". Ein Meister dieses Tricks war übrigens Ex-Außenminister Genscher. Der erfolgreiche Anwender dieses Tricks legt sich seine „Botschaft", das, was er unbedingt sagen möchte, *vor* einem Interview zurecht und antwortet mit seiner „Botschaft" auf jedwede Frage, die gestellt wird. Einleitende Floskeln sind dann:

Was Sie unbedingt sagen möchten

- *Damit fragen Sie mich eigentlich nach ...*
- *Sie sprechen ein Problem an, zu dem ich nur sagen kann ...*

BEISPIEL

A: *Wann wird der Ortsbeirat endlich etwas gegen den Durchgangsverkehr in unserer Straße unternehmen?*

B: *Sie sprechen hiermit natürlich das Problem des Generalverkehrsplans an. Dazu kann ich Ihnen folgende Überlegungen mitteilen ...*

Auf die Sache zurücklenken

Beim Thema bleiben

Besteht die Gefahr, dass ein Gespräch zu stark ins Emotionale abgleitet, bleiben Sie ruhig und lenken Sie das Gespräch auf die Sache zurück.

Das Gleiche gilt, wenn jemand zu weitschweifig wird, vom Thema ablenkt (Stichwort „Nebenkriegsschauplätze") oder einzelne Personen (unfair) angreift.

Konsequentes Beharren auf dem Thema ist auch angebracht, wenn Sachverhalte bewusst ins Emotionale gewendet werden, weil dies vielleicht der eigenen Position zugute kommt.

Problem verpacken

Schwachstellen verbergen

Jeder Sachverhalt, so gut durchdacht er auch sein mag, beinhaltet meistens irgendein Problem, einen wunden Punkt, an dem er angreifbar ist. Diesen wunden Punkt können Sie jedoch geschickt zwischen Vorteile packen, die ihn, wenn schon nicht verdecken, so doch abschwächen.

So „verpacken" Sie richtig:

Wahlmöglichkeiten anbieten

Sie haben die Möglichkeit, das Resultat eines Gesprächs zu beeinflussen, wenn Sie statt einer offenen Frage *(Was machen wir nun?)* den Gesprächspartnern Wahlmöglichkeiten anbieten *(Richten wir nun im Stadtpark Liegewiesen oder Grillplätze ein?)*. Der Vorteil für Sie ist offensichtlich: Sie geben die Wahlmöglichkeiten vor und erzielen damit die Ihnen genehmen Resultate. Ihre Gesprächspartner erhalten trotzdem den Eindruck, an der Entscheidungsbildung mitgewirkt zu haben.

Die gewünschten Resultate erzielen

Exakt beschreiben

Häufig ist zu beobachten, dass Gesprächspartner aneinander vorbeireden oder sich missverstehen. Dies ist darauf zurückzuführen, dass Sachverhalte nicht exakt genug beschrieben werden (gelegentlich auch auf das Unvermögen zuzuhören). Was für mich klar ist, muss aber für mein Gegenüber noch lange nicht genauso aussehen.

Für klare Sachverhalte sorgen

Diese Beobachtung lässt sich durch ein kleines Experiment bestätigen:

> *Zeichnen Sie eine abstrakte Figur auf ein Blatt Papier, bitten Sie Ihren Freund/Ihre Partnerin, nach Ihren Instruktionen – Sie beschreiben die Figur so exakt wie möglich nach Größe, Position und Aussehen – die Figur nachzuzeichnen. Sie dürfen Ihre Zeichnung aber nicht zeigen. Wenn Sie Ihr Bild genau genug beschreiben, wird Ihr Freund/Ihre Partnerin ein annähernd gleiches Bild reproduzieren.*

Sie werden sehen, wie schwierig es ist, etwas, das ganz klar vor Ihren Augen ist, so weiterzugeben, dass es eine andere Person genauso reproduziert. Üben Sie daher das exakte Formulieren. Einige Anleitungen finden Sie im Praxisteil („Übungen zu Definition und Beschreibung", S. 213 ff.).

KURZ GESAGT

Das Gespräch lenken

- Fragen Sie nach um mehr zu erfahren. Hüten Sie sich jedoch vor zu aufdringlichem Nachfragen.
- Stellen Sie Fragen, die den anderen zwingen, Aussagen zu wiederholen oder zu präzisieren. So gewinnen Sie Zeit zum Formulieren schlagkräftiger Gegenargumente.
- Benutzen Sie „Ja, aber"-Formulierungen um zu widersprechen und Ihre Sicht der Dinge darzulegen.
- Schweigen Sie statt zu antworten, wenn Ihnen kein rechtes Gegenargument einfällt.
- Widerlegen Sie zuerst die schwächsten Argumente Ihres Gegenübers. Das erhöht Ihre Chancen, auch die stärkeren Argumente entkräften zu können.
- Legen Sie sich Antworten zurecht und bringen Sie diese an einer passenden Stelle des Gesprächs unter.
- Lenken Sie Gespräche, die zu persönlich werden oder vom Thema abschweifen, sachlich und bestimmt auf das Thema zurück.
- Verpacken Sie Probleme (kritische Details, Schwachstellen) so, dass sie nicht „zu problematisch" wirken.
- Bieten Sie konkrete Alternativen an, wenn Sie Entscheidungen herbeiführen möchten.
- Beschreiben Sie Sachverhalte so genau wie möglich. Das erhöht die Wahrscheinlichkeit, dass Sie richtig verstanden werden.

Reaktion auf unfaire Tricks

Gegen unseriöse Taktiken ist man nicht gefeit

Ziel eines jeden Gesprächs ist Übereinstimmung zu erzielen. Das führt zu einer für beide Seiten zufriedenstellenden Lösung: Man versteht sich wieder besser; ein Käufer ist zufrieden mit dem erworbenen Produkt, der Verkäufer mit dem Gewinn; es entwickelt sich eine produktive Zusammenarbeit. Da der Mensch jedoch grundsätzlich Macht anstrebt, wird es immer wieder passieren, dass zweifelhafte bis unseriöse Taktiken wie Übertreiben, Beeindrucken, Manipulieren, persönliche Angriffe eingesetzt werden. Sind Sie selbst das Ziel solcher Tricks, hüten Sie sich davor, zurückzuschlagen. Seien Sie auf keinen Fall unfairer als Ihr Gegenüber. Sie werden sonst nie wieder ein konstruktives Klima herstellen können. Behalten Sie die Nerven, entspannen Sie sich, indem Sie durchatmen und bis drei zählen.

Imponiergehabe durchschauen, die Sachebene betonen

Führt Ihr Gegenüber als Argumentationshilfe seinen Freund, den Herrn Bundeskanzler an, der dieses Trimmgerät täglich benutzt, will er Sie beeindrucken. Die Äußerung des Bundeskanzlers wird als Fakt ausgegeben. Entlarven Sie dieses Imponiergehabe, indem Sie sachliche Begründungen einfordern. Auch Zitate und Bonmots dienen oft einzig dazu, Eindruck zu schinden. Prüfen Sie, ob das Zitat zur Situation passt, das Bonmot auch wirklich auf das Thema zutrifft. Führt Ihr Gesprächspartner seine eigene Sachkompetenz ins Feld, dann treten Sie diesen Personalisierungen entschieden entgegen. Mit einer Äußerung wie *Ich als Spezialist seit dreißig Jahren* versucht man Ihnen die Freiheit des Argumentierens zu nehmen. Führen Sie das Gespräch wieder auf die Sachebene zurück.

Belege einfordern

Emotionalisieren und Appellieren sind beliebte Mittel, einem Gesprächspartner die eigene Meinung aufzudrücken. *Wir als das Unternehmen, das die höchsten Gewinnanteile in die Forschung steckt, bieten Ihnen ... – Wir müssen alle zusammenhalten in dieser schwierigen Zeit.* Lassen Sie sich nicht einlullen, entlarven Sie, trennen Sie die Sachebene von der persönlichen Ebene. Fordern Sie den Pharmareferenten, den Vertreter der Krankenkasse oder Ärzteschaft auf, Angaben sachlich zu belegen, ganz sicher nimmt dann das Gespräch einen anderen Verlauf.

Nein sagen

Sie sind doch auch der Meinung, dass Rosen wunderbare Blumen sind? Kaufen Sie nun die roten oder die gelben? Rhetorische Fragen, Suggestivfragen und Scheinalternativen lassen – vermeintlich – keine Wahl. Nehmen Sie sich die Freiheit, auch mal Nein zu sagen oder ignorieren Sie die Frage und bringen Sachlichkeit in das Gespräch zurück, indem Sie nachfragen, ob diese Rosen mit Pflanzenschutzmitteln behandelt wurden. Sie werden feststellen, auch ohne Dornen lässt sich gut pieksen. Oder Sie fragen nach rosaroten Rosen.

Schmeicheleien nicht aufsitzen

Sie haben doch so viel Erfahrung auf diesem Gebiet, das packen Sie garantiert bis Freitag. Die Trojaner fielen auf die List herein, Sie hoffentlich nicht! Hüten Sie sich vor schmeichlerischen Geschenken und Komplimenten. Kommen Sie der Manipulation auf die Spur, prüfen Sie, was machbar ist, was nicht.

Viele Worte um nichts – prüfen Sie auch Verallgemeinerungen, Einschränkungen und Umdeutungen, zwingen Sie den Gesprächspartner Farbe zu bekennen, klar zu sagen, was er denn mit einer bestimmten Äußerung meinte.

Ausweich- und Ablenkmanöver entlarven

Leichter durchschaubare unfaire Tricks sind Zeit schinden, Ausweichen, Retourkutschen *(Das müssen Sie mir gerade sagen!).* Ausweich- und Ablenkungsmanöver entlarven Sie, indem Sie durch gezieltes Fragen das eigentliche Thema in Erinnerung rufen. Und nutzt das nichts, dann signalisieren Sie Langeweile. Auch vorgetäuschte Müdigkeit und Kompromissbereitschaft haben in solchen Situationen geholfen.

Wer sich in die Enge getrieben fühlt, der greift auch zu den übelsten Tricks um gute Argumente „abzuschießen".

A: *Warum sollte der Kassenpatient nicht wissen, welche Leistung sein Arzt abrechnet?*

B: *In der Theorie klingt das ganz gut, aber in der Praxis? Da sagt doch der gesunde Menschenverstand, das klappt nicht! Das führt einzig dazu, dass das ganze System überlastet zusammenbricht. Und welche Behandlung wird Ihnen dann noch zuteil, sind Sie einmal ernsthaft krank?*

Übertreibungen durchschauen

Übertreiben und verunsichern – zwei gern genutzte Methoden aus der rhetorischen Trickkiste. Der Appell an den „gesunden Menschenverstand" sollte Sie aufhorchen und die Argumente auf den sachlichen Bezug zum Gesprächsthema überprüfen lassen. Und seien Sie auf der Hut, wenn Ihr Gegenüber erwartete Einwände vorwegnimmt und in die eigene Argumentation einbaut. *(Sie werden mir jetzt entgegenhalten, dass … – Darauf antworte ich Ihnen …)*

Niemand beleidigt gern oder macht gern lächerlich. Diese Art der Gesprächsführung signalisiert Ihnen, Ihr Gegenüber weiß keinen anderen Rat mehr. Halten Sie in solchen Fällen Ihren Ärger zurück und versuchen Sie das Gespräch auf der sachlich-konstruktiven Ebene fortzuführen. Wenn Sie diplomatisch reagieren und leidenschaftslos argumentieren, kann es durchaus noch erfolgreich enden.

Auf Beleidigungen reagieren

In der Realität wird das allerdings nicht so oft der Fall sein, da auch Sie emotional belastet sind. Gelingt es Ihnen nicht, diese Belastung in den Griff zu kriegen, ist es das Beste, das Gespräch abzubrechen und zu vertagen. Damit bleibt für beide Seiten die Möglichkeit gewahrt erneut zu einem Gespräch zusammenzufinden.

Fair bleiben und überzeugen

Manipulative Tricks

Rhetorik und Dialektik sind nachgewiesenermaßen Mittel zur Manipulation, zur Beeinflussung des Verhaltens durch einen anderen. Wer verallgemeinert und seinen Gesprächspartner einschüchtert oder unter Druck setzt *(Alle tun es, warum nicht auch Sie?)*, der manipuliert.

Reizwörter ins Gespräch einbringen, Probleme bagatellisieren, rhetorische und ausschließende Fragen stellen sind weitere Redemittel um Ihr Gegenüber in eine bestimmte Richtung zu drängen. Ganze Drückerkolonnen leben davon, gute Gespräche führen sie jedoch nicht. Reklamationen bei der betreffenden Firma sind an der Tagesordnung. Ist das die Art von Gesprächsführung, die Sie anstreben?

Vertrauen führt zu Lösungen

Ein gutes Gespräch führt zu *Vertrauen,* das allein führt zu Lösungen, zu einer erfolgreichen Zusammenarbeit. Wir empfehlen: Setzen Sie Ihren Gesprächspartner nicht unter Druck. Bleiben Sie fair und verzichten Sie auf Manipulation. Argumentieren Sie sachbezogen, das überzeugt weitaus mehr, als wenn Sie Ihre guten Verbindungen zur Gewerkschaft (oder zur russischen oder italienischen Mafia) ins Spiel bringen. Eine Gesprächstaktik, mithilfe der man droht oder abschießt, kann vielleicht kurzfristig Erfolg haben, aber Gemeinsamkeit lässt sie nicht entstehen.

Unterlegenheit akzeptieren

Faire Gespräche zeichnen sich dadurch aus, dass keiner der Teilnehmer versucht, etwas auf Biegen oder Brechen durchzusetzen. Akzeptieren Sie es, wenn die andere Seite die besseren Argumente hat. In solchen Situationen die Abhängigkeit eines Gesprächspartners herausstellen, um ihm Zugeständnisse abzuringen, wird eher Feinde als Freunde schaffen.

Gesprächsergebnisse werden nur so lange geachtet, wie man aus vertraglichen oder wirtschaftlichen Verhältnissen muss. Diese Taktik führt ebenso wenig zu einem wirklichen Erfolg wie eine auf pure Konfrontation ausgerichtete Strategie. Auch Bluffen, Hinhalten, um Zeit zu gewinnen, wird kein gutes Gesprächsergebnis schaffen können.

Überzeugen lautet das Schlüsselwort um die gewünschten Resultate zu erzielen. Überzeugend wirken Sie, wenn Sie sich auf die Ebene des Erwachsenen-Ich begeben. Werten Sie nicht, sondern würdigen Sie ruhig und sachlich die Argumente Ihres Gegenübers. Suchen Sie nach gemeinsamen Lösungen, stellen Sie den Nutzen und die Vorteile für beide Seiten heraus. Unterschiedliche Meinungen erarbeiten Sie gemeinsam und formulieren dies derart aus:

Argumente würdigen, nicht werten

- *Ich habe Sie in diesem Punkt folgendermaßen verstanden . . . , ist das richtig?*
- *Wir sind da folgender Meinung . . . um weiterzukommen, müssen wir uns hier einigen.*

Diese positiven Methoden der Gesprächsführung bewirken eine angenehme Atmosphäre. Und sollte die Stimmung einmal umschlagen, dann gelingt es in solch einer entspannten Gesprächsatmosphäre, gelassen zu bleiben, nicht „zurückzubellen“ und dadurch das Klima zu vergiften. Zeigen Sie Verständnis für die unangenehme Lage, in die Ihr Gegenüber durch gewisse Punkte des Gesprächs gekommen ist. Diese Fairness wird ihm das Gefühl

Gelassen bleiben

der Sicherheit vermitteln, dass Sie nicht nur Ihren eigenen Vorteil suchen, sondern tatsächlich eine für beide Seiten zufriedenstellende Lösung.

Auf Argumente eingehen

Ein einheitliches Zahlungsmittel ist sicher der richtige Weg um die Einigung Europas voranzutreiben. Aber es wäre ein viel zu großer Aufwand diesen Vorschlag in die Tat umzusetzen. Wären die Verantwortlichen bei dieser Würdigung des Arguments geblieben, gäbe es keinen Euro. Minister, Staatssekretäre und hochkarätige Finanzexperten wissen in Sachen „Gesprächstechniken" durchaus Bescheid. Auf Argumente eingehen bedeutet, diese zu würdigen. Das vermittelt dem Gesprächspartner ein positives Gefühl, die Gesprächsatmosphäre bleibt entspannt und einer hört dem andern offen zu. Dies führte schließlich zum Erfolg.

Aktiv zuhören

Aktives Zuhören signalisiert dem Gesprächspartner die Bereitschaft, sich auf seine Argumente einzulassen. Nicht unterbrechen, Entgegnungen zurückstellen und bei längeren Redephasen Notizen machen sind Verhaltensweisen, die das Gefühl eines partnerschaftlichen Gespräches verstärken. Zwischenfragen zeigen an, dass man sich um Verständnis bemüht.

Die Motive des Gesprächspartners berücksichtigen

Argumente sind meist rationaler Natur, aber sie sprechen auch immer die Gefühlsebene an. Dieser Aspekt darf auf keinen Fall vernachlässigt werden. Bemühen Sie sich folglich, Vorstellungen und Einwände des Gesprächspartners stets aus seiner Sicht zu sehen: Welches sind seine Prämissen, welche Wertvorstellungen stehen dahinter, was hält er für selbstverständlich? In den Verhandlungen über ein geeintes Europa werden die Interessen der großen und der kleinen Mitgliedsländer berücksichtigt, Traditionen werden ernst genommen. So findet man nach langwierigen Verhandlungen zu einem Ergebnis, mit dem alle leben können.

Eine Würdigung seines Argumentes wird dem Gesprächspartner auch dadurch signalisiert, dass Sie Ihre Entgegnung immer auf seiner Argumentation aufbauen. Wenn Sie kurz das Gehörte wiederholen, zeigen Sie, Sie nehmen ihn ernst. Auch Ihre Fragen lassen ihn spüren, Sie setzen sich mit seinen Vorstellungen auseinander, sind also verhandlungsbereit.

Einwände ernst nehmen ...

Sicher gibt es nach wie vor viele Einwände gegen die Einführung des Euro in der Europäischen Gemeinschaft. Aber er wurde eingeführt. Wie überwand man wohl ein Kontra-Argument wie dieses: *Aus organisatorischen Gründen ist das nicht machbar?* Mit einer offensiven Gesprächsführung gewiss nicht! Defensive Argumentation hat die Befürworter des Euro hier ganz sicher weiter gebracht. Sie haben die Gegner aufgefordert Einwände und Bedenken zu nennen. So fühlten sich die Gegner akzeptiert und waren anschließend eher bereit die Pro-Argumente anzuhören.

... und hinterfragen

Es ist also sinnlos, einem Einwand mit einem Appell zu begegnen: *Aber denken Sie doch an die Vorteile!* Denn ein Gesprächspartner benutzt ja diesen Einwand als Schutzschild gegen die gegnerischen Argumente. Viel sinnvoller ist es zu fragen: *Gut, was halten Sie denn konkret für nicht machbar?*

Wenn Ihr Gegenüber sein Schutzschild zur Seite stellt und sein Argument erläutert, gewinnen Sie Zeit und finden neue Argumente. Sie können besser auf den Gesprächspartner eingehen. Aber hüten Sie sich vor voreiligen Schlüssen. Überprüfen Sie – durch Nachfragen – Ihre Interpretation des Gehörten, damit Sie nicht in die falsche Richtung denken.

Das Gesprächsziel im Auge behalten

Wenn ein Gespräch ganz anders als geplant verläuft, kann es passieren, dass man das Ziel aus den Augen verliert. Wirft Ihnen Ihr Gegenüber Killerphrasen wie *Das war schon immer so* oder *Sie können das doch gar nicht wissen* an den Kopf, wird ein Gesprächsklima geschaffen, das keinem die Sicherheit vermittelt, die doch erstrebenswert wäre um das Gespräch in Ruhe zu einem erfolgreichen Abschluss zu führen. Aber nicht nur eine Negativrhetorik kann Sie das Ziel aus den Augen verlieren lassen. Manchmal hat der Partner tatsächlich die besseren Argumente, sodass jedes weitere Argumentieren sinnlos scheint. Sieht ein Gegenüber Sharon Stone oder Richard Gere ähnlich, so kann das ebenfalls den einen oder die andere schon den Kopf, sprich das Gesprächsziel vergessen lassen. Die gleiche Wirkung erzielt eine aus welchem Grund auch immer antipathische Person – wer möchte schon stundenlang mit einem Menschen zusammensitzen, der nach Schweiß riecht!

Erschwerte Bedingungen

Immer wird es solche Gespräche geben, die einen anderen Verlauf nehmen, als Sie planten. Bewahren Sie in diesen Fällen Gelassenheit und Ruhe. Beenden Sie die Unterredung nicht übereilt um der „unheilvollen" Situation zu entkommen. Denken Sie unbedingt an Ihr Gesprächsziel. Am besten notieren Sie vor einem Gespräch die Ziele, die erreicht werden müssen, diejenigen, die möglichst zu erreichen sind, und den Verhandlungsspielraum, der bleibt. Orientieren Sie sich an diesen Vorgaben, wenn Ihr Gegenüber überlegen scheint oder in anderen kritischen Situationen. Argumentieren Sie entsprechend Ihrem geplanten Argumentationsschema.

Kritische Situationen vorausdenken

Da es schwer fallen kann, unter psychischem Druck kühlen Kopf zu bewahren, malen Sie sich bereits vor dem Gespräch kritische Situationen aus, die Sie aus der Fassung bringen könnten. Überlegen Sie mögliche Argumente des späteren Gesprächspartners und suchen Sie nach besseren Gegenargumenten. Üben Sie bewusst das Zurückführen zu Ihren Argumenten, legen Sie sich ein dickes Fell gegen unfaire Methoden zu, dann werden Sie beruhigt den kritischen Situationen entgegenschauen, die Sie von Ihrem Ziel abbringen könnten. Bleiben Sie aber trotzdem empfindlich für all die Botschaften, die Ihnen während des Gesprächs gesendet werden. Achten Sie auf Körpersignale und sprachliche Feinheiten.

Hat Ihr Gesprächspartner jedoch tatsächlich die besseren Argumente, reagieren Sie gelassen. Es ist besser den Ist-Zustand zu akzeptieren und höflich um eine Vertagung, eine Bedenkzeit zu bitten. Wirft Ihr Gegenüber nur noch mit Grobheiten um sich, dürfte es Ihnen kaum gelingen, zu einer positiven Gesprächsführung zurückzufinden. Drücken Sie Ihr Bedauern aus und geben Sie zu verstehen, dass man sich vielleicht zu einem späteren Zeitpunkt noch einmal zusammensetzen könnte.

Eine Vertagung erwägen

Ist dies allerdings bereits der dritte Versuch mit diesem Gesprächspartner, dürfen Sie getrost Ihr Gesprächsziel vergessen und die betreffende Person vor die Tür setzen. Es ist unwahrscheinlich, dass je ein zielführendes Gespräch geführt werden kann. Eine unnachgiebige Haltung bringt Sie hier auf jeden Fall weiter – und wer weiß, vielleicht bringt Ihre entschiedene Reaktion diese Person zum Nachdenken.

Zeitmanagement in Gesprächen

Das *Gespräch führen* lautet die Devise für den erfolgreichen Abschluss einer Verhandlung, einer Diskussion, eines Interviews. Führen bedeutet, das Gespräch dorthin zu lenken, wo man es haben will – durch das Schaffen der richtigen Gesprächsatmosphäre, durch die richtigen Fragen, die richtigen Körpersignale. Führen bedeutet auch Verantwortung übernehmen: Es gilt das Gespräch zu einem für beide Seiten guten Ende zu führen. Eine wohl durchdachte Planung ist dazu Voraussetzung.

Den Zeitbedarf planen

Ein Gespräch kann in seinen inhaltlichen Punkten, seinem Ablauf perfekt vorbereitet sein, dennoch wird es scheitern, wenn der Faktor *Zeit* nicht genügend berücksichtigt wird. Planen Sie deshalb im Vorfeld des Gesprächs auch mit der Zeit. Notieren Sie Ihre Argumentation, fügen Sie zu erwartende Gegenargumente ein, schätzen Sie dann, wie lange Sie für Ihre Darlegung, wie lange Ihr Gegenüber (vermutlich) für seine Argumentation braucht. Nun haben Sie eine ungefähre Vorstellung vom Zeitbedarf des Gesprächs. Prägen Sie sich die geplante Gesprächsgliederung gut ein, notieren Sie sich Stichpunkte auf einem Merkzettel.

Da zu einer Unterredung mindestens zwei Personen gehören, wird diese meist nicht so exakt verlaufen wie geplant. Setzen Sie deshalb den Zeitbedarf großzügig an. So geraten Sie nicht ins Schwitzen, wenn Sie feststellen, Sie liegen nicht im Zeitplan. Sie müssen Ihren Partner nicht drängen, können seine Argumentation ausführlicher würdigen und bleiben gelassen, da noch genügend Zeit zum Vorstellen und Durchsetzen Ihrer Gesprächsziele bleibt.

Die positiven Einflüsse dieser angenehmeren Gesprächsatmosphäre sind größeres Vertrauen und eine größere Bereitschaft Ihres Partners sich auf jedmöglichen Verlauf der Unterredung einzulassen.

Terminwünsche berücksichtigen

Bereits bei der Terminvereinbarung lassen sich gewisse Voraussetzungen für ein entspanntes Gespräch schaffen. Fragen Sie also nach, wann Ihr Gegenüber am liebsten mit Ihnen sprechen möchte.

Manche sind am frühen Vormittag besonders fit und nachmittags um fünf restlos ausgelaugt, andere denken ab 11.30 Uhr nur noch ans leibliche Wohl und wieder andere besprechen Dinge am liebsten nach 17 Uhr. Versuchen Sie auf Terminwünsche einzugehen oder bemühen Sie sich um einen Kompromiss, wenn sie nach 17 Uhr etwas anderes vorhaben.

Störfaktoren ausschalten

Sorgen Sie unbedingt für einen ungestörten Verlauf des Gesprächs. Anrufe sollten nicht zu Ihnen durchgestellt werden, niemand sollte den Raum betreten, in dem Sie das Gespräch führen. Haben Sie all das in Ihre Planung mit einbezogen, steht einem erfolgreichen Umgang mit der vorgesehenen Gesprächszeit fast nichts mehr im Wege.

Behalten Sie während des Gesprächs Ihre Unterlagen mit den unbedingt erforderlichen und den zu verhandelnden Gesprächszielen sowie der Gewichtung der Argumente im Auge. Sie haben dort auch die veranschlagte Zeit für die einzelnen Gesprächspunkte notiert. So verlieren Sie nicht den Überblick, wenn Sie unter Druck geraten, weil Ihr Gegenüber zu lange spricht. Machen Sie sich Notizen, vergessen Sie aber den Blickkontakt nicht. Sie signalisieren Interesse und eine positive Gesprächseinstellung. Kramen Sie nicht unruhig in Ihren Unterlagen, sondern fassen Sie den Stand des Gesprächs zusammen. Fragen Sie nach, ob Sie etwas vergessen haben, und kommen Sie dann zu Ihrer Argumentation zurück.

Gesprächsabschluss flexibel gestalten

Stellen Sie fest, der Magen Ihres Gegenübers knurrt unüberhörbar oder Sie verpassen den Termin beim Zahnarzt, drängen Sie dennoch nicht auf den schnellen Abschluss. Prüfen Sie den Stand des Gespräches, fragen Sie Ihren Partner offen und auf eine nette Art, ob er großen Hunger habe und Sie das Gespräch abbrechen sollen.

Diese Offenheit bietet auch die Möglichkeit einer Fortführung. Positive Grundhaltung und Bereitschaft bleiben gewahrt, Sie können gemeinsam entscheiden, ob Sie vertagen oder doch noch zu einem Abschluss kommen wollen. Dieser Abschluss ist dann gewiss von gegenseitigem Einvernehmen geprägt.

Gesprächstypen – Gesprächsstrukturen

Beispiele und Merkmale

In diesem Kapitel wird von verschiedenen Gesprächsformen die Rede sein: Verkaufs- und Vorstellungsgespräch, Interview und Diskussion, Smalltalk und dergleichen mehr. Im Mittelpunkt stehen Informationen, die beispielhaft zeigen, welche Merkmale und Strukturen für die Wechselreden typisch sind und welchen „Regeln“ sie folgen.

Verkaufsgespräch

In speziellen Schulungen für Verkäufer und Handelsvertreter werden meist mehrere Varianten dieser Gesprächsform vorgestellt, die alle einem gemeinsamen Grundmuster folgen: Anwärmen – Problemorientierung – Inhalte vermitteln – Inhalte verarbeiten – Handlungsorientierung. Hier sollen lediglich die drei bekanntesten Formeln für Verkaufsgespräche vorgestellt und kurz beschrieben werden.

Drei bewährte Varianten

A-I-D-A-Formel: Aufmerksamkeit Interesse Desire Aktion	Zuerst soll die *Aufmerksamkeit* des Kunden gewonnen, dann sein *Interesse* am Produkt geweckt werden. *Desire,* also „Begierde“, steht für den Wunsch des Kunden das Produkt kennen zu lernen und erwerben zu wollen. *Aktion* als „krönender Abschluss“ steht für die Kaufhandlung des Kunden – er erwirbt das Produkt.

D-I-B-A-B-A-Formel: Definition Identifizierung Beweisführung Annahme Begierde Abschluss	Der Kundenbedarf soll *definiert,* also erkannt werden. Anschließend soll der Kunde seinen Wunsch mit dem Angebot *identifizieren.* Die *Beweisführung* erklärt ihm die Kaufnotwendigkeit, das angestrebte Ziel des Gesprächs ist die *Annahme* der Beweisführung durch den Kunden. *Begierde* stellt das Wecken des Kaufwunsches dar, *Abschluss* steht für den Kauf des Produkts durch den Kunden.

B-I-D-A-E-V-A-Z-A-Formel: Begrüßung Information Demonstration Argumentation Einverständnis Verstärkung Abschluss Zusatzverkauf Abschied	Von der *Begrüßung* wird zur *Produktinformation* übergeleitet. Daran schließt sich eine *Demonstration* des Produkts an, die per *argumentativer Überzeugung* zum *Einverständnis* über die Zweckmäßigkeit des Produkts und seines Gebrauchs führt. Diese Einsicht soll *verstärkt* werden und zum *Kaufabschluss* führen. Danach sollen im *Zusatzverkauf* Sonderausstattungen des Produkts an den Käufer gebracht werden. Das Gespräch endet mit dem *Abschied* vom Kunden.

Verhandlung

Durchsetzung von Interessen

Verkaufen und Verhandeln heißen die beiden grundsätzlichen Gesprächsformen. Verkauft werden Produkte, Dienstleistungen und Meinungen. Verhandelt werden im Verkaufsgespräch Konditionen, im Beurteilungsgespräch Einschätzungen und Wertungen, wobei beide Seiten versuchen bestimmte Interessen möglichst erfolgreich durchzusetzen. Der Ablauf einer Verhandlung mit positivem Ergebnis gestaltet sich üblicherweise wie folgt:

1. Verhandlungsangebot
2. Durch Fragen Sachlage und Interessen erkunden, Konsenspunkte herausfinden, Einwände erfahren, Gelegenheit zur Ablehnung geben.
   Wichtig: Den Diskussionspunkt zurückstellen, der Ihr bestes Argument betrifft; diesen „Trumpf" ausspielen, wenn alle Einwände beseitigt und die Gegenargumente ausdiskutiert sind.

3. Alle übrigen Einwände behandeln, Besonderheiten, Vorstellungen und Wünsche erfragen, Einwände entkräften, mögliche Gegenargumente erkunden und ausdiskutieren; je nach Gesprächsverlauf Kompromisse in Erwägung ziehen.
4. Das beste Argument mit allen Möglichkeiten der Verstärkung vorbringen, Nutzen durch Fragetechnik verankern (= entscheidende Verhandlungsphase, da Einwände und Gegenargumente ausdiskutiert sind; wenn Sie jetzt überzeugen können, haben Sie Ihr Gesprächsziel erreicht).
5. Verhandlungsabschluss

Telefongespräch

Eine schwierigere Form der Kommunikation

Gespräche per Telefon müssen in der Regel ohne optische Signale des Partners auskommen. Deshalb sind sie schwieriger zu führen und verlangen besondere Sorgfalt beim Formulieren. Kurze Sätze, eine bildhafte Sprache und Beispiele zur Verdeutlichung des Gesagten sind besonders gefragt. Pausen führen oft zu Missverständnissen. Kontrollfragen sind notwendig um zu prüfen, ob der Angerufene zuhört. Auch sind Nebengeräusche während des Telefonats auszuschalten. Eine positive Grundstimmung kann vermittelt werden, indem das „gewinnende Lächeln" auf das Sprechen übertragen wird (durch Modulieren der Stimme).

Aussichten für ein erfolgreiches Telefongespräch sind gegeben, wenn Gesprächspartner und Gesprächsthema dem Angerufenen bekannt sind und er an dem Thema interessiert ist. Im umgekehrten Fall sind die Erfolgsaussichten gleich null, d. h., Sie können sich den Anruf sparen.

Ebenso hilfreich ist zu wissen, wo man wann anrufen kann. Bei Zahnärzten, Bauunternehmern, Bankdirektoren empfiehlt sich der Anruf gegen 9.00 Uhr, bei Anwälten gegen 12 Uhr, bei Ärzten gegen 14 Uhr und Lehrer sind gegen 18 Uhr gut zu erreichen. Für Behörden gilt: Ein Anruf bewirkt oft mehr als persönliches Vorsprechen.

Vorstellungsgespräch

Das Vorstellungsgespräch ist eine Art Verkaufsgespräch. Ein Unternehmen wird den Bewerber bevorzugen, dessen Angebotsprofil dem Nachfrageprofil am weitesten entspricht. Da aber in den meisten Berufsbereichen eine große Sättigung erreicht ist, haben Unternehmen in der Regel eine große Auswahl an qualitativ gleichwertigen Angeboten. Den Zuschlag für die ausgeschriebene Stelle wird deshalb der Bewerber mit der positivsten Ausstrahlung und dem größten rhetorischen Geschick bekommen.

Gesprächsinhalte, Verhandlungspunkte

Vorstellungsgespräche beinhalten Auskünfte über die eigene Person und die eigenen Motive sowie über die Stelle und den Arbeitgeber. Bewerber drücken im Vorstellungsgespräch Standpunkte, Überzeugungen oder Bekenntnisse aus, je nachdem, ob sie die Tätigkeit als Job, Beruf oder Berufung sehen. Zur guten Vorbereitung gehört es, Informationen über Größe und Produkte des Arbeitgebers einzuholen sowie Gesprächs- und Verhandlungspunkte festzulegen. Außerdem sollte jeder Bewerber in der Lage sein den eigenen Lebenslauf lückenlos und überzeugend zu präsentieren.

Verhandlungspunkte	Gesprächspunkte aus Bewerbersicht
betriebliche Vereinbarungen Fahrtkostenzuschuss Essensgeld Dienstwagenregelung Urlaubsregelung Urlaubsgeld/Weihnachtsgeld betriebliche Altersversorgung Laufzeit des Vertrages Kündigungsmodalitäten Vertrauensspesen Gewinnbeteiligung Konkurrenzklausel	Ziele der Abteilung Führungsstil des Unternehmens organisatorische Einbettung der Stelle Name und Werdegang des zukünftigen Vorgesetzten eigene Kompetenzen Stellenbeschreibung Einarbeitungszeit/Probezeit Aufstiegsmöglichkeiten Betriebsbesichtigung

Beauftragung

Das Nachbessern eines falsch oder mangelhaft ausgeführten Auftrags ist stets mit Ärger verbunden. Kunden beschweren sich oder wandern zur Konkurrenz ab. Geplante Produktionsabläufe geraten durcheinander, Reibereien, Stress und Motivationsverluste ruinieren ein angenehmes Betriebsklima, eine zweckdienliche Zusammenarbeit wird erschwert. All das kann mit einer korrekten Beauftragung vermieden werden.

Leitfragen des Auftraggebers

Die erste Überlegung des Auftraggebers muss sein: Was soll der Auftrag bewirken? Dann sollte man sich darüber klar werden, wie dieses Ziel zu erreichen ist und welche Personen dafür zur Verfügung stehen. Wer ist zuständig im Betrieb? Wer ist geeignet für die Ausführung des Auftrages? Weitere Überlegungen sind: Welche Informationen und Kompetenzen werden benötigt? Schließlich muss die erforderliche Zeit sowie der Termin der Fertigstellung festgelegt werden.

KURZ GESAGT

Schritte einer erfolgreichen Beauftragung:

- Auftrag beschreiben
- Auftragsgrund benennen
- verfügbare Zeit angeben
- auf besonders wichtige Einzelheiten hinweisen
- Bedeutung des Auftrags für das Unternehmen herausstellen
- Verständnis rückprüfen
- Problemstellung seitens Auftragnehmer erfragen

Interview

Frager und Befragter

Das Interview ist ein Gespräch, es ist aber kein Dialog. Der Interviewer bestimmt den Verlauf des Gesprächs, der Interviewte antwortet einzig auf die gestellten Fragen. Zur Vorbereitung eines Interviews gehört die Einstellung auf den Interviewpartner und den Hörerkreis, für den das Interview veranstaltet wird. Ein er-

Gesprächsführung nie abgeben

folgreicher Interviewer gestaltet den Einstieg für Zuhörer und Interviewpartner gleichermaßen interessant. Wichtig für den Interviewer ist, Einstieg und Abschluss selbst zu gestalten, sich stets in den Interviewpartner und den Hörerkreis hineinzuversetzen und nie die Gesprächsführung aus der Hand zu geben. Das bedeutet, er beherrscht alle Frageformen: Mit offenen Fragen bringt er die Interviewten zum Sprechen, mit geschlossenen und direkten Fragen verleitet er sie zu Ein- und Zugeständnissen.

Frageformen:

- offen: *Was kann man machen?*
- geschlossen: *Haben Sie etwas gemacht?*
- direkt: *Haben Sie das gemacht?*
- indirekt: *Ich frage mich, ob Sie das gemacht haben.*
- rhetorisch: *Soll ich Sie fragen, ob Sie das gemacht haben?*
- suggestiv: *Soll ich Sie denn wirklich fragen, ob Sie das gemacht haben?*

Smalltalk

Plaudern über unverfängliche Themen

Wenn zwei sich kennen lernen wollen, dürfen sie beim ersten Kontakt dem andern noch nicht zu viel von sich zeigen. Man weiß nicht, ob man sein Gegenüber mit einer persönlichen Aussage verprellt. Festlegen und Gefühle zeigen schadet zu diesem Zeitpunkt. Darum spricht man nur auf der Ebene des Erwachsenen-Ich. Man unterhält sich über Themen (auch aktuelle Nachrichten), die allgemein und nicht kontrovers sind, das heißt, man begibt sich nicht aufs Glatteis. So muss, wer erfolgreich sein will, den Smalltalk beherrschen. Im privaten Bereich schafft er gesellschaftliche Kontakte und kann den Beginn einer Freundschaft markieren. Im geschäftlichen Bereich lockert er die Verhandlungsatmosphäre auf, Abschlüsse werden leichter getätigt. Wer in irgendeiner Weise gesellschaftspolitisch tätig ist, verbessert sein Image und seinen Bekanntheitsgrad.

Trotz der scheinbaren Unverbindlichkeit und Zufälligkeit dieser Gesprächsform steht hinter dem Smalltalk ein Konzept. Nicht oberflächlich, aber auch nicht zu tief soll er sein. Alle unverfänglichen Themen sind geeignet: Bücher, Essen und Trinken, Kunst und Kultur, Mode, Sport, Urlaub, Wetter usw. (Fortgeschrittene wagen sich auch an „heiklere“ Themen wie Erziehung, Philosophie oder Lebensideale.)

Voraussetzungen und Merkmale

Eine gute Allgemeinbildung, Interesse an gesellschaftlichen Entwicklungen sind somit Voraussetzungen für erfolgreiches „Smalltalken“. Ein Smalltalk ist kurz, zeigt aber auch die typischen Elemente einer guten Rede: Einleitung und Hauptteil, interessanter Einstieg, imposanter Schluss.

KURZ GESAGT

Erfolgreicher Smalltalk setzt voraus:

- die Gästeliste kennen
- sich Unbekannte vorstellen lassen
- in Gesprächsgruppen die Initiative ergreifen
- kurze Gespräche führen
- mit vielen Personen reden
- positiv denken und reden
- rechtzeitig die Party verlassen

Diskussion

Die Diskussion ist ein offenes Gespräch. Unbefangenheit gegenüber Thema und Teilnehmern ist Voraussetzung für ihr Gelingen. Idealerweise sind die einzelnen Beiträge als kurze Reden aufgebaut, Einleitung und Schluss sind genauso wichtig wie der Hauptteil.

Klarheit schaffen, Erkenntnisse gewinnen

Ziel einer Diskussion ist nicht, andere von einer eigenen Meinung zu überzeugen, sondern möglichst viele Aspekte eines Themas kennen zu lernen. Das Eingeständnis, der Wahrheit näher gekommen zu sein und den eigenen Horizont erweitert zu haben, zeigt den Erfolg einer Diskussion.

Emotionen sind mit im Spiel

So viel zur Theorie. In der Praxis wird leider oft versucht Recht zu behalten, Beschlüsse oder Lösungen zu erzwingen, sich ins rechte Licht zu setzen, andere zu blamieren – kurz und gut, es wird sehr viel „gemenschelt". So bleibt sachliches und auch friedvolles Erörtern auf der Strecke, die Diskussionsatmosphäre wird vergiftet. Dem kann mit positiver Dialektik und mit Kenntnissen über den Umgang mit Diskussionsrednern entgegengewirkt werden (Details siehe unten). Durch bestimmte Fragen lassen sich einerseits notorische Störer bloßstellen, andererseits die Argumente der seriösen Teilnehmer würdigen. So wird das Gesprächsklima entkrampft und die Diskussion kann in konstruktiver Weise fortgeführt werden.

Für die steuernde und vermittelnde Einflussnahme ist der *Diskussionsleiter* zuständig, der idealerweise folgende Eigenschaften besitzen sollte: Sachkompetenz ebenso wie soziale Kompetenz, Flexibilität und Souveränität, rasche Auffassungsgabe und sprachliche Gewandtheit.

Identifizierung von Diskussionsteilnehmern

Kleine Typologie der Diskussionsredner

Diskussionsbeitrag	Typ	Was er will
Als ich damals noch die Reden für den Kanzler schrieb, waren Gurken überhaupt kein Thema ...	Angeber	glänzen, trittbrettfahren
Mein Artikel in der „Zeit" macht die Problematik der Gurken noch deutlicher ...	Schnösel	erwartet Bestätigung als höchste Instanz
Ich will jetzt einmal eine ganz dumme Frage zu diesen Gurken stellen ...	Kontrolleur	will Wissen überprüfen, neigt aber auch zum Bloßstellen
Es geht ganz anders zu, als Sie denken. In Holland werden die Gurken ...	Kritiker	einschränken, zurückpfeifen

Identifizierung von Diskussionsteilnehmern (Fortsetzung)

Diskussionsbeitrag	Typ	Was er will
Ich möchte Sie darauf hinweisen, es sind 3782 Fälle geklonter Gurken, nicht 3780!	Pedant	mit Nebensächlichkeiten beeindrucken oder verwirren
Die Gurke an sich ist ja nichts Besonderes, wenn Sie aber an ihre glänzende grüne Haut denken, ...	Redseliger	schweift gern ab, da Thema nicht so fesselnd oder Durchblick fehlt
Blaue Gurken? Ich kann das einfach nicht glauben, dass jemand auf diese Idee käme ...	Skeptiker, „Bremser“	zweifelt an, will nicht verstehen
Wie, Sie halten blaue Gurken für eine Perversion, Sie sind aber intolerant!	Streitsüchtiger	kehrt gerne Worte um und findet so zu Argumenten

Der Umgang mit einzelnen Typen

Wie man mit bestimmten Diskussionstypen umgeht:

Ablehnender	ad absurdum führen
Alleswisser	Ironie anwenden, blamieren
Angeber	bei seiner Meinung lassen, ignorieren
Arroganter	Komplimente machen, nicht konfrontieren
Ernster	spaßige Bemerkung um aufzulockern
Familiärer	nicht zu privat, sondern sachlich werden
Grob-Unhöflicher	höflich, aber bestimmt sein
Höflich-Kühler	reserviert bleiben, um Ansicht bitten
Impulsiver	festnageln
Ironiker	Lächerlichkeit deutlich machen
Kritiker	pedantisch sein
Misstrauischer	klare Argumente, Beweise bringen
Redseliger	geduldig sein, unterbrechen, zur Sache zurückführen

Schüchterner	durch Fragen zur Teilnahme animieren
Streitsüchtiger	isolieren, entwaffnen
Überfreundlicher	nachhaken
Unentschlossener	Dritte unterstützen lassen

Aggressionen vermeiden – Negatives positiv formulieren

Bei der Erörterung kontroverser Themen passiert es leicht, dass sich die Gemüter erhitzen und darüber die allgemeinen Spielregeln vergessen werden. In solchen Fällen ist eine wohlüberlegte, behutsame *(= positive)* Argumentation angebracht, will man die Diskussion zu einem erfolgreichen Ende führen.

Positive und negative Argumentation

In der Gegenüberstellung mehrerer Beispiele wird die Wirkung positiver und negativer Argumentationsmuster besonders deutlich. Die emotionalen Statements der negativen Dialektik sind aggressiv oder gar verletzend, die zurückhaltenderen, sachlichen Argumente der Positiv-Dialektik lassen Spannungen erst gar nicht aufkommen. Sicher ist es Ihnen auch schon aufgefallen: Wer positiv spricht, hat mehr Erfolg mit seinen Argumenten.

Negativ-Dialektik	Positiv-Dialektik
Das können Sie doch nicht behaupten!	Ihre Meinung überrascht mich.
Da haben Sie mich vollkommen falsch verstanden!	Vielleicht habe ich mich unklar ausgedrückt.
Was soll das denn!	Ich verstehe den Zusammenhang nicht so richtig.
Machen Sie doch, was sie wollen!	Das bleibt Ihrer Entscheidung vorbehalten.
Das ist doch völliger Unsinn!	Sind Sie sicher, dass Ihre Angaben stimmen?
Passen Sie mal auf!	Darf ich Sie bitten, sich hier korrekter auszudrücken!

Aussprache

Ziel einer jeden Aussprache ist, einen Konflikt zu lösen, sodass eine sinnvolle Zusammenarbeit zwischen den Konfliktparteien wieder möglich wird. Die besten Erfolge werden erzielt, wenn ein *Moderator* als unparteiische Instanz die Aussprache der Konfliktparteien leitet. Mit Flipchart oder anderen Visualisierungsmitteln kann man Objektivierungsmöglichkeiten schaffen. So lassen sich gegenseitige Beschuldigungen auf eine Sachebene bringen und protokollieren, was dazu führt, dass ein vernünftiges, friedvolleres Gesprächsklima ohne emotionale Schuldzuweisungen und unbefriedigende Lösungen entsteht.

Der Moderator objektiviert

Der Moderator spricht zuerst den Konflikt an. Er klärt, inwieweit überhaupt ein Konflikt besteht, woraus er besteht und was seine Ursachen sind. Er bemüht sich um eine sachorientierte Atmosphäre sowie darum, dass alle Parteien den Konflikt in seiner ganzen Dimension erfassen. Darauf erfolgt die Wertung der genannten Probleme und es werden gemeinsam Lösungswege gesucht, Lösungsvorschläge diskutiert. Schließlich wird gemeinsam versucht, Maßnahmen zur Konfliktlösung zu formulieren. Es versteht sich von selbst, wird aber bisweilen vergessen: Nicht jeder Konflikt ist lösbar.

Vorgehensweise

Vorsicht ist angebracht bei (vermeintlich) gelösten Konflikten, oft schwelen sie untergründig weiter. Andererseits erweisen sich manche Konflikte bei genauerem Hinhören als Missverständnisse. Oder Scheinkonflikte führen erst durch ihre Thematisierung zu einem realen Konflikt.

Konflikt oder Missverständnis?

Aussprachen scheitern, wenn

- die Konfliktparteien sich persönlich angegriffen fühlen,
- die Teilnehmer überarbeitet oder übermüdet sind,
- unüberbrückbare Gegensätze bestehen,
- Probleme nur vordergründig benannt werden,
- Killerphrasen verwendet werden,
- die Konfliktparteien einander beleidigen.

Ablauf von Konfliktlösungsgesprächen in Gruppen:

1. Konflikt erfassen
mündliche Abfrage (Schilderung der Positionen) und Visualisierung auf dem Flipchart, an der Tafel, auf Moderationskarten

2. Gewichten der Problembereiche
- paarweiser Vergleich der Probleme: Problem A ist wichtiger als Problem B (oder umgekehrt)
- Bewertung mit Punkten durch Konfliktparteien: Jedes Problem wird mit einer bestimmten Punktzahl durch die einzelnen Gruppenmitglieder versehen
  Variation: Problemanzahl wird begrenzt, z. B. auf die Nennung der drei wichtigsten Probleme
- Gewichtung durch Markierung mit Farben

Fünf Schritte für den erfolgreichen Gesprächsverlauf

3. Lösungen suchen
Fragestellung: Was können wir tun, damit . . . ?
Wie können wir erreichen, dass . . . ?
Was würden Sie anstelle von . . . tun?

4. Lösungsmöglichkeiten diskutieren
- Teilnehmer schlagen auf Basis der bereits erfolgten Gewichtung (2) Lösungswege vor
- anschließend Diskussion dieser einzelnen Möglichkeiten
- bei „Überhitzung“ oder bei „Einschlafen“ der Aussprache muss der Moderator die Diskussion dämpfen bzw. anheizen

5. Maßnahmen formulieren
Leitfragen des Moderators hierbei:
- Was müssen wir tun um den Konflikt bei unserer Arbeit auszuschalten?
- Wie vermeiden wir, dass neue Konflikte entstehen?

Kritikgespräch

Kritisieren ist eine weit verbreitete menschliche Eigenschaft. Wer unterscheiden lernt zwischen gerechtfertigter und konstruktiver Kritik einerseits, nicht zutreffender, destruktiver oder gar bewusst verletzender Kritik andererseits, kann leichter mit jeder Art von Kritik umgehen.

Kritik soll hilfreich sein

Ein Kritikgespräch ist keine Infragestellung der eigenen oder einer anderen Person, sondern soll eine echte *Hilfestellung* in einer konkreten Situation sein. Auch soll Kritik umkehrbar sein, das heißt, dass nicht nur der Vorgesetzte den Mitarbeiter, sondern auch der (kritisierte) Mitarbeiter den Vorgesetzten kritisieren darf. Oberster Grundsatz ist: Kritisieren Sie immer so, wie Sie selbst kritisiert werden möchten.

Folgender Gesprächsaufbau bietet sich an:

Gesprächsinhalt und -aufbau

- vor Beginn des Gesprächs noch einmal überprüfen, durch wessen Verhalten Fehler tatsächlich bedingt sind;
- positives Klima schaffen, die Bereitschaft zur Zusammenarbeit betonen, auch Lobenswertes erwähnen;
- Kritik auf ein bestimmtes Verhalten, eine bestimmte Leistung beziehen,
- genau bezeichnen, was Sie kritisieren;
- freundlich, ruhig und bestimmt bei verbalen Angriffen bleiben;
- Tatsachen nicht mit Mutmaßungen vermischen;
- Auswirkungen des kritisierten Verhaltens besprechen;
- gemeinsam nach Lösungsmöglichkeiten suchen;
- Termin für ein Nachgespräch zur Überprüfung vereinbaren.

Beschwerdegespräch

Ziel jedes Beschwerdegesprächs ist das Abstellen eines Mangels. Anders als bei der Aussprache sucht jemand, der sich über einen unverhältnismäßig hohen Preis, über ein zu lautes Hotelzimmer, über ein Essen beschwert, nicht unbedingt eine Konfliktlösung, die für beide Seiten eine Besserung bringt. Der Hotelbesitzer wird seinen Gästen nur widerstrebend einen Preisnachlass einräumen, der Gastwirt hat einen anderen Maßstab für gutes Essen. Hier wird kein Einvernehmen gesucht, die Beschwerde kann jeweils nur für eine Seite erfolgreich sein.

Sachlichkeit führt schneller zum Ziel

Dennoch sollten sich sowohl der Beschwerdeführer als auch der die Beschwerde Entgegennehmende um eine emotionsfreie Gesprächsatmosphäre bemühen. Ein Tobsuchtsanfall, Killerphrasen wie: *Es ist immer das Gleiche* usw. wird die gegnerische Seite nicht gerade zum Einlenken animieren. Ruhiges, sachliches Vortragen der Argumente führt weitaus schneller zum Ziel.

Beschwerden im Beruf

Auch bei Beschwerden am Arbeitsplatz ist das Ziel das Abstellen eines Mangels oder eines Missstandes. Dieses Ziel wird aber nur über die Aussprache erreicht. Denn sind die Arbeitsbedingungen schlecht oder ist das Verhältnis der Mitarbeiter untereinander gestört, steht im Vordergrund aller Bemühungen, ein Betriebsklima zu schaffen, in dem miteinander und nicht gegeneinander gearbeitet wird. In diesem Fall wird ein erfolgreiches Beschwerdegespräch in eine Aussprache übergehen.

Erfolgreich mit einer Beschwerde umgehen:

- Beschwerdeführer höflich empfangen
- sich in seine Lage versetzen
- Interesse zeigen
- ausreden lassen
- persönliche Angriffe objektivieren
- das Kernproblem gemeinsam herausarbeiten
- Lösungsmöglichkeiten ansprechen und anbieten bzw. Ausweichmöglichkeiten vorschlagen
- ggf. entschuldigen, dass die Angelegenheit diesen Ärger bereitete
- bei berechtigter Beschwerde um Verständnis bitten
- weitere Beratung, Hilfe oder Schadensersatz anbieten
- Hoffnung aussprechen, in Zukunft schnellere oder bessere Problemlösungen zu finden

12 HAUPTFEHLER BEI DER GESPRÄCHSFÜHRUNG

1. Sie wissen nicht genau, was Sie wollen.
2. Sie wissen nicht, was Ihr Gesprächspartner will.
3. Sie sind nicht genügend vorbereitet.
4. Sie haben störende Einflüsse nicht ausgeschaltet.
5. Sie übergehen die Aufwärmphase, fallen mit der Tür ins Haus.
6. Sie argumentieren unfair.
7. Sie hören nicht zu, fallen dem Gesprächspartner ins Wort.
8. Sie sehen Probleme nur aus Ihrer Sicht.
9. Sie fragen nicht, zeigen wenig Interesse.
10. Sie argumentieren nicht konfliktfrei.
11. Sie lassen sich durch unfaire Attacken provozieren.
12. Sie gehen auseinander, ohne die Ergebnisse gemeinsam festzuhalten.

12 TIPPS FÜR DIE GESPRÄCHSFÜHRUNG

1. Sie wissen genau, was Sie wollen.
2. Sie überlegen, was Ihr Gesprächspartner will.
3. Sie bereiten sich optimal vor.
4. Sie stellen störende Einflüsse im Voraus ab.
5. Sie sorgen für eine entspannende Aufwärmphase.
6. Sie argumentieren fair und offen.
7. Sie hören geduldig zu, gehen auf Ihren Gesprächspartner ein.
8. Sie sehen Probleme auch aus Sicht des Gesprächspartners.
9. Sie leiten das Gespräch durch gezielte Fragen.
10. Sie argumentieren konfliktfrei.
11. Sie suchen in der Konfrontation das Gemeinsame.
12. Sie fassen die Gesprächsergebnisse gemeinsam zusammen.

DIE KONFERENZ

Teilnehmer an Seminaren über Arbeitstechniken und Arbeitsorganisation stöhnen oft sofort auf, wenn sie das Wort *Konferenz* hören. Zu viele Konferenzen, Sitzungen und Dienstbesprechungen werden durchgeführt, die unergiebig oder sogar überflüssig sind. Führungskräfte verbringen bis zu drei Viertel ihrer Zeit mit Besprechungen, für andere, oft wichtigere Arbeiten bleibt dann nur noch wenig Zeit.

Konferenzen kosten Zeit und Geld

Konferenzen und Dienstbesprechungen, darüber sollte man sich klar sein, kosten Zeit und damit Geld. Da sie meist während der regulären Arbeitszeit durchgeführt werden, beeinflussen sie auch direkt den Fortgang der normalen Arbeitsabläufe. Die Zeit, die Mitarbeiter in dienstlichen Gesprächen verbringen, fehlt bei der Erledigung anderer dringender Aufgaben. Außerdem wirken sich langatmige Besprechungen erwiesenermaßen demotivierend auf die Teilnehmer aus.

KURZ GESAGT

Merkmale unergiebiger und damit überflüssiger Konferenzen

- Die Konferenz ist nicht gut geplant, Ablauf und Gesprächspunkte sind nicht festgelegt.
- Die Teilnehmer wurden vorher schlecht informiert oder sind nicht auf das Thema vorbereitet.
- Die Konferenz wurde so kurzfristig anberaumt, dass keine Zeit zur Vorbereitung blieb.
- Die Konferenz verläuft ohne klare Zielsetzung, im Vordergrund steht die Erörterung von Schuldfragen anstelle der sachlichen Klärung anstehender Probleme.
- Der Konferenz fehlt ein dringendes Thema, über das gesprochen werden müsste.

Letztgenanntes Merkmal trifft häufig auf regelmäßig anberaumte Sitzungen zu, die nur durchgeführt werden, weil sie schon immer zu einem bestimmten Termin stattgefunden haben.

Vorbereitung

Aus den vorgenannten Informationen über unergiebige Sitzungen wird ersichtlich, welche Kriterien für optimal vorbereitete Konferenzen erfüllt sein müssen.

Anlass und Thema

Jede Konferenz hat einen *Anlass.* Dieser liegt in einer besonderen Problematik begründet, nicht in einer zeitlichen Regelmäßigkeit. Das *Thema* der Konferenz ist genau zu formulieren, es muss verständlich und einprägsam sein und bei den Teilnehmern ein entsprechendes Problembewusstsein schaffen.

Konferenzziel definieren

Neben dem Thema ist das *Ziel* der Konferenz zu definieren. Ohne ein festgelegtes Ziel wird zwar viel diskutiert, aber kein Ergebnis erzielt. Das Ziel muss allen Konferenzteilnehmern klar sein. Bei der Festlegung des Ziels ist zu bedenken, dass die Konferenz die in sie gesetzten Erwartungen vielleicht nur zum Teil erfüllt. Es ist dann hilfreich, ein Minimalziel (mit dem man zunächst leben kann) zu fixieren und ein Maximalziel (100%iges Erreichen des Ziels).

Gesprächspunkte festlegen

Nach Thema und Ziel können die *Sach-* oder *Tagungspunkte* festgelegt werden. Dabei ist auf exakte Formulierungen zu achten. Nur wenn sich die Teilnehmer eine genaue Vorstellung von den einzelnen Gesprächspunkten machen können, werden nützliche Ergebnisse erzielt. Weiterführende Definitionen und Erklärungen zu Tagungspunkten während der Konferenz sind zu vermeiden.

Nehmen Sie nur folgendes Beispiel: *Bitten Sie einmal mehrere Personen darum, Ihnen ein Glas zu beschreiben. Sie werden vielleicht verblüfft sein, wenn Sie genauso viele verschiedene Beschreibungen erhalten wie Personen, die beschrieben haben.* Der Grund ist einfach der, dass jeder Mensch sich unter einem Gegenstand, einem Vorgang, einer Situation etwas anderes vorstellt. Wenn Sie also nicht ganz genau ausdrücken, was Sie mit einem Tagungspunkt meinen, werden Sie die Punkte auch nicht in der gewünschten Weise behandeln können. Die Folge: Die Tagungsteilnehmer reden aneinander vorbei.

Infomappen erstellen

Jetzt können sie Mappen mit *Informationen* zu den einzelnen Tagungspunkten zusammenstellen. Achten Sie auch hier auf Klarheit und Übersichtlichkeit; viele Informationen lassen sich leichter bildlich erfassen (Bilder, Karten, Grafiken, Tabellen) als in zusammenhängenden Texten. Die Tagungsteilnehmer sollen sich vorbereiten können, erfahrungsgemäß bewirken umfangreiche, unübersichtlich gestaltete Informationen eher schlechtere Vorbereitungen. Oft ist für längere Vorbereitungen auch einfach keine Zeit. Präsentieren Sie also gezielt ein Grundwissen, das alle Konferenzteilnehmer haben müssen.

Viele Konferenzteilnehmer beklagen sich, erst während der Sitzung mit neuen Sachverhalten konfrontiert zu werden. Entsprechend den Informationslücken der Teilnehmer verlaufen solche Konferenzen dann im „frei schwebenden Raum“ und eine Meinungsbildung, geschweige denn das Erreichen einer Lösung wird erschwert.

Verfügbare Zeit festlegen

Schließlich muss die Konferenzleitung die *Zeit festlegen*, in der das Ergebnis erreicht werden soll – nicht nur die gesamte Zeit für die Konferenz, sondern auch für die einzelnen Tagungspunkte.

Einladung und Versand der Unterlagen sollten rechtzeitig (etwa 14 Tage vor Termin) erfolgen, je kurzfristiger, desto schlechter die Vorbereitung. Eine Bitte um Rückmeldung (Zusage oder Absage) empfiehlt sich vor allem bei größeren Tagungen, die extern stattfinden.

Von Vorteil ist, sich rechtzeitig vor Konferenzbeginn mit den Räumlichkeiten und den zur Verfügung stehenden technischen Hilfsmitteln vertraut zu machen. Zu einem glatten Verlauf einer Konferenz trägt es kaum bei, wenn die Konferenzleitung mittendrin Geräte oder Tafelstifte beschaffen muss.

Diskussionsleitung und *Protokollführung* sind rechtzeitig vor einer Konferenz festzulegen, eventuell sollte auch an eine Vertretung gedacht werden (Ausfall durch Krankheit etc.).

Folgende Fragen sollte sich der Konferenzleiter vor dem anstehenden Termin beantworten:

- Wer nimmt teil?
- Wie ist die Stimmung für oder gegen bestimmte Positionen?
- Ist mit Störaktionen zu rechnen?
- Wer wird wie reagieren und was bedeutet das für den Diskussionsverlauf?
- Ist eine Abstimmung mit anderen Abteilungen notwendig?

Mögliche Störungen ausschalten

Zur optimalen Vorbereitung einer Konferenz gehört auch das *Ausschalten von Störfaktoren.* Bei der Sitzordnung ist darauf zu achten, dass Kontrahenten nicht unbedingt nebeneinander sitzen. Dies könnte dazu führen, dass im Plenum diskutiert wird, während die zwei ihre private Diskussion fortsetzen und nicht mehr auf den weiteren Verlauf der Konferenz achten. Es sollte auch klar sein, dass während der Konferenz niemand telefonisch erreichbar ist; dazu gehört auch die Bitte Handys auszuschalten. Gute Licht- und Luftverhältnisse sind unabdingbar, die Frage: Rauchen – ja oder nein? ist zu entscheiden. Alle Konferenzteilnehmer sollten sich gut sehen können.

Durchführung

Agenda mit Zeitvorgaben

Für die Konferenzdurchführung hat sich die Einhaltung eines bestimmten „Fahrplans“ als günstig erwiesen. Nach der *Begrüßung* aller Teilnehmer nennt der Konferenzleiter das Thema bzw. die Tagungspunkte. Dabei gibt er die Zeitspannen an, in denen das Tagungspensum zu bewältigen ist. Im Anschluss daran wird das Tagungsziel vorgestellt. Auf die Einhaltung des Konferenzplans, insbesondere der Zeitvorgaben, hat der Tagungsleiter während der gesamten Veranstaltung unbedingt zu achten.

Bei der Vorstellung von Thema, Problematik, Ziel ist wieder auf *Exaktheit* in der Beschreibung zu achten. Danach sollten Beispiele und Folgen der Thematik/des Problems beschrieben werden. Es empfiehlt sich, diesen einführenden Teil mit der nochmaligen Nennung des Ziels der Tagung zu beenden.

Lösungen finden

Ein sehr ergiebiger Weg, um Lösungsvorschläge für eine bestimmte Problematik zu gewinnen, ist das *Brainstorming:* Die Teilnehmer äußern spontan alle in den Sinn kommenden Gedanken, ohne dass – zunächst – an eine Bewertung dieser Einfälle gedacht wird. Die Lösungsvorschläge werden am besten auf vorbereitete Kärtchen geschrieben und in der Tischmitte gesammelt (vergleiche das Kapitel „Kreativtechniken“, Seite 45).

Nach erneuter Nennung des Ziels, das erreicht werden soll, beginnen die Teilnehmer die einzelnen Vorschläge zu sortieren und zu bewerten *(Evaluation).* Als untauglich angesehene Vorschläge werden aussortiert. Über die verbleibenden Vorschläge wird diskutiert, dann abgestimmt um zu einer Lösung zu gelangen. Durch die Abstimmung sind alle Teilnehmer an der Lösung der Problematik beteiligt.

Lösungswege umsetzen

Ist ein gangbarer Weg gefunden, wird ein *Durchführungsplan* aufgestellt. Dieser enthält alle Schritte, die zum Erreichen des Ziels führen – exakt formuliert, mit Zeitvorgaben und Nennung der verantwortlichen Personen. Eine stärkere Verbindlichkeit kann dadurch erzielt werden, dass der Durchführungsplan als separater Teil des Protokolls von allen Teilnehmern unterschrieben und somit akzeptiert wird.

Zielkontrolle

Schließlich muss sichergestellt sein, dass die Einhaltung der im Durchführungsplan festgelegten Schritte überprüft wird *(Zielkontrolle).* Diese Aufgabe lässt sich an bestimmte Teilnehmer delegieren. Das erfolgreiche Erreichen eines Ziels kann, zu Beginn der folgenden Konferenz verkündet, einen Motivationsschub auslösen.

KURZ GESAGT

Ablaufschema einer Konferenz

1. Begrüßung
2. Thema/Problematik nennen und definieren
3. Ziel formulieren
4. Zeitrahmen vorgeben
5. Thema und seine Folgen beschreiben
6. Ziel wiederholen
7. Brainstorming (oder andere Kreativtechnik) anwenden
8. Ziel wiederholen
9. Lösungsvorschläge im Plenum bewerten
10. Über Lösungsvorschläge abstimmen
11. Durchführungsplan aufstellen und verbindlich machen
12. Zielkontrolle nach Ablauf bestimmter Fristen

Der Konferenzleiter/ Diskussionsleiter

Gesteuerte Diskussionsformen

Der Leiter einer Konferenz ist die wichtigste Person. Denn sie stellt die Spielregeln auf, nach denen die Besprechung abläuft. Mehrere Möglichkeiten bieten sich an. Am weitesten verbreitet ist die *Diskussion nach Wortmeldungen*. Die Konferenzleitung notiert alle Wortmeldungen (Handzeichen) und erteilt in der Reihenfolge der Meldungen das Wort.

Die Alternative besteht darin, die Teilnehmer *der Reihe nach* ihre Gesprächsbeiträge machen zu lassen. Beide Varianten haben den Vorteil eines relativ geordneten und steuerbaren Gesprächsablaufs, aber auch den Nachteil, dass spontane Reaktionen ausgeschlossen werden.

Flexible Formen

Eine *flexiblere Form* erlaubt es, spontane Beiträge zuzulassen. Dies erfordert aber einiges Geschick auf Seiten des Konferenzleiters. Denn leicht gerät eine Diskussion aus der Kontrolle, besonders wenn sie emotional geführt wird, und ist dann schwer auf das Sachthema zurückzulenken.

Aufgaben des Konferenzleiters

Ein *erfolgreicher Tagungsleiter* wird auf die Einhaltung der Spielregeln achten. In erster Linie gehört dazu: alle zu Wort kommen lassen, die Zeitvorgaben einhalten, Vielredner bremsen oder unterbrechen, Emotionen auf die Sachebene lenken und damit eine sachliche, konstruktive Atmosphäre schaffen, bei Abschweifungen vom Thema auf das Ziel zurücklenken.

Waren Sie schon einmal in so einer langatmigen Konferenz, in der Sie dachten, wann nimmt denn das endlich ein Ende? Bei der Sie dachten, wie gut hätte ich in dieser Zeit dies oder das erledigen können, das mir doch so unter den Nägeln brennt? Denken Sie nach: Hat der Konferenzleiter auf der Einhaltung eines Zeitplans bestanden? Haben die vielen, bisweilen endlosen Diskussionsbeiträge ein Mehr an Information bewirkt? Oder hatte der Konferenzleiter Angst, jemandem auf die Füße zu treten, wenn er ihn unterbrochen hätte?

Unparteilichkeit ist erwünscht

Der erfolgreiche Tagungsleiter ist unparteiisch. Bei Besprechungen in kleinerer Runde beteiligt er sich jedoch bisweilen zwangsläufig an der Diskussion. Er sollte aber seine eigene Meinung zurückstellen und erst dann in die Diskussion einbringen, nachdem sich die Kollegen geäußert haben. Sonst wird der Leiter zum „Leithammel", dem viele blind folgen.

Meinungsführerschaft – ein Phänomen, das häufig auftritt, wenn der Konferenzleiter gleichzeitig der Vorgesetzte ist. Um hier gegenzusteuern, geben Vorgesetzte bisweilen den Konferenzvorsitz an andere ab. Es sollte dann jedoch klar sein, dass der Konferenzleiter, der auf der Einhaltung vereinbarter Spielregeln besteht, dadurch keine Nachteile hat.

Der gute Konferenzleiter fasst nach ungefähr 30 Minuten das Gesagte zusammen und weist immer wieder auf das Ziel hin. Er betont Gemeinsamkeiten der Diskussionsbeiträge, nicht gegensätzliche Meinungen. Er lässt Kritik an der Sache zu, niemals jedoch Kritik an Personen. Er zeigt, wenn nötig, Autorität und lässt sich nicht das Zepter aus der Hand nehmen.

Der Konferenzteilnehmer

Teilnehmer an Konferenzen sollten sich nicht nur auf die Konferenzleitung und deren Organisation verlassen; denn es geht um ein Thema, das für alle von Interesse und Wichtigkeit ist. Voraussetzung für eine erfolgreiche Konferenzteilnahme ist die *Vorbereitung*: Schauen Sie sich die Unterlagen an, die im Voraus ausgegeben wurden, tauschen Sie sich mit Kollegen aus, bilden Sie sich eine Meinung zu den einzelnen Punkten.

Vorbereitung

Eine Konferenz oder Dienstbesprechung ist keine Talkshow, in der ein paar Leute vor einem Publikum über ein Thema diskutieren. Wer unvorbereitet ist und deshalb nicht aktiv teilnehmen kann, darf sich hinterher nicht beschweren, wenn seine Interessen unberücksichtigt geblieben sind.

Der Konferenzteilnehmer sollte stets *gut zuhören*. Denn nur wer gut zuhören, das heißt zur Kenntnis nehmen kann, kann auf Argumente optimal eingehen, sie bestätigen oder widerlegen, die richtigen Beispiele finden.

Aufmerksam zuhören

Üben Sie gutes Zuhören! In unserer heutigen Zeit werden wir täglich mit so vielen Informationen überschüttet, dass wir uns nur noch retten können, indem wir abschalten. Wir wundern uns, dass wir jemandem etwas auftragen, er aber etwas ganz anderes macht. Wenn Sie darauf achten, genau zuzuhören, und sich das Gehörte sofort noch einmal vergegenwärtigen, werden Sie feststellen, dass Sie in Ihrer Arbeit effizienter werden, dass sich häufiges Nachfragen plötzlich erübrigt.

Deutlich sprechen

Wenn Sie sprechen, *sprechen Sie deutlich*, nicht zu schnell. Vielleicht hilft es Ihnen, wenn Sie erst einmal tief durchatmen und dann sprechen, wie das übrigens die meisten Redner tun, von denen man sagt, sie seien begnadete Redner. Langsameres Sprechen beruhigt außerdem, so verlieren Sie Ihre Sprechhemmungen. *Formulieren Sie* Ihre Beiträge so *exakt* wie möglich, denn nur was klar und deutlich formuliert ist, wird auch genauso verstanden. Es geht nicht darum, einen Wortbeitrag möglichst schnell hinter sich zu bringen, sondern verstanden zu werden. „Nuscheln“ verursacht oft unnötige Aggressionen. Wer undeutlich spricht, scheint nicht am Thema interessiert und erweckt den Anschein die Kollegen nicht sonderlich zu schätzen.

Nicht abschweifen

Bleiben Sie beim Thema! Jede Konferenz hat ein Ziel, auf das man sich konzentrieren sollte. Die Zeit ist zu kostbar, als dass man über dies und das auch noch sprechen könnte.

Was im Privatleben üblich ist, gilt auch für Konferenzen: Andere Teilnehmer sollten *nicht unterbrochen* werden. Schließlich beansprucht jeder für sich das Recht ausreden zu dürfen.

Auch wenn es schwer fällt: sachlich bleiben

Es bringt niemanden weiter, wenn jemand gehässige Bemerkungen macht, polemisch wird oder die Meinung anderer nicht akzeptiert, ohne plausible Gründe dafür vorbringen zu können. *Sachlich* und *taktvoll* zu *bleiben* fällt zwar manchmal schwer, besonders wenn die Wogen hochschlagen, sachliche Argumente sind aber am Ende immer die überzeugenderen. Es ist auch überzeugender, andere Meinungen sachlich zu entkräften, plausible Gegenbeispiele zu verwenden, statt jemandem über den Mund zu fahren. Sehr gut eignet sich die „Ja, aber-Technik“: *Sie haben von Ihrem Standpunkt aus gesehen Recht, in diesem speziellen Fall jedoch ...*

Problematische Teilnehmer

Grundtypen, denen man häufig begegnet

Der *Streiter* sieht in einer Diskussion keinen Austausch von Argumenten, sondern ein Schlachtfeld, auf dem er angreifen und sich verteidigen muss. Am besten begegnet man seinen Attacken mit Gegenfragen *(Wie würden Sie ...?)* oder man wendet die schon erwähnte „Ja, aber-Methode“ an. Hilft dies alles nicht, muss der Konferenzleiter versuchen ihn mit Hilfe der Gruppe zu isolieren.

Der *Arrogante* hat immer Recht, weiß alles besser, steht sowieso über allem. Auch hier ist die „Ja, aber-Methode“ die richtige Reaktion. Und: Akzentuieren Sie Ihren Standpunkt, halten Sie ihm Ihre Argumente entgegen.

Den (notorischen) *Frager* entwaffnet man mit gezielten Gegenfragen und der Einstimmung auf das Ziel.

Der *Misstrauische* braucht klare Argumente, Beispiele und Beweise. Er sollte nicht zu dem Eindruck gelangen, dass etwas verschwiegen wird.

Der *Unsichere* braucht Bestätigung. Nehmen Sie sich also Zeit, seine Beiträge gebührend zu würdigen, geben Sie ihm zu verstehen, dass sich das Engagement lohnt.

Der *Pedant* weiß, dass eine 1-Liter-Milchflasche üblicherweise mit genau 1,07821 Litern gefüllt ist. Die beste Reaktion: Recht geben. Die „Ja, aber-Methode" wird ihn besänftigen.

Der *Schwätzer* zieht Konferenzen in die Länge ohne neue Informationen beizutragen. Ihn sollte man konsequent auf Zeitlimits hinweisen, ihm andeutend sagen, dass seine Information schon angekommen ist. Er ist auf die Sache und das Ziel zurückzulenken. Schlimmstenfalls sollte ihn der Konferenzleiter einfach unterbrechen.

Der *Wiederholer („Wiederkäuer")* stört den Konferenzverlauf durch ständige Neuauflagen von bereits Gesagtem. Man sollte ihm sein Verhalten klarmachen und die Aufgabe zuteilen, nach Aufforderung durch den Diskussionsleiter Abschnitte zusammenzufassen.

Energisch durchgreifen – wenn nötig

Manchmal ist *konsequentes Durchgreifen* des Konferenzleiters erforderlich. Hierbei muss natürlich so verfahren werden, dass unbequeme Diskussionsteilnehmer nicht verärgert werden und die Veranstaltung platzen lassen. Sie sollten aber mit Nachdruck auf den Weg zum Ziel gebracht werden. Schließlich gelten die Spielregeln für alle Teilnehmer.

Die offizielle Verhandlung

Kompromiss als Ziel

In offiziellen Verhandlungen kommt es darauf an, verschiedene Standpunkte, Interessen u. ä. unter einen Hut zu bringen, einen Kompromiss zu erreichen. In der Regel stehen sich zwei Parteien gegenüber, die die unterschiedlichen Standpunkte repräsentieren. Den Hauptteil der Diskussion bestreiten in der Regel die Verhandlungsführer beider Seiten. Die Kompromisse werden durch schrittweise Annäherung ausgehandelt. Bei schwierigen Verhandlungen gibt es Unterbrechungsphasen, in denen sich beide Seiten zur internen Beratung zurückziehen, um die jeweiligen Kompromissvorschläge zu prüfen und zu entscheiden, ob zugestimmt oder abgelehnt wird.

Verhandlungen in großem Stil werden vor allem in Politik (Koalitionsverhandlungen) und Wirtschaft (Tarifauseinandersetzungen) geführt.

KURZ GESAGT

Ablaufschema einer offiziellen Verhandlung

1. Begrüßung
2. Thema und Ziel der Verhandlung nennen
3. Standpunkte beider Seiten darlegen
4. Standpunkte begründen
5. Gemeinsame Interessen (sog. Konsenspunkte) definieren
6. Jeweils Prioritäten setzen (was kann akzeptiert werden, was nicht)
7. Kompromissvorschläge machen
8. Beratungspause
9. Kompromisswürdigung durch beide Seiten (Zustimmung oder Ablehnung mit Begründung)
10. Neuer Kompromissvorschlag
11. Zweite Beratungspause
12. Kompromisswürdigung durch beide Seiten
13. Ergebnis oder Abbruch und Vertagung der Verhandlung

Moderationstechnik

Die Moderation ist eine Sonderform der Konferenzleitung (vergleiche hierzu Seite 195 f.). Ein Moderator (lat. „Lenker“) ist immer unparteiisch, nimmt nicht an der Diskussion teil. Er bevorzugt keine Richtung. Sein besonderes Augenmerk gilt der harmonischen Verbindung der Gesprächsbeiträge durch gezieltes Fragen. Er spricht alle Teilnehmer mit Namen an. Beispiel für eine Konferenz mit Moderationstechnik:

Aufgaben des Moderators

1. Der Moderator begrüßt die Anwesenden, nennt Thema und Ziel.
2. Der Moderator stellt gezielt Fragen zum Thema um das Gespräch in Gang zu bringen.
3. Er verbindet alle Redebeiträge und stellt sie in einen Zusammenhang.
4. Er betont dabei die Gemeinsamkeiten der Beiträge.
5. Er bittet um Beispiele und Erläuterungen, wenn nötig um Begründungen.
6. Er fasst zusammen und behält stets das Konferenzziel im Auge.
7. Er versöhnt unterschiedliche Standpunkte und lenkt zu einem akzeptablen Ergebnis.
8. Er kontrolliert den vorgegebenen Zeitrahmen und greift ein, wenn die Gefahr besteht, dass er nicht eingehalten wird.
9. Er achtet darauf, dass alle Teilnehmer zu Wort kommen.

Der Moderator darf sich auf keinen Fall dazu hinreißen lassen, einen Standpunkt oder eine Seite zu bevorzugen. Er verliert sofort seine Glaubwürdigkeit und wird seiner Rolle als unparteiischer Konferenzlenker nicht mehr gerecht werden können.

Zeitmanagement in Konferenzen

Viele Konferenzteilnehmer sind sich einig, wenn es darum geht, sich über lange, ineffiziente Konferenzen zu beschweren. Zeit hat keiner zu viel und zur Planung und Durchführung von Konferenzen gehört es dringend, sich über den Umgang mit der Zeit Gedanken zu machen.

Nach Festlegung der einzelnen Sachthemen ist daher abzuschätzen, wie lange die Behandlung dieser Themen voraussichtlich dauert. Um den gesamten Zeitbedarf zu ermitteln muss auch einige Zeit für die Diskussion einkalkuliert werden.

Zeitlimits einhalten

Der Konferenz- oder Diskussionsleiter wird dann beauftragt, genau auf die Zeitvorgaben zu achten und sie einzuhalten. Er wird auch die Diskussion über einen Punkt abbrechen, da gewöhnlich nach Ablauf einer bestimmten Zeit mit neuen Argumenten nicht mehr zu rechnen ist. Die Argumente sollten idealerweise in einem zeitlich begrenzten Brainstorming (siehe Kapitel „Ideen finden und entwickeln“, Seite 43 ff.) gefunden werden, nicht in einer Diskussionsrunde.

Bei der Vorbereitung einer Konferenz ist also Zeit genügend einzuplanen für:

Sachpunkte der Tagesordnung

1. Informationen zum Thema,
2. Meinungsaustausch über diese Informationen,
3. Ideenfindung (Argumente, Lösungsvorschläge),
4. Ideenbewertung,
5. abschließende Diskussion (mit Zeitlimit).

Je besser eine Konferenz organisiert ist, desto besser funktioniert auch die Zeitplanung. Wenn sich dann auch noch alle Beteiligten optimal auf die Tagung vorbereiten, dürfte es ein Leichtes sein, zeitliche Vorgaben einzuhalten.

10 HAUPTFEHLER BEI KONFERENZEN

1. Die Konferenz ist schlecht geplant und strukturiert.
2. Die Konferenz hat kein Ziel.
3. Die Konferenz wurde zu kurzfristig anberaumt.
4. Die Teilnehmer sind schlecht informiert oder schlecht vorbereitet.
5. Es gibt keinerlei Zeitbegrenzung.
6. Es gibt keine Diskussionsleitung.
7. Statt sachlicher Diskussion über Möglichkeiten der Problemlösung werden Schuldfragen geklärt.
8. Die Konferenz findet in einer emotional aufgeladenen Atmosphäre statt.
9. Die Konferenz wird zu einem Austragungsort für Konflikte.
10. Die Konferenz findet turnusgemäß statt, ohne dass ein Thema vorliegt.

10 TIPPS FÜR KONFERENZEN

1. Die Konferenz braucht einen Anlass.
2. Die Konferenz braucht ein klar definiertes Thema.
3. Die Konferenz braucht ein Ziel.
4. Alle Teilnehmer müssen rechtzeitig eingeladen und über das Thema informiert werden.
5. Es empfiehlt sich Rückmeldungen zur Einladung mit zu versenden (eventuell Raum für Fragen, Anregungen lassen).
6. Infomappen zur Vorbereitung auf das Konferenzthema werden mindestens eine Woche vor dem Termin verteilt.
7. Tagungspunkte sind vorher festzulegen.
8. Der Zeitrahmen muss abgesprochen und fixiert werden.
9. Räume und Hilfsmittel sind rechtzeitig zu organisieren.
10. Diskussionsleitung und Protokollführung werden festgelegt.

10 TIPPS FÜR DEN DISKUSSIONSLEITER

1. Der Diskussionsleiter stellt die Spielregeln für den Ablauf der Diskussion auf und achtet auf ihre Einhaltung.
2. Er lässt alle Teilnehmer zu Wort kommen.
3. Er lenkt Emotionen auf die Sachebene.
4. Er behält die Übersicht in schwierigen Phasen und lenkt bei Abschweifungen auf das Thema zurück.
5. Er hält rigoros den Zeitplan ein.
6. Er bleibt unparteiisch, seine Funktion ist die des Vermittlers.
7. Er lässt Kritik an der Sache zu.
8. Kritik an Personen lässt er nicht zu und wehrt sie ab.
9. Er betont Gemeinsamkeiten.
10. Er gibt die Diskussionsleitung niemals ab.

PRAXISTEIL

Einstufungstests und Trainingsprogramme

Mark Twain sagte: *„Rhetorik ist deshalb ein Problem, weil es schwierig ist, gleichzeitig zu reden und zu denken. Politiker entscheiden sich meistens für eines von beiden."*

Aber natürlich stellt die Rhetorik nicht nur für Politiker eine schwierige Kunst dar. Die nun folgenden Tests und Übungen sollen Ihnen helfen bereits vorhandene rhetorische Fähigkeiten festzustellen, zu entwickeln und zu festigen. Erkennen Sie Ihr persönliches Rednerprofil und lernen Sie dadurch, mit Ihren eigenen Ängsten als Redner besser umzugehen!

Die Beurteilungsbögen und Checklisten bieten Hilfestellung bei der Vorbereitung Ihrer Rede, einer Diskussion oder Verhandlung.

Lösungsvorschläge zur eigenen Lernkontrolle finden Sie am Ende dieses Kapitels.

Sollte Ihnen die eine oder andere Übung nicht auf Anhieb gelingen, dann mag Ihnen Wilhelm Buschs Ausspruch Trost und Stütze sein: *„Ein Dichter wird geboren, ein Redner wird gemacht."* Üben Sie folglich fleißig, der Erfolg wird sich dann im „Ernstfall" einstellen.

Selbstanalyse – Selbsteinstufung

Redeanlässe und Redeerfahrung

Welche Anlässe für Reden, glauben Sie, gibt es?
Tragen Sie hier alle Redeanlässe ein, die Ihnen einfallen:

1 ______________________________

2 ______________________________

3 ______________________________

4 ______________________________

5 ______________________________

6 ______________________________

7 ______________________________

8 ______________________________

9 ______________________________

10 ______________________________

Mithilfe der Liste auf Seite 207 können Sie weitere Redeanlässe finden. Die Fragen helfen Ihnen, sich über Ihre Redeerfahrungen und Redeschwierigkeiten klar zu werden.

Welche Redeanlässe und -formen sind für Sie relevant?

	JA	NEIN		JA	NEIN
Abschied			Motivation		
Angriff			Neujahrsrede		
Anklage			Parlamentsrede		
Aussprache			Politische Rede		
Begrüßung			Präsentation		
Beschwerde			Pressekonferenz		
Besichtigung			Produktvorstellung		
Beurteilung			Referat		
Dank			Reiseleitung		
Diskussion			Schulabgang		
Diskussionsleitung			Seminareröffnung		
Empfang			Stegreifrede		
Fachreferat			Tagung		
Geburtstag			Trauerrede		
Grundsteinlegung			Verkauf		
Grußwort			Verkaufstraining		
Hochzeit			Verteidigung		
Jahresbericht			Vorlesung		
Jubiläum			Vorstellung		
Konferenzeröffnung			Vortrag		
Kritik			Werbung		

Welche Redeformen *müssen* Sie beherrschen?

Mit welchen Redeformen hatten Sie bereits Erfahrung?

Welche Schwierigkeiten traten bei diesen Reden auf?

Nennen Sie drei Rednerinnen oder Redner, die Sie wegen ihrer Redekunst bewundern, die Ihrer Meinung nach sehr gut Reden halten können:

Was macht das Besondere bei diesen Rednern bzw. Rednerinnen aus?

Ihr psychisches Rednerprofil

Beantworten Sie folgende Fragen:

	SEHR OFT	MANCH-MAL	NIE
1. Sind Sie vor einer Rede nervös?			
2. Haben Sie Angst, sich zu blamieren?			
3. Haben Sie Angst vor Kritik?			
4. Zweifeln Sie an Ihrer Fachkenntnis?			
5. Denken Sie, Sie könnten sich nicht gut ausdrücken?			
6. Ist es Ihnen peinlich, einen Akzent zu haben oder Dialekt zu sprechen?			
7. Geraten Sie in Panik, wenn Sie stecken bleiben?			
8. Fühlen Sie sich unwohl, wenn Sie vor anderen Menschen sprechen müssen?			
9. Machen Ihnen technische Pannen etwas aus?			
10. Stehen Sie ungern im Rampenlicht?			
11. Denken Sie, Sie seien uninteressant?			
12. Haben Sie ein ungutes Gefühl, wenn wenn Sie Zuhörerfragen beantworten müssen?			
13. Haben Sie überhaupt Angst vor dem Unbekannten?			
14. Würden Sie sich am liebsten vor dem Reden drücken?			

Je mehr Fragen Sie mit *SEHR OFT* beantwortet haben, desto unsicherer sind Sie, wenn Sie eine Rede halten müssen. Doch keine Bange! Dieses Buch enthält eine Fülle von Empfehlungen, die Ihnen helfen, Ihre Unsicherheit in den Griff zu bekommen.

Beachten Sie die Anmerkungen und Kurztipps auf der Folgeseite. Die Seitenzahlen in der rechten Spalte verweisen auf ausführliche Erläuterungen.

Ihr psychisches Rednerprofil – Anmerkungen zu den Fragen auf Seite 209

	siehe Kapitel Seite:
1. Nervosität vor einer Rede ist normal. Alle großen Redner und Rednerinnen werden Ihnen das bestätigen.	36 ff.
2. Warum haben Sie Angst vor einer Blamage? Sie haben sich doch gründlich auf das Thema vorbereitet.	38
3. Zwei Menschen sehen den gleichen Sachverhalt mit verschiedenen Augen. Es liegt an Ihnen und an Ihren Argumenten, welche Sichtweise sich durchsetzt.	66 ff.
4. Jedes Thema birgt Überraschungen. Doch mit Ihrer gründlichen Vorbereitung sollte nichts schief gehen.	39 ff.
5. Formulieren Sie klar und exakt, damit Sie die Zuhörer klar und exakt verstehen. Das ist wichtiger, als nur „schön“ zu sprechen.	84 f.
6. Haben Sie schon einmal einen Bayern, Schweizer oder Österreicher getroffen, denen der Akzent peinlich gewesen wäre? Eine sprachliche Klangfärbung weckt Sympathie, solange Sie sich bemühen, deutlich zu sprechen.	86
7. Das kann jedem passieren. Ein übersichtliches Redemanuskript hilft Ihnen schnell wieder auf die Sprünge.	98 ff.

	siehe Kapitel Seite:
8. Vor vielen sprechen zu müssen, ist immer eine unangenehme Situation. Ihre Zuhörer sind aber gekommen um Sie sprechen zu hören und weil Ihr Thema sie interessiert, keinesfalls jedoch um Sie fertig zu machen.	41 ff.
9. Kontrollieren Sie alle technischen Hilfsmittel vor Ihrer Rede. Wenn zwischendurch der Strom ausfällt, wird man das nicht Ihnen anlasten.	88, 90
10. Denken Sie daran, dass das Publikum Ihretwegen gekommen ist. Sie müssen sich nicht verstecken.	105 ff.
11. Es ist nicht immer leicht ein Thema interessant zu behandeln. Arbeiten Sie mit Bildern, Grafiken, Dias etc. um trockenen Stoff interessanter, anschaulicher zu machen.	80 ff.
12. Zuhörerfragen können sehr überraschen. Wenn Sie nicht gleich antworten können, bieten Sie an die Antwort „nachzuliefern“.	95 f.
13. Niemandem ist das Unbekannte geheuer. Doch es bietet unzählige Chancen, die oft mehr Gewinn bringen als das Altbekannte.	--
14. Es gibt Situationen, in denen man sich nicht drücken kann und soll. Nutzen Sie Ihnen unangenehme Situationen als persönliche Chance.	--

Persönliche Stärken und Schwächen

Jeder Mensch hat seine Stärken und seine Schwächen. Das ist ganz normal.

Überlegen Sie fünf Minuten lang, was Ihre Stärken und Schwächen sind, und tragen Sie das Resultat hier ein.

Meine Stärken:	Meine Schwächen:

Ihre Stärken setzen Sie vielleicht schon ein um Ihren Zielen näher zu kommen. Ihre Schwächen können Sie – wenn Sie sie kennen – ebenso positiv nutzen. Suchen Sie einfach in diesen Schwächen die starken Seiten.

Beispiel:
Schwäche: Sie sind nervös.
Starke Seite: Die Aufregung gibt Ihnen Energie und Wachheit und setzt Kreativität frei. Schauspieler behaupten, nur dann gut zu spielen, wenn Sie starkes Lampenfieber haben.

Selbsttraining

Übungen zu Definition und Beschreibung

Exaktes Beschreiben will trainiert sein. Es folgen deshalb einige Übungen, die Sie allein oder mit anderen zusammen durchführen können.

Allein durchzuführen
Definieren Sie folgende Begriffe, ohne dabei den Begriff selbst zu nennen. Schreiben Sie Ihre Definition auf und überprüfen Sie am nächsten Tag, ob Sie mit Ihrer Begriffserklärung noch zufrieden sind.

Was ist
- eine Zigarette?
- ein Blindenhund?
- ein Fließband?
- ein Aktenvermerk?
- ein Mobiltelefon?
- ein Sektflaschenverschluss?
- ein Fotokopiergerät?
- ein Mannequin?
- Essen auf Rädern?
- ein Rhetorikbuch?

In einer Gruppe können Sie diese Übung auch als Ratespiel durchführen. Die anderen müssen dann jeweils den definierten Begriff erraten.

Mit einem Partner durchzuführen

Ihr Partner benötigt Papier und Stift. Sie versuchen, eine der folgenden Skizzen so exakt wie möglich zu beschreiben ohne dabei Gestik und Mimik einzusetzen. Ihr Partner darf nachfragen, aber nicht Ihre Skizze sehen. Er soll anhand Ihrer Beschreibung die Figuren, die Sie beschreiben, aufzeichnen. Je exakter Ihre Beschreibung, desto exakter wird die Reproduktion dem Original gleichen.

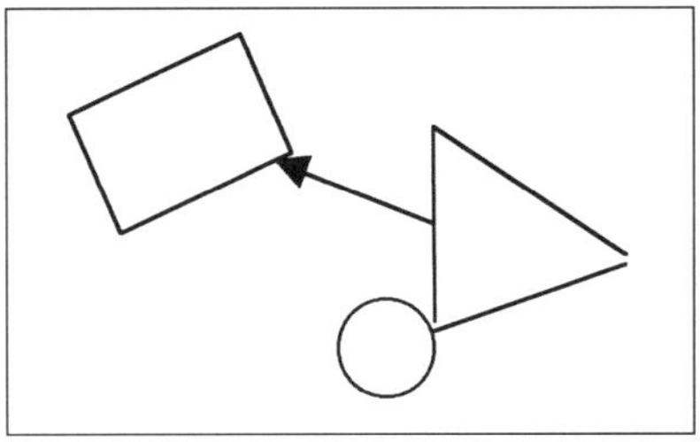
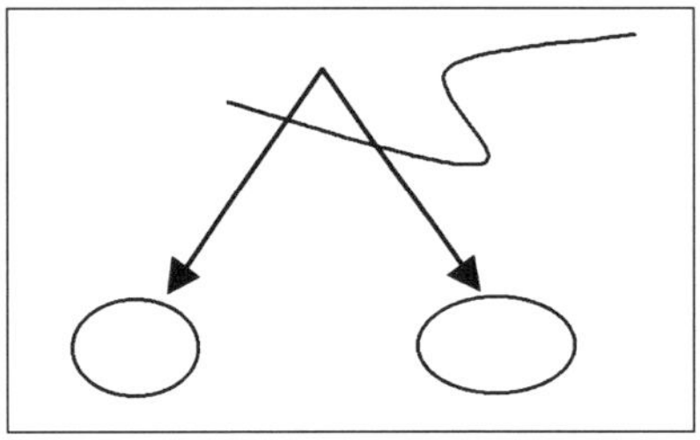
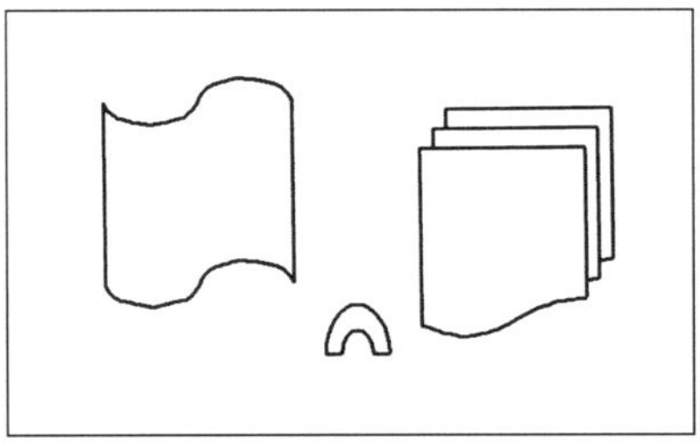
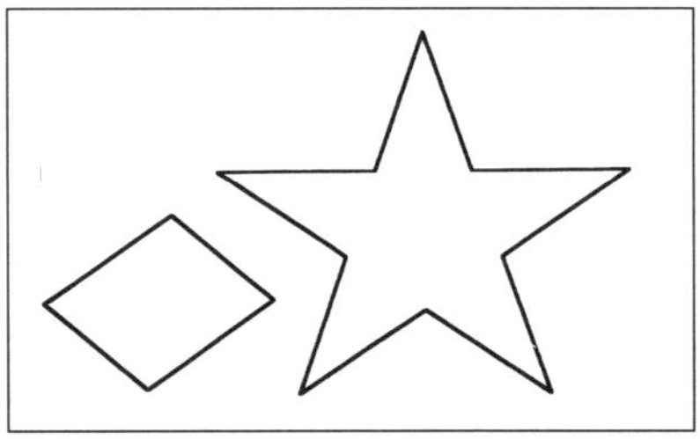
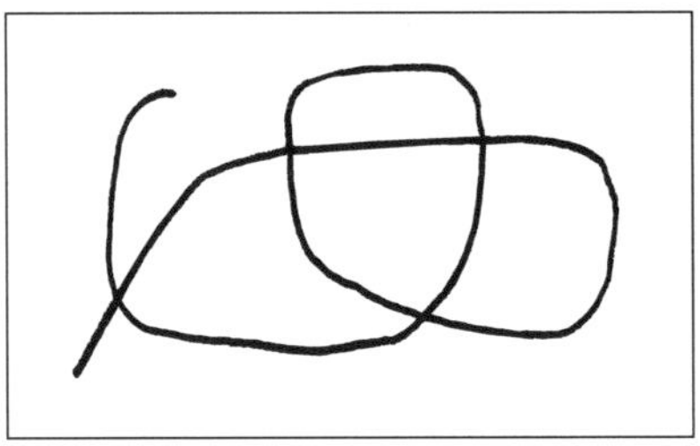
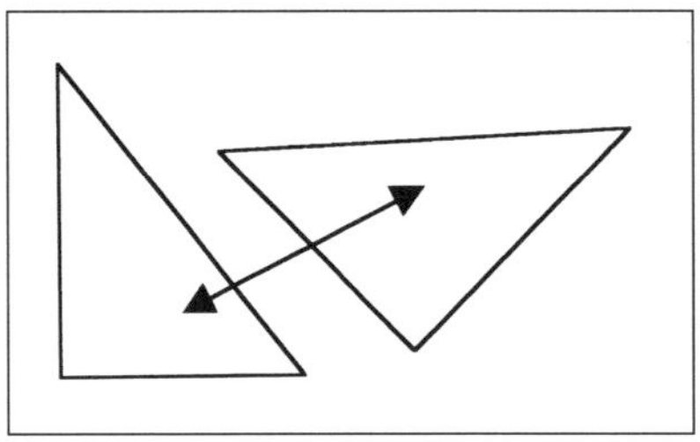

In Gruppen durchzuführen

Ein Gruppenmitglied beschreibt dem Nachbarn zur Linken, wie ein Gerät funktioniert, z. B. eine Kamera, ein Fotokopierer, eine Kaffeemaschine. Dieser gibt die gehörte Beschreibung an die dritte Person weiter, diese wiederum an die vierte usw., bis die

Beschreibung einmal reihum durch die ganze Gruppe gegangen ist. Dann wird die erste Beschreibung mit der letzten verglichen. Dieses Trainingsspiel funktioniert am besten, wenn relativ unbekannte Geräte oder Vorgänge beschrieben werden, z. B. das Lieblingskochrezept, ein ausgefallenes Zeichenprogramm für den Computer, die Abseitsregel im Fußball etc.

Üben Sie sich im Definieren, wann immer sich eine Gelegenheit dazu bietet. Hören Sie im Autoradio die Nachrichten und versuchen Sie, Fremdwörter und Fachausdrücke, die Sie wahrnehmen, genauestens in ihrer Bedeutung zu beschreiben.

Sammeln Sie Adjektive (Eigenschaftswörter); denn Adjektive sind für genaue Definitionen unerlässlich. Auch das lässt sich trainieren, indem Sie bei jeder Gelegenheit Adjektive zu einer Person oder zu einem Gegenstand sammeln – beispielsweise zu einem Politiker, der in den Nachrichten genannt wurde, zu einem Land, über das berichtet wurde, zu Informationen, die Sie besonders aufgeregt oder die Sie positiv angesprochen haben. Sie werden merken, wie sich nicht nur Ihr Wortschatz vergrößert, sondern auch Ihre Fähigkeiten, exakt zu beschreiben, sich verbessern.

Konzentrationsübungen

Hektik und Termindruck führen oft dazu, dass wir alles, was wir tun, schnell und oberflächlich ausführen. Dabei passieren leider nicht selten Flüchtigkeitsfehler, die bewirken, dass man alles noch einmal von vorne machen muss und dabei noch hektischer wird wegen der knapper werdenden Zeit.

Gerade bei Reden sollten Sie jedoch so konzentriert sein wie möglich, allein schon um nicht durch allzu viele Versprecher, durch Steckenbleiben, Blackouts oder durch Fehlleistungen als unvorbereitet oder gar als nicht genügend kompetent für das Thema angesehen zu werden.

Einige Konzentrationsübungen sollen Ihnen helfen sich zu beruhigen und Ihre Kräfte und Gedanken zu sammeln.

Allein durchzuführen

a) Der Spirale folgen

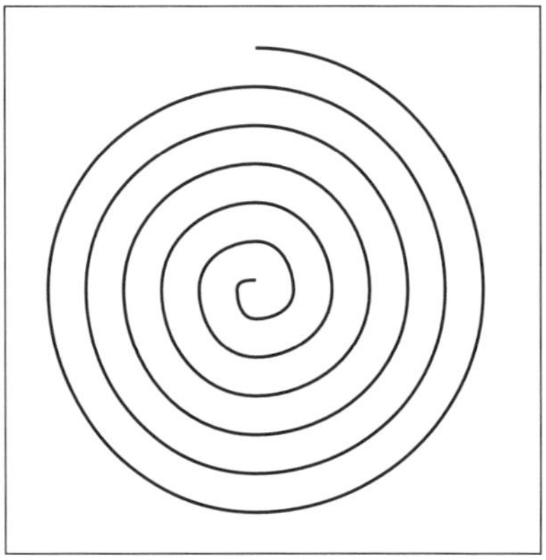

Blicken Sie konzentriert auf den äußeren Endpunkt der Spirale. Dann folgen Sie langsam mit Ihren Augen der Spirallinie, bis Sie den inneren Endpunkt erreicht haben. Folgen Sie der Linie so langsam wie möglich. Diese Übung können Sie immer durchführen, bevor Sie konzentriert sein müssen.

b) Farben vorstellen

Setzen Sie sich bequem in einen Sessel und schließen Sie Ihre Augen. Verharren Sie so einen kleinen Moment und fühlen Sie Ihre Beine und Arme, versuchen Sie sich vorzustellen, wie Ihre Beine und Arme schwer werden. Dann stellen Sie sich in Ihrem rechten Auge z. B. die Farbe Hellblau vor. Konzentrieren Sie sich nur auf diese Farbe, bis Sie Ihnen klar vor Ihrem rechten Auge erscheint. Danach stellen Sie sich in Ihrem linken Auge z. B. die Farbe Grasgrün vor und verfahren wie zuvor. Es folgen mindestens vier weitere Farben (gelb, rot, orange, weiß). Schütteln Sie Ihre Arme und Beine aus und öffnen Sie Ihre Augen. Nach dieser Übung beginnen Sie mit Ihrer Arbeit.

c) Körperteile fühlen

Auch bei dieser Übung nehmen Sie eine bequeme Position in einem Sessel ein, schließen die Augen und beginnen sich nach und nach auf Ihre Körperteile zu konzentrieren. Beginnen Sie mit Ihren Füßen und enden Sie mit Ihrem Kopf. Bleiben Sie so lange bei jedem Körperteil, bis Sie merken, wie das entsprechende Körperteil stärker durchblutet wird. Erst dann gehen Sie zum nächsten weiter. Am Ende der Übung schütteln Sie Ihre Arme und Beine aus und öffnen Ihre Augen.

Konzentrationsübungen in der Gruppe

d) Yin – Yan (mindestens 6 Mitspieler)

Alle Mitspieler sitzen im Kreis. Eine Person beginnt das Spiel. Es gibt drei Möglichkeiten:

1. Sie legen die rechte Hand auf Ihren Kopf (die Finger zeigen dann auf Ihren linken Nachbarn) und sagen „Yin". Der linke Nachbar muss dann sofort weitermachen. Legt er seine linke Hand auf den Kopf, dann wäre natürlich der rechte Nachbar an der Reihe.
2. Sie halten die rechte Hand unter Ihr Kinn und sagen „Yan". Da Sie so auf den linken Nachbarn zeigen, muss er weiterspielen (entsprechend linke Hand – rechter Nachbar).
3. Sie zeigen direkt auf einen Mitspieler und schweigen dabei. Der Betreffende muss weitermachen.

Im Verlauf des Spiels kommen natürlich alle drei Varianten zum Einsatz. Wer einen Fehler macht, scheidet aus. Dieses Spiel fördert die Konzentration und koordiniert das Denken.

e) Annas Katze ist alt

Beginnen Sie das Spiel mit dem Satz „Annas Katze ist alt". Der nächste in der Reihe wiederholt diesen Satz, Name und Eigenschaft der Katze beginnen nun aber mit „B". Der dritte Mitspieler formuliert einen Satz mit „C" usw.

Beispiel:

Annas Katze ist **a**lt – **B**ertas Katze ist **b**öse – **C**ecilies Katze ist **c**harmant – **D**oras Katze ist **d**ick usw. Je schneller Sie die Sätze formulieren, desto größer ist die Konzentration.

f) Spinnennetz mit Bällen

Alle stehen im Kreis. Der Spielleiter hat mehrere (6–7) weiche Bälle. Er wirft den ersten Ball einer Mitspielerin zu. Diese wirft ihn zu einer weiteren usw. Alle müssen sich genau die Reihenfolge der Würfe merken. A wirft den Ball zu H, H wirft zu D, D wirft zu C, C zu F, F zu B ... und E wieder zu A. Diese Reihenfolge muss auch für die folgenden Bälle eingehalten werden. Am Ende fliegen alle Bälle gleichzeitig zwischen den Mitspielern hin und her ohne auf den Boden zu fallen. Das Spiel verlangt äußerste Konzentration.

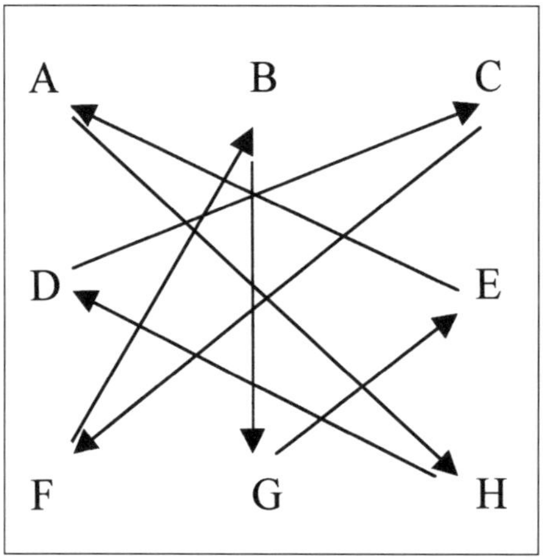

Alle Bälle werden in der gleichen Reihenfolge geworfen.

Atemübungen

Übung 1:
Tief einatmen – Luft anhalten – ausatmen.
Haben Sie sich die Lungen vollgepumpt, sodass sich Ihr Brustkorb mächtig wölbte? Dabei den Bauch eingezogen? Das war falsch, denn Ihr Zwerchfell drückte in Richtung Lungen, weil Sie den Bauch eingezogen haben. Folge: weniger Lungenvolumen und damit weniger Sauerstoffaufnahme. Besonders Männer atmen gerne falsch und verringern ihr Lungenvolumen, indem sie den Bauch einziehen.

Übung 2:
Hände über dem Bauch falten – durch die Nase tief in den Bauch einatmen – dann kurz einhalten – langsam durch den Mund (und die Nase) ausatmen.
Konnten Sie spüren, wie sich Ihr Bauch beim Einatmen wie eine Kugel nach außen drückte und beim Ausatmen wie ein Blasebalg

zusammenschrumpfte? Wenn nicht, wiederholen Sie diese Übung, bis Sie den Blasebalg-Effekt „spielend" beherrschen. Sie sollten die Sauerstoffaufnahme quasi bis in die Lenden spüren. Dann atmen Sie richtig. Denn beim Einatmen drückt das Zwerchfell nach unten, die Lunge bekommt viel Platz für Sauerstoff. Und beim Ausatmen drückt das Zwerchfell nach oben in den Lungenraum, sodass viel verbrauchte Luft aus den Lungen gedrückt wird. Folge für den Redner: Er hat einen langen Atem, die Stimme „flattert" nicht, sondern klingt fest und sicher. Üben Sie deshalb diese Bauchatmung, bis Sie sie beherrschen.

Übung 3:
Fester Stand – trotzdem bequem fühlen – dann einatmen (natürlich über den Bauch!) und sich vorstellen, es wird hell im Bauch – beim Ausatmen wieder dunkel werden lassen.

Wenn Sie sich genauer mit richtigem Atmen befassen möchten, sollten Sie zu einschlägigen Fachbüchern greifen. Praktische Erfahrung können Sie in speziellen Kursen zur Atemtechnik sammeln. Sie werden in vielen Orten durch Volkshochschulen angeboten.

Merktechniken – Übungen zum besseren Behalten

Testen Sie Ihre Merkfähigkeit. Lesen Sie folgende 15 Begriffe. Warten Sie ca. 20 Sekunden und schreiben Sie dann alle Begriffe, die Sie sich gemerkt haben, auf:
Stuhl – Buch – Katze – Eierbecher – Nagel – Krawatte – Huhn – Bleistift – Aquarium – Briefmarke – Bügeleisen – Garten – Lanze – Vogel – Kuchen

Erfolgreich? Wenn Sie sich mehr als acht Begriffe gemerkt haben, womöglich in der richtigen Reihenfolge, dann haben Sie schon eine Merktechnik angewandt. Wenn nicht, versuchen Sie doch einmal sich die Begriffe in einem Bild vorzustellen:

Auf dem Stuhl liegt ein Buch. Darauf liegt eine Katze, die auf den Eierbecher schaut, den sie mit ihren Krallennägeln heruntergeworfen hat. Die Katze trägt eine Krawatte und beobachtet das Huhn, das mit einem Bleistift auf dem Aquarium balanciert usw.

Auf ein Neues: Stellen Sie sich bei den folgenden 15 Begriffen solch eine Geschichte vor. Warten Sie nach dem Lesen wieder etwa 20 Sekunden und notieren Sie dann alle Begriffe, die Sie behalten haben. Noch ein Tipp: ***Je ungewöhnlicher Ihre Geschichte, desto besser prägen sich die Begriffe ein!***

Fernglas – Gummibaum – Kanarienvogel – Walnuss – Krokodil – Handtasche – Ritter – Schokolade – Rose – Zeitung – Fliege – Boot – Schnaps – Birne – Rechnung

Geübte Freiredner merken sich ihre Inhaltspunkte, indem sie diese mit verschiedenen Gegenständen des Raumes, in dem sie sprechen, in Verbindung bringen. Die ungewöhnliche Merkgeschichte besteht also aus Utensilien, die mit dem Redeinhalt verknüpft werden. Während der Rede werden die einzelnen „Stationen" gedanklich nach und nach „besucht" und somit der Inhalt der Rede erinnert.

Namen merken

Bei Gesprächen haben Sie viele Vorteile, wenn Sie die Namen Ihrer Gesprächspartner kennen. Erkundigen Sie sich wie die Beteiligten heißen, fragen Sie vor Beginn des Gesprächs noch einmal nach, wenn Sie den (die) Namen nicht wissen.

Nicht nur Begriffe, auch Namen lassen sich am besten behalten, wenn sie mit einem Bild verknüpft werden.

Herr Otto hat vielleicht einen runden Bauch, wie ein O, Frau Wahrig sagt die Wahrheit, Herr Ludewig erinnert, in Ihrem Geiste mit Perücke und Purpurmantel ausgestattet, an den Sonnenkönig Ludwig XIV., Herr Kanther reimt sich auf Panther. Auch hier gilt:

Je ungewöhnlicher und fantastischer die Kombination, desto besser die Merkfähigkeit.

Aber Vorsicht: Wer sich Frau Riege mit *Ziege* merkt, läuft Gefahr, sie wirklich einmal mit *Frau Ziege* anzusprechen, was dann Ihre Position im Gespräch nicht gerade verbessern würde.

Die Kunst des Zuhörens trainieren

Wie oft regt man sich auf, weil man jemandem etwas erzählt und dabei den Eindruck gewinnt, er höre nicht richtig zu. „Du hörst mir ja gar nicht zu!", ist einer der Standardsätze in verbalen Auseinandersetzungen. „Das habe ich doch gar nicht gesagt!", kann auch die Kritik darüber zum Ausdruck bringen, dass der Gesprächspartner nicht richtig zugehört hat.

Wer richtig zuhören kann, vermeidet Streit und Missverständnisse. Wer richtig zuhören kann, wird angemessen antworten können, wird sich mit den Argumenten des Gesprächspartners besser auseinandersetzen können.

Gute Zuhörer sind geschätzte Leute. Denn sie vermitteln dem Sprecher den Eindruck ihn anzuerkennen und zu verstehen. Damit gibt der gute Zuhörer dem Sprecher ein Sicherheitsgefühl. Doch gutes Zuhören muss trainiert werden.

Folgende Trainingsaktivitäten sollen Ihnen dabei helfen.

a) Geräusche interpretieren

Schließen Sie die Augen und achten Sie bewusst etwa fünf Minuten lang auf die Geräusche, die Sie wahrnehmen. Versuchen Sie die Geräusche zu interpretieren *(Das ist ein vorbeifahrendes Motorrad, die Bohrmaschine des Nachbarn usw.).* Sie werden feststellen, wie viel Ihnen normalerweise in Ihrem Umfeld entgeht.

b) Letzten Satz wiederholen

Für dieses Spiel brauchen Sie einen Partner. Beginnen Sie mit einem Satz, der der Beginn einer Geschichte sein könnte: *Susanne saß gerade in der Badewanne.* Ihr Partner muss den letzten Satz wiederholen und einen neuen anfügen: *Susanne saß gerade in der Badewanne. Da klopfte es plötzlich an der Tür.* Dann wieder Sie: *Da klopfte es plötzlich an der Tür. Susanne bekam einen Riesenschreck ...* Je ausgefallener sich Ihre Geschichte weiterspinnt, desto mehr Spaß werden Sie dabei haben.

c) Den Sprecher bestärken

Gute Zuhörer bestärken den Sprecher in ihrer Erzählung. Dies bewirken sie durch Floskeln wie *Tatsächlich?!, Wunderbar, Kaum zu glauben, Also so was, Erzählen Sie weiter!* etc. Auch das berühmte *Hm, hm* gehört in diese Kategorie. Wenn Sie wieder einmal jemandem zuhören, versuchen Sie doch einmal ganz bewusst, solche *Bestärkungsfloskeln* einzubringen (aber bitte: Nicht übertreiben!). Sie werden sehen, wie Ihr Gesprächspartner immer offener und gesprächiger wird. Denn mit Ihren Floskeln haben Sie Interesse gezeigt und das Gefühl vermittelt, den Gesprächspartner ernst zu nehmen.

Mimik und Gestik trainieren

Waren Sie schon einmal in einem Mittelmeerland? Man sagt, die Leute dort sprechen mit Händen und Füßen. Wahr an diesem Klischee ist, dass der Einsatz von *Mimik* (Blick, Gesichtsausdruck) und *Gestik* (Handbewegung) in den Südländern wesentlich ausgeprägter ist als in Mitteleuropa. Aber auch wir können körpersprachliche Mittel einsetzen um unsere Worte visuell zu unterstützen. Dazu ein paar Grundregeln:

Versuchen Sie einen freundlichen Gesichtsausdruck zu zeigen. Sie müssen nicht die ganze Zeit lächeln, aber das ängstliche Dreinblicken einiger unsicherer Redner muss auch nicht sein. Üben Sie zu Hause vor einem Spiegel, bis sie den Eindruck haben freundlich und einladend zu wirken. Aber Vorsicht! Gekünstelte Freundlichkeit kann unfreiwillig in Komik umschlagen.

Heben Sie Adjektive durch Gestik hervor. Für „groß“ oder „klein“ machen Sie die entsprechende Armbewegung. Zentrale Aussagen „unterstreichen“ Sie mit der rechten oder linken Hand.

Gehen Sie sparsam um mit Ihrer Gestik, unterstützen Sie nur wichtige Details. Wildes, unkontrolliertes Herumfuchteln mit den Armen würde lächerlich wirken und/oder Nervosität bei den Zuhörern erzeugen.

Vermeiden Sie Barrieren. Verschränkte Arme, Daumen an den Hosenträgern, geballte Fäuste wirken auf die Zuhörer nicht gerade einladend.

Übung:

Wählen Sie kürzere Zeitungs- oder Illustriertentexte aus, lesen Sie sie und setzen dabei möglichst viel Gestik und Mimik ein. Wenn Sie eine Videokamera haben, bitten Sie Ihren Partner Sie dabei zu filmen. So können Sie hinterher Ihre Wirkung auf den Zuhörer selbst kontrollieren. Bei Ihren ersten Übungen sollten Sie ruhig etwas übertreiben, nehmen Sie aber später die Übertreibungen nach und nach zurück. Denn ***Ihre Gestik soll nicht aufgesetzt oder theatralisch, sondern natürlich wirken.***

Übungstext (mit möglichst viel Gestik und Mimik zu lesen):
Es war einmal ein alter Mann. Der hatte drei Söhne. Die rief er zu sich und sprach: „Hört, meine drei Söhne. Ich bin jetzt alt und gebrechlich. Darum will ich euch alles schenken, was ich habe.“ Und er gab jedem einen Batzen Geld.

Der erste Sohn kaufte sich davon ein großes, schönes Haus auf einem kleinen Berg, ganz oben auf dem Gipfel. Von dort hatte er einen wunderschönen Blick hinunter ins Tal, auf die kleinen Häuschen der Talbewohner.

Der zweite Sohn flog in die Karibik. Er freute sich über die strahlende Sonne, das blaue Meer, die hohen Palmen und die runden Kokosnüsse.

Der dritte Sohn kaufte sich ein Fahrrad, mit dem er um die weite Welt radelte. In Italien fand er eine wundervolle Frau, die er schon nach kurzer Zeit heiratete. Bald schon war er stolzer Vater von zwei Söhnen und drei Töchtern.

Alle drei Söhne waren glücklich und zufrieden, denn: Von dem Geld des Vaters wussten nur sie, der Finanzminister streckte seine Hände noch lange vergeblich aus.

Die Stimme gezielt einsetzen

Die beste Rede kann beim Publikum nicht ankommen, wenn sie monoton vorgetragen wird. Sie haben das sicher schon erlebt: Ein Redner, der zu leise und undeutlich spricht, wirkt eher einschläfernd als Interesse weckend.

Von Natur aus hat jeder Mensch sein Stimmorgan mitbekommen, das er auf flexible Weise nutzen kann: Lautstärke und Sprechtempo variieren, betonen, akzentuieren, Melodie erzeugen usw. Nutzen Sie Ihre Fähigkeiten!

Schon Martin Luther sagte: *Machs Maul auf. Sprich frei raus!* Also: Zähne auseinander und Wort für Wort bewusst artikulieren. Gerade in Konferenzräumen mit schlechter Akustik kommt es darauf an, keine Endsilben zu verschlucken, harte und weiche Buchstaben zu unterscheiden. Gute Artikulation schont die Stimme und reduziert Ihre Sprechgeschwindigkeit auf ein Maß, dem alle besser folgen können.

Werden Sie bei wichtigen Punkten lauter oder so leise, dass die Zuhörer meinen, ein Geheimnis zu verpassen, wenn sie jetzt nicht aufmerksam sind. Behalten Sie nie die gleiche Lautstärke während des gesamten Vortrags bei.

Laut sprechen lernen

Es gibt Leute, die in jeder Situation sehr leise sprechen. Das ist aber nur eine Gewohnheit, denn auch bei diesen Menschen ist das Stimmorgan normal ausgebildet.

Stellen Sie sich einen Punkt am entgegengesetzten Ende des Vortragsraumes vor. Versuchen Sie sich beim Reden auszumalen, wie Ihre Stimme sich durch den Raum bewegt, bis sie an diesem Punkt ankommt. Jetzt verstärken Sie Ihre Stimme, damit sie wirklich den gedachten Punkt erreichen kann. Sie werden überrascht sein, dass auch Sie plötzlich laut sprechen können.

Themen zum Redetraining

Reden lernt man bekanntlich nur durch Reden. Trainieren Sie also Ihre Redefähigkeiten, indem Sie Vorträge zu mehreren Themen ausarbeiten und, wenn möglich, vor Freunden oder Bekannten halten.

1. Die Bedeutung des Sports in der heutigen Zeit
2. Geschwindigkeitsbegrenzung auf den deutschen Autobahnen
3. Soll Rauchen in öffentlichen Gebäuden verboten werden?
4. Leben Vegetarier gesünder?
5. Ein vereintes Europa – Gefahr oder Chance?
6. Lobrede auf meinen Chef
7. Warum ich meinen Beruf mag
8. Mein Lieblingstier
9. Ein unvergessliches Urlaubserlebnis
10. Wohin mit den vielen Autos in unseren Städten
11. Nutzt Kritik oder schadet sie?
12. Was können wir in unserer Firma tun um effizienter zu arbeiten?
13. Sind höhere Diäten für unsere Abgeordneten in einer Zeit, in der alle sparen sollen, vertretbar?
14. Wie man seine Kreativität steigert
15. Busse und Bahnen – eine sinnvolle Alternative zum Auto?
16. Wie unterscheiden sich Jugendliche heute von früheren jungen Generationen?
17. Die Power vom Handy checken oder die Batterie des Mobiltelefons prüfen – wie viele Fremdwörter verträgt eine Sprache?
18. Was ist ein angenehmes Leben?

Den richtigen Einstieg finden

Aufgabe 1:

Wählen Sie einen passenden und möglichst wirkungsvollen Einstieg für die folgenden Redesituationen:

a) Empfang eines Ehrengastes im Rathaus
b) Rede zum 50. Geburtstag eines nahen Verwandten
c) Präsentation eines neuen Produkts vor Kollegen und Vorgesetzten
d) Verkaufspräsentation eines neuen Produkts
e) Referat über Umweltschutz
f) Positionsrede: Sie vertreten eine Bürgerinitiative gegen die Umwandlung des Stadtparks in ein Parkhaus vor der Stadtverordnetenversammlung
g) Sie haben die Jahreshauptversammlung des Kleingärtnervereins „Kraut und Rüben" in Ihrer Eigenschaft als Schriftführer zu eröffnen
h) Rede vor dem Bundestag gegen eine geplante Diätenerhöhung
i) Vorlesung an der Universität zum Thema „Deutsche Literatur im 20. Jahrhundert"

(Lösungen siehe Seite 244)

Aufgabe 2:

Arbeiten Sie zu zwei oder drei der oben genannten Redesituationen eine Einleitung aus.

Zur Überprüfung Ihres Entwurfs: Überlegen Sie sich, ob Sie sich angesprochen fühlten, würde ein fremder Redner die Rede so beginnen, wie Sie es gerade skizziert haben.

Aufgabe 3:

Beobachten Sie andere Redner, z. B. Ihre Kollegen, Radio- oder Fernsehreporter, Politiker (im Fernsehen oder „live"). Welchen Einstieg haben diese Redner gewählt? Hätten Sie das genauso gemacht? Hätten Sie einen anderen Einstieg für effektvoller gehalten?

Übungen zum Redeaufbau

Aufgabe 1:

Welche Redeformel (1-2-3-Formel, Fünf-Finger-Formel, Drei-Zeiten-Formel, Plus-Minus-Formel, Vier-B-Formel) eignet sich am besten für folgende Redethemen? (Mehrfachnennungen sind möglich.)

a) Präsentation eines neuen Waschmittels vor Kollegen und Vorgesetzten in der Firma

b) Rede zur goldenen Hochzeit

c) Vor- und Nachteile des Fernsehens

d) Kinder brauchen mehr Plätze zum Spielen

e) 60. Geburtstag des Vaters

Aufgabe 2:

Fassen Sie kurz zusammen, was man unter den fünf in diesem Buch vorgestellten Redeformeln versteht.

Aufgabe 3:

Entwerfen Sie eine Gliederung für folgende Redethemen:

a) Hochzeit der Schwester oder des Bruders nach der Drei-Zeiten-Formel

b) 25-jähriges Dienstjubiläum eines Mitarbeiters oder einer Mitarbeiterin nach der Vier-B-Formel

c) Vor- und Nachteile des Clubtourismus nach der Plus-Minus-Formel

d) Unsere Stadt braucht einen Streichelzoo für Kinder nach der Fünf-Finger-Formel

e) Präsentation des Bauplans für die neue Ausstellungshalle nach der 1-2-3-Formel

(Lösungen siehe Seite 244)

Übungen zur Argumentation

Lesen Sie zunächst noch einmal die Informationen über die Argumentationstechniken auf Seite 66 bis 73.

Aufgabe 1:
Skizzieren Sie stichwortartig mögliche Argumentationen zu dem Thema *Mehr Spaß durch Cluburlaub* nach der
a) Steigerungstechnik,
b) Induktionstechnik und
c) Deduktionstechnik.

a)	b)	c)

Aufgabe 2:
Skizzieren Sie stichwortartig eine Argumentation zu dem Thema *Besseres Arbeitsklima – effektiveres Arbeiten* nach der Frage-und-Antwort-Argumentation:

Wer macht oder sagt etwas?
Was macht oder sagt er?
Zu wem?
Womit begründet er das?
Welche Wirkung erzielt er damit?
Welche Lösung schlagen Sie vor?
Welche Begründung haben Sie?

(Lösungen siehe Seite 245)

Übungen zur Visualisierung

Welche Möglichkeiten der visuellen Unterstützung fallen Ihnen bei den folgenden Themen und Redearten ein?

a) Die Entwicklung des Tourismus im Odenwald in der Zeit von 1980 bis 2000

b) Eine Rede zum 50. Geburtstag der Mutter

c) Seminar über *Effektive Arbeitstechniken in der Verwaltung*

d) Verkaufspräsentation eines neuen Fotokopiergeräts

e) Vortrag über pflegeleichte Hunderassen

f) Jahresbericht des Kleingärtnervereins

g) Universitätsvorlesung über US-amerikanische Gegenwartsautoren

h) Standpunktrede für die Bürgerinitiative *Autos raus aus dem Stadtzentrum*

(Lösungen siehe Seite 246)

Auf den Zuhörer eingehen

1. Warum fällt es Zuhörern schwer, sich lange Zeit zu konzentrieren?
2. Warum ist es besser, Informationen zu „Paketen" zu schnüren, als Einzelinformationen zu geben?
3. Warum kann in Zeitspannen von etwa 20 Minuten nur eine begrenzte Menge an Informationen aufgenommen werden?
4. Wie werden Informationen im Langzeitgedächtnis behalten?
5. Warum sollte ein Redner „Verdauungspausen" einplanen?
6. Wie können „Verdauungspausen" gestaltet werden?
7. Was bewirkt Publikumskontakt?
8. Wie wird Publikumskontakt hergestellt?
9. Warum soll der Redner die Sprache ans Publikum anpassen?
10. Wodurch können die Informationen besser in den Gedächtnissen der Zuhörer verankert werden?

(Lösungen siehe Seite 246)

Den richtigen Schluss finden

Aufgabe 1:
Nennen Sie mindestens drei Gründe, warum der Schluss einer Rede so wichtig ist:

1. ______________________________

2. ______________________________

3. ______________________________

Aufgabe 2:
Entwerfen Sie einen passenden und wirkungsvollen Schluss für folgende Redethemen:

a) Urlaub machen in Deutschland
b) Nie mehr Plastikgeschirr!
c) Goldene Hochzeit der Eltern
d) Kaufen Sie den neuen Kopierer ABC 2010!
e) Unser Stadtpark darf nicht zum Parkplatz werden

(Lösungen siehe Seite 247)

Übungen zur Manuskripterstellung

Aufgabe 1:
Zeichnen Sie ein Mind-map zu dem Thema *Fremdsprachen lernen ist wichtig.*

Aufgabe 2:
Skizzieren Sie dazu eine Zweispalten-Manuskriptseite.

Aufgabe 3:
Skizzieren Sie auch eine oder zwei Stichwortkarten.

(Lösungen siehe Seite 248)

Gesprächsatmosphäre

Eine angenehme Gesprächsatmosphäre ist eine der Grundvoraussetzungen um ein Gespräch erfolgreich zu lenken. Welche der folgenden Situationen schafft dieses vertrauensvolle Gesprächsklima?

1. Sie kommen zu spät zum Gespräch.
   richtig ❑ falsch ❑
2. Sie bieten den Sitzplatz an, von dem aus man die Tür sehen kann.
   richtig ❑ falsch ❑
3. Sie haben genügend Zeit für das Gespräch reserviert.
   richtig ❑ falsch ❑
4. Sie führen das Gespräch in einem möglichst kühlen Raum.
   richtig ❑ falsch ❑
5. Sie achten darauf, einen gepflegten Eindruck zu erwecken.
   richtig ❑ falsch ❑
6. Sie verzichten am Abend vor dem Gespräch auf Knoblauchbrot beim Griechen.
   richtig ❑ falsch ❑
7. Sie unterbrechen Ihren Gesprächspartner, weil er weitschweifige Ausführungen macht.
   richtig ❑ falsch ❑
8. Sie untersagen Rauchen generell, sowohl im Verhandlungszimmer als auch außerhalb in Gesprächspausen.
   richtig ❑ falsch ❑
9. Ihre Sekretärin hat den unbedingten Auftrag sämtliche Störungen des Gesprächs zu unterbinden.
   richtig ❑ falsch ❑
10. Ihr Gesprächspartner hat Schwierigkeiten beim Formulieren. Sie helfen ihm und formulieren flugs seine Sätze zu Ende.
    richtig ❑ falsch ❑

(Lösungen siehe Seite 250)

Gesprächslenkung

Wer lenkt, der leitet. Wer das Gespräch lenkt, wird schneller zu einem positiven Gesprächsergebnis kommen. Markieren Sie die richtige Antwort (oder Verhaltensweise) auf die Aussagen.

1. Der neue Kollege ist einfach unverschämt. Er drückt mir die ganze Arbeit auf.
   a) Die ganze Arbeit?
   b) Wieso denn das?

2. Die neuen Organisationsformen sind einfach Unsinn.
   a) Wie kommen Sie darauf, Sie verstehen doch nichts davon.
   b) Das ist ein wertvoller Hinweis. Wir müssen aber auch die Situation aller beachten. Überlegen Sie einmal ...

3. Es ist sinnlos, noch einmal darüber zu sprechen. Dann wird wieder nur gequatscht und beraten. Aber heraus kommt nichts.
   a) Finden Sie das fair dem Ortsbeirat gegenüber?
   b) Sie glauben also, dass wir hier nur quatschen und beraten. Wie sind Sie denn zu dieser Auffassung gekommen?

4. Sie verstehen überhaupt nichts von der Materie. Wissen Sie denn überhaupt, was ein Überdruckventil ist?
   a) Sie blicken Ihr Gegenüber fragend an und schweigen dabei.
   b) Sie sind aber unverschämt! Verlassen Sie augenblicklich den Raum.

5. Längere Ladenöffnungszeiten sind unsinnig. Niemand verdient damit mehr Geld und die Angestellten sind unzufriedener. Und das Verkehrschaos wird noch größer.
   a) Aber das stimmt doch nicht! Natürlich wird mehr Geld verdient.
   b) Das Verkehrschaos kann nicht größer werden, als es bereits ist. Und unzufrieden sind die Angestellten vor allem wegen des dürftigen Gehalts.

(Lösungen siehe Seite 250)

Auf Argumente eingehen

Aktives Zuhören signalisiert die Bereitschaft Argumente objektiv zu prüfen. Wie verhalten Sie sich in folgenden Gesprächssituationen korrekt? Prämisse: Der Gesprächspartner soll das Gefühl haben an einem partnerschaftlichen Gespräch teilzunehmen.

1. Ihr Gesprächspartner sagt etwas, was Sie fürchterlich aufregt, weil es nach Ihrer Sicht entsetzlich falsch ist.
   a) Sie sagen: „Das ist doch totaler Quatsch!"
   b) Sie stellen Ihre (besonnene!) Entgegnung zurück und warten, bis Ihr Partner ausgeredet hat.

2. Ihr Gesprächspartner redet nun bereits seit zwei Minuten.
   a) Sie unterbrechen und weisen darauf hin, dass Sie es nicht richtig finden, wenn die wenige Redezeit, die zur Verfügung steht, so einseitig ausgenutzt wird.
   b) Sie überlegen, ob die Ausführungen sinnvoll sind. Wenn ja, machen Sie sich Notizen.

3. Ihr Gesprächspartner äußert Zweifel an Ihren Argumenten.
   a) Sie nennen weitere Vorteile Ihrer Argumentation, appellieren an das logische Denkvermögen.
   b) Sie fordern dazu auf, Einwände und Bedenken konkret zu benennen. Etwa so: „Gut, was halten Sie denn für nicht machbar?"

4. Ihr Gesprächspartner zählt Argumente auf.
   a) Sie wiederholen das Gesagte, fragen, ob das so richtig verstanden ist. Dann bauen Sie Ihre Argumentation darauf auf.
   b) Sie warten eine Redepause zum Unterbrechen ab. Dann entkräften Sie Argument um Argument mit Ihren eigenen Argumenten.

5. Ihr Gesprächspartner macht eine Äußerung, die Sie im Gesprächszusammenhang nicht verstehen.
   a) Sie klären auf, warum das nicht hierher gehört.
   b) Sie versetzen sich in die Lage Ihres Gegenübers und bemühen sich aus seiner Sicht zu beurteilen, warum er etwas Derartiges sagte.

(Lösungen siehe Seite 250)

Killerphrasen erkennen

Killerphrasen sind meistens derart formuliert, dass sie durch logische Argumentation nicht widerlegt werden können. Wer sie benutzt, möchte blockieren, nicht kommunizieren. Recht zu behalten ist oberstes Ziel.

Unter die folgenden Aussagen sind Killerphrasen gemischt. Markieren Sie diese.

1. Ich bin betroffen, dass Sie das so sehen.
2. Das haben wir seit zehn Jahren so gemacht und es hat immer funktioniert.
3. Es erstaunt mich, dass Sie meinen Standpunkt nicht teilen.
4. Wer so etwas sagt, versteht nichts von der Sache.
5. Ich bin der Meinung, das ist falsch.
6. Glauben Sie tatsächlich, das besser zu wissen als der Herr Finanzminister?
7. Haben Sie etwa Angst um Ihr Unternehmen? Sie leben doch vom Investieren.
8. Ich darf Ihnen berichten, dass der Auftragseingang zufriedenstellend ist.
9. Mit diesem Argument kann ich mich einverstanden erklären.
10. Sie denken so, wie ich gedacht habe, dass Sie denken.
11. Arbeiten Sie erst einmal so lange in diesem Bereich wie ich!
12. Alle in dieser Branche machen das so.
13. Jede Zielsetzung ist sinnvoll.
14. Wie wollen wir uns einigen?
15. Sie sehen immer nur Ihren Standpunkt.

Lösungen siehe Seite 250

Auf Killerphrasen reagieren

Killerphrasen sollen Macht demonstrieren – die Macht nämlich, jede Argumentation zerstören zu können. Wer auf diese unfairen Äußerungen die richtige Antwort weiß, wird nicht der „Unterlegene" sein.

Entwerten Sie nun folgende Phrasen und kreuzen Sie die beste Erwiderung an.

1. Dafür ist doch kein Geld da.
   a) Ach, das ist doch Unsinn!
   b) Wenn Sie es wirklich wollen, dann wird sich garantiert auch welches finden.
   c) Darf ich das einmal erklären?

2. Das haben wir noch nie so gemacht.
   a) Lassen Sie uns beim nächsten Treffen noch einmal darüber reden.
   b) Ich finde, Sie reden Unsinn.
   c) Sie verstehen doch nichts von dieser Materie.

3. Aus Ihnen spricht doch nur der Sozialneid.
   a) Um Himmelswillen, wie können Sie so etwas annehmen!
   b) Dann lassen Sie uns gemeinsam handeln um den Neid ein für alle Mal abzustellen.
   c) Ich finde, Sie sind unfair.

4. Wer so etwas sagt, versteht nichts von der Sache.
   a) Leider verbietet es die Zeit, weiter darauf einzugehen, lassen Sie uns über den nächsten Punkt sprechen.
   b) Aber natürlich verstehe ich, worum es geht.
   c) Lassen Sie mich das Ihnen mal erklären.

5. Glauben Sie tatsächlich, Sie wüssten das besser als der Herr Finanzminister?
   a) Natürlich nicht, aber ich sehe das so ...
   b) Nein, aber als ich gestern mit dem Finanzminister essen war, hat er mir Recht gegeben.
   c) Niemand ist unfehlbar.

6. Haben Sie etwa Angst um Ihr Unternehmen? Sie leben doch vom Investieren.
   a) Vom Investieren ja, aber nicht vom Hausieren.
   b) Aber ich verstehe Ihre Frage nicht.
   c) Was soll diese Frage?
7. Sie denken so, wie ich gedacht habe, dass Sie denken.
   a) Ich möchte Ihnen für Ihre Aufmerksamkeit danken und hoffe, Sie haben einen schönen Abend in unserer Stadt.
   b) Ich finde, Sie sind unverschämt.
   c) Sie verstehen ja überhaupt nichts.
8. Arbeiten Sie erst einmal so lange in diesem Bereich wie ich!
   a) Sie sind wohl etwas amtsmüde?
   b) Dann lassen Sie uns doch diese gemeinsame Erfahrung nutzen!
   c) Ich will Ihnen erklären, was ich damit sagen wollte.
9. Alle in dieser Branche machen das so.
   a) Hätten wir nie etwas Neues gewagt, säßen wir noch immer auf den Bäumen.
   b) Das ist doch kein Argument.
   c) Sie werden schon bald sehen, wie Recht ich habe.
10. Sie sehen immer nur Ihren Standpunkt.
   a) Ich danke Ihnen für Ihren Beitrag und wünsche Ihnen eine angenehme Heimreise.
   b) Weil mein Standpunkt der richtige ist.
   c) Werden Sie bitte nicht ausfallend.

Lösungen siehe Seite 250

Reagieren auf unfaire Tricks

Manipulieren, Übertreiben, Emotionalisieren, Verwirren – Mittel um Gesprächspartner unter Druck zu setzen. Wie reagieren Sie auf diese zweifelhaften Argumentationstaktiken?

1. Ihr Gegenüber erklärt: „Sogar mein guter Freund Jan Ullrich schwört auf Heizungsanlagen von Warmkalt.“

a) Sie denken, wenn Jan diese Anlage in sein Haus einbauen ließ, dann muss die Warmkalt ausgezeichnete Heizungsanlagen produzieren.
b) Sie fragen: „Was hat Jan mit Heizungsanlagen zu tun? Hat er Heizungsmonteur gelernt und kann mir erklären, wie ein Vier-Stufen-Brenner funktioniert?"

2. Ihr Gesprächspartner sagt: „Ich als Spezialist für Verbrennungsmotoren seit 35 Jahren kann Ihnen diesen Wagen nur wärmstens empfehlen."
a) Sie entgegnen: „Dann nennen Sie mir bitte die drei entscheidenden Vorteile dieses Modells gegenüber dem Modell Y der Konkurrenz".
b) Sie vertrauen der Sachkompetenz und unterschreiben den Kaufvertrag.

3. Ihr Chef übergibt Ihnen einen dicken Stapel Dokumente und sagt: „Mensch, Herr Malinowski, Sie mit Ihrem Wissen, Ihrer Erfahrung, das erledigen Sie doch mit Links bis zum Wochenende."
a) Sie prüfen gleich in seiner Anwesenheit die Dokumente und kommen zu dem Schluss, das ist nicht zu schaffen. Sie weisen Ihren Chef darauf hin, dass bei sorgfältigem Arbeiten der Termin nicht einzuhalten sein wird.
b) Sie murren nicht, sondern machen sich gleich an die Erledigung der Aufgabe.

4. Der Facharzt, zu dem Sie Ihr Hausarzt überwiesen hat, erklärt, er müsse Ihr verstauchtes Sprunggelenk röntgen.
a) Sie denken, wenn es sein muss, muss es sein.
b) Sie weisen den Arzt darauf hin, dass Ihr Gelenk bereits im Krankenhaus geröntgt wurde und dass der Befund nicht auffällig war.

5. Ihr Gesprächspartner weicht immer wieder vom Thema ab.
a) Sie machen gute Miene zum bösen Spiel und berichten von Ihrem letzten Skiurlaub.
b) Sie stellen gezielte Fragen zum Gesprächsthema.

Lösungen siehe Seite 250

Checklisten

CHECKLISTE REDEVORBEREITUNG

- Welches Thema hat meine Rede?
- Warum halte ich diese Rede? (auf eigene Initiative, auf Wunsch anderer?)
- Welchen Anlass hat die Rede?
- Wie lange soll die Rede dauern?
- Wie werde ich die Zeitvorgabe einhalten?
- Wer ist mein Publikum? (Zusammensetzung, Bildungsstand, Anzahl der Zuhörer?)
- Welche Auswirkungen hat dies auf Sprache, Ausdruck etc.?
- Was ist meine Botschaft?
- Wie will ich meine Botschaft dem Publikum übermitteln?
- Welche Argumente habe ich?
- Welche Gegenargumente muss ich entkräften?
- Welchen Einstieg wähle ich?
- Welcher Schluss ruft mein Publikum in meinem Sinn zum Handeln auf?
- Welche Hilfsmittel unterstützen mich? (visuell, akustisch etc.)
- Welches Ziel verfolge ich mit meiner Rede?
- Stehe ich hinter dem, was ich sage?

CHECKLISTE PUBLIKUM

	JA	NEIN
Ist das Publikum einheitlich zusammengesetzt?		
Kann ich Vorkenntnisse zum Thema erwarten?		
Kann ich mit überwiegender Zustimmung rechnen?		
Muss ich mit Ablehnung rechnen?		
Sind Störer zu erwarten?		
Hat das Publikum Interesse an meinem Vortrag?		
Kenne ich die Altersstruktur des Publikums?		
Kenne ich die Erwartungen der Zuhörer?		
Ist ein spezifisches sprachliches Niveau zu erwarten?		
Habe ich mich auf dieses Niveau eingestellt?		
Gibt es Spezialisten im Publikum?		
Ist mit Einwänden zu rechnen?		
Habe ich Vorredner zum gleichen Thema?		
Gab es bereits Vorträge zum gleichen Thema vor dem gleichen Publikum?		
Habe ich mir Gedanken gemacht, wie ich mein Publikum günstig stimme?		
Habe ich mir Gedanken gemacht, wie ich mein Publikum am besten zum Handeln auffordere?		

CHECKLISTE RÄUMLICHKEITEN/HILFSMITTEL

Räumlichkeiten

	JA	NEIN
Ist die Raumgröße ausreichend für die erwartete Zuhörerzahl?		
Entspricht die Sitzordnung meinen Vorstellungen?		
Ist der Raum angenehm temperiert?		
Ist der Raum gelüftet?		
Können mich alle Zuhörer sehen?		
Brauche ich ein Mikrofon?		
Ist die Beleuchtung ausreichend?		
Ist die Beleuchtung so eingerichtet, dass weder ich noch das Publikum geblendet werden?		
Ist mit Sonneneinstrahlung zu rechnen?		
Ist sichergestellt, dass ich während des Vortrags von niemandem gestört werde?		
Sind die Pausen- und Essenszeiten mit der Hausleitung abgestimmt?		
Habe ich die Bilder, Poster etc., die meinen Vortrag visuell unterstützen, aufgehängt?		
Sind alle Hilfsmittel, die ich benötige, vorhanden?		
Gibt es Dinge, die die Zuhörer ablenken könnten?		
Ist der Raum in einem ansprechenden Zustand?		
Soll der Raum geschmückt werden (Blumen etc.)?		

Hilfsmittel

	JA	NEIN*
Kann ich die verfügbaren Hilfsmittel bedienen?		
Funktionieren die Hilfsmittel einwandfrei?		
Habe ich mich vergewissert, dass sie einwandfrei funktionieren?		
Habe ich mich um Ersatz (Zweitgeräte, Ersatzlampen etc.) bemüht?		
Brauche ich jemanden, der die Geräte bedient?		
Sind die Geräte so aufgestellt, dass sie optimal eingesetzt werden können?		

* Welche nicht? (Technische Einweisung nicht vergessen!)

CHECKLISTE REDEVERLAUF

	JA	NEIN
Spreche ich zu leise?		
Spreche ich zu laut?		
Variiere ich meine Stimme?		
Spreche ich zu schnell?		
Sind meine Ausführungen verständlich?		
Benutze ich Beispiele und Bilder?		
Können meine Zuhörer folgen?		
Gewähre ich genügend Denkpausen?		
Stimmt meine Mimik?		
Stimmt meine Gestik?		
Halte ich mich an mein Manuskript?		
Halte ich mich an die vorgegebene Zeit?		
Strahle ich Sicherheit aus?		
Ist mein Vortrag lebendig?		
Folgen meine Zuhörer interessiert?		
Sind meine Zuhörer gelangweilt?		
Macht mir mein Vortrag Spaß?		
Sind einige Zuhörer unruhig?		
Soll ich eine Pause mit Zwischenfragen einrichten?		
Bin ich überzeugend?		
Bin ich nervös?		
Wirke ich arrogant?		
Halte ich Blickkontakt?		
Klebe ich am Manuskript?		
Spreche ich frei?		
Habe ich noch den roten Faden in der Hand?		

CHECKLISTE REDENACHBEREITUNG

	JA	NEIN
Habe ich genügend Informationen gebracht?		
Habe ich meine Zuhörer überfordert?		
Habe ich genügend Beispiele gebracht?		
Machten die Zuhörer einen interessierten Eindruck?		
Gab es Phasen, in denen die Zuhörer abgeschaltet haben?		
Gab es Phasen, in denen die Zuhörer konfus aussahen?		
War mein Einstieg gelungen?		
Habe ich meine Botschaft „rübergebracht"?		
Habe ich Mimik und Gestik optimal eingesetzt?		
Habe ich meine Stimme bewusst eingesetzt?		
War mein Vortrag lebendig?		
Habe ich das Thema erschöpfend behandelt?		
War ich ruhig?		
War ich nervös?		
Habe ich genügend Redepausen eingehalten?		
Habe ich die Zeit eingehalten?		
Bin ich auf die Zuhörer eingegangen?		
War mein Schluss überzeugend?		
Habe ich mein Ziel erreicht?		

CHECKLISTE KONFERENZNACHBEREITUNG

	JA	NEIN
War das Thema der Konferenz exakt formuliert?		
Hatte ich die ganze Zeit die Fäden in der Hand?		
War die Atmosphäre freundlich?		
Habe ich die Zeit eingehalten?		
Sind alle zu Wort gekommen?		
Sind alle mit dem Resultat zufrieden?		
Ist der größte Teil mit dem Resultat zufrieden?		
Gab es Phasen, in denen es nicht so gut lief?		
Habe ich Vielredner zurückgehalten?		
Habe ich auf eher schüchterne Teilnehmer geachtet?		
Gab es Streit?		
Habe ich im Streit erfolgreich beschwichtigt?		
War der Konferenzablauf gut organisiert?		
War das Drumherum (Konferenzraum, Verpflegung etc.) in Ordnung?		

Lösungsvorschläge

Den richtigen Einstieg finden, Seite 226

Aufgabe 1:

a) Begrüßung, Kompliment-Einstieg
b) Kompliment-Einstieg, Zitat-Einstieg, Effekt-Einstieg
c) Gliederungseinstieg
d) Effekt-Einstieg, Anekdoten-Einstieg, Zitat-Einstieg
e) Nachrichten-Einstieg, Zitat-Einstieg
f) Frage-Einstieg, Vergleichseinstieg
g) Begrüßung, Kompliment-Einstieg, Gliederungseinstieg
h) Nachrichten-Einstieg, Frage-Einstieg
i) Anekdoten-Einstieg, historischer Einstieg (bitte: kurz gefasst), Zitat-Einstieg

Andere Einstiege sind denkbar. Wichtig ist: Der Redestart soll den Zuhörern Lust auf Ihren Vortrag machen, Interesse wecken. Wenn Sie daran denken, kann eigentlich nichts schief gehen.

Übungen zum Redeaufbau, Seite 227

Aufgabe 1:

a) 1-2-3-Formel
b) Drei-Zeiten Formel oder Vier-B-Formel
c) Plus-Minus-Formel oder Fünf-Finger-Formel
d) Fünf-Finger-Formel
e) Vier-B-Formel oder Drei-Zeiten-Formel

Aufgabe 2:

Überprüfen Sie Ihre Zusammenfassung anhand des Schemas am Ende des Kapitels „Redeformeln“ auf Seite 64.

Aufgabe 3:

Individuelle Lösungen

Übungen zur Argumentation, Seite 228

Aufgabe 1:

a) Steigerungs-technik	*b) Induktions-technik*	*c) Deduktions-technik*
Gemeinsames Erlebnis im Club ↓ Mehr Geselligkeit und Spaß ↓ Freiheit von Sorgen ↓ Selbst-verwirklichung ↓ Totaler Genuss	Cluburlaub gegen Einsamkeit ↓ Cluburlaub befreit von Alltagssorgen ↓ Freiheit und Geselligkeit ↓ *darum:* Mehr Spass durch Cluburlaub	Mehr Spaß durch Cluburlaub, *denn:* ↓ Es gibt Freiheit und Geselligkeit ↓ Man ist frei von Alltagssorgen ↓ keine Einsamkeit

Andere Lösungen sind natürlich möglich.

Aufgabe 2:
Hier sind viele individuelle Lösungen möglich. Ein Beispiel:
Wer macht oder sagt etwas? – Der Chef.
Was sagt er? – „Kaffee trinken am Arbeitsplatz ist verboten."
Zu wem? – Zu den Mitarbeiterinnen und Mitarbeitern.
Womit begründet er das? – Wer Kaffee trinkt, arbeitet nicht.
Welche Wirkung erzielt er damit? – Ärger, schlechtes Betriebsklima.
Welche Lösung schlagen Sie vor? – Kaffee trinken innerhalb fest vereinbarter Pausen erlauben.
Welche Begründung haben Sie? – Arbeitspausen sind notwendig. Kaffee kann in Maßen stimulieren, Kaffee trinken fördert die Kommunikation und verbessert so das Betriebsklima.

Übungen zur Visualisierung, Seite 229

a) Die Entwicklung des Tourismus im Odenwald in der Zeit von 1980–2000:
Schaubilder, Grafiken, Flipchart oder Wandtafel, Videofilm, Dias zur Veränderung der Infrastruktur im Odenwald, Overheadprojektor etc.

b) Eine Rede zum 50. Geburtstag der Mutter:
Vergrößerte Fotos aus dem Familienalbum, Video, Poster mit Fotos, Collage etc.

c) Seminar über *Effektive Arbeitstechniken in der Verwaltung:*
Stellwand, Flipchart, Overheadprojektor, Video etc.

d) Verkaufspräsentation eines neuen Fotokopiergeräts:
Das neue Gerät (evtl. ein Modell), Video über das Gerät, Schaubilder, technische Risszeichnungen etc.

e) Vortrag über pflegeleichte Hunderassen:
mehrere Hunde („Musterexemplare"), Videosequenzen, Fotos, Stellwand etc.

f) Jahresbericht des Kleingärtnervereins:
Fotokopien von grafischen Schaubildern, Zahlenlisten, Fotos vom Vereinsfest etc.

g) Vorlesung über US-amerikanische Gegenwartsautoren:
Overheadprojektor, Fotos, Filme, Stellwände mit peripheren Stimuli, Fotokopien mit Textauszügen etc.

h) Standpunktrede für die Bürgerinitiative *Autos raus aus dem Stadtzentrum:*
Stellwände mit Fotos und Fotomontagen, grafische Darstellungen, Unfallstatistiken, Video, Overheadprojektor etc.

Auf den Zuhörer eingehen, Seite 229

1. Weil das menschliche Gedächtnis nicht unbegrenzt Daten aufnehmen und speichern kann. Das Aufnahmevermögen für Informationen nimmt nach den ersten 20 Minuten stetig ab.

2. Nur etwa sieben Informationseinheiten werden in den nächsten Gedächtnisspeicher weitergegeben. Da es sich dabei sowohl um Einzelinformationen als auch um Informationspakete handeln kann, ist es effektiver, Informationspakete zu schnüren.

3. Das Gedächtnis braucht Verarbeitungspausen.
4. Durch intensive und wiederholte Beschäftigung mit den Informationen, die behalten werden sollen.
5. Der Zuhörer muss eine Chance haben die Informationsflut zu verarbeiten.
6. Wiederholungen, Bilder und Grafiken einsetzen, die das Gesagte vertiefen, Rückfragen ans Publikum richten.
7. Die Zuhörer fühlen sich angesprochen und ernst genommen, Sie als Redner erhalten prompte Rückmeldung, wie Ihr Vortrag ankommt, Sie erwecken Sympathie.
8. Blickkontakt, rhetorische Fragen etc.
9. Um verstanden und ernst genommen zu werden. Fachsprache vor „gewöhnlichem" Publikum wird nicht verstanden, „zu einfache" Sprache vor Fachpublikum bewirkt Anzweiflung der Sachkompetenz.
10. Visualisierungen aller Art.

Den richtigen Schluss finden, Seite 230

Aufgabe 1:
1. Die Informationen im Gedächtnis der Zuhörer verankern
2. Die Zuhörer motivieren und wachrütteln
3. Die Zuhörer zum Handeln auffordern

Aufgabe 2:
Individuelle Lösungen.
Empfehlungen zu:
a) Vorteile noch einmal herausstellen; bekannte Persönlichkeit zitieren, zum Urlaub in Deutschland aufrufen
b) Nachteile des Plastikgeschirrs zusammenfassen (Umweltunverträglichkeit, schlechte Hygiene bei Wiederverwendung, teilweise auch Geschmacksbeeinträchtigung); Einwände gegen Porzellan- und Glasgeschirr zusammenfassend entkräften; Beispiele aus dem Lebensumfeld der Zuhörer anführen; Aufruf zum Handeln
c) Optimistischer Blick in die Zukunft; Beglückwünschung und Toast (mit erhobenem Sektglas)

d) Vorteile und Nutzen zusammenfassen, Bedürfnis wecken, zum Kauf auffordern

e) Negative Auswirkungen zusammenfassen und eigenen Standpunkt herausstellen; optimistischer Blick in die Zukunft, wenn eigener Standpunkt sich durchsetzt; Aufruf zum Handeln (Unterschriftensammlung, Antrag an Stadtrat etc.)

Übungen zur Manuskripterstellung, Seite 230

Aufgabe 1:

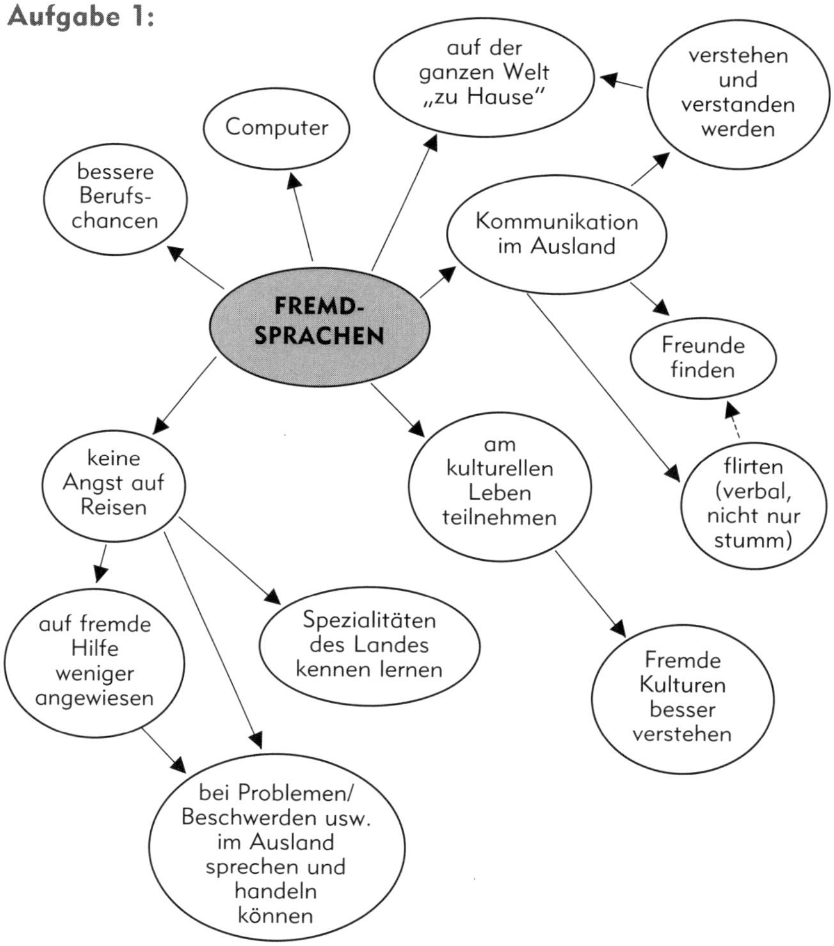

Aufgabe 2:
Beispiel (individuelle Lösungen vielfältig möglich)

Im Beruf weiter kommen	1. Unsere Firma hat viele Auslandsfilialen und -kunden 2. Englisch und Spanisch in Wort und Schrift notwendig 3. Aufstiegschancen nur mit Fremdsprachen
Auslandsfiliale	1. Kaum deutschsprechende Mitarbeiter 2. Arbeiten dort karrierefördernd
Kommunikation	Beruflich und privat nur mit Sprachkenntnissen möglich ...

Aufgabe 3:
Individuelle Lösungen.
Ein Beispiel:

Sprachen lernen **5 Min.**

↓ schwierig | ↓ lohnend

↓

- großes Kursangebot
- spielerisches Lernen

Mark Twain: „Zum Englischlernen braucht man 30 Tage, zum Französischlernen 30 Monate, zum Deutschlernen 30 Jahre.“

Auf Reisen	3 Min.
▶ Verstehen und verstanden werden	
▶ Probleme selbst lösen	
▶ Nicht von fremder Hilfe abhängig	

Seite 231 **Gesprächsatmosphäre**
Richtige Antworten: 2, 3, 5, 6, 9

Seite 232 **Gesprächslenkung**
Richtige Antworten: 1 a, 2 b, 3 b, 4 a, 5 b

Seite 233 **Auf Argumente eingehen**
Richtiges Verhalten: 1 b, 2 b, 3 b, 4 a, 5 b

Seite 234 **Killerphrasen erkennen**
Killerphrasen sind: 2, 3, 6, 7, 10, 11, 12, 15

Seite 235 **Auf Killerphrasen reagieren**
Richtige Erwiderungen: 1 b, 2 a, 3 b, 4 a, 5 b, 6 a, 7 a, 8 b, 9 a, 10 b

Seite 236 **Reagieren auf unfaire Tricks**
Richtige Reaktionen: 1 b, 2 a, 3 a, 4 b, 5 b

ANHANG

Zitate und Bonmots

Abhängigkeit

Heute sind wir alle voneinander abhängig, niemand kann sich mehr in seine persönliche Festung zurückziehen, ein Inseldasein pflegen. *Dalai Lama*

Abneigung

Alles, was wir denken, ist entweder Zuneigung oder Abneigung. *Robert Musil*

Abrüstung

Die Abrüstung der Geister muss der Abrüstung der Waffen vorausgehen. *Robert Schumann*

Abschied

Abschied ist die innigste Form menschlichen Zusammenseins. *Hans Kudszus*

Abschied nehmen bedeutet immer ein wenig sterben. *Französisches Sprichwort*

Kein Abschied auf der Welt fällt schwerer als der Abschied von der Macht. *Charles Maurice de Talleyrand*

Man muss manchmal von einem Menschen fortgehen um ihn zu finden. *Heimito von Doderer*

Ein Abschied schmerzt immer, auch wenn man sich schon lange darauf freut. *Arthur Schnitzler*

Achtung Es ist viel mehr wert, jederzeit die Achtung der Menschen zu haben als gelegentlich ihre Bewunderung. *Jean-Jacques Rousseau*

Allegorie Allegorie entsteht, wenn der Verstand sich vorlügt, er habe Fantasie. *Friedrich Hebbel*

Allein Allein sein müssen ist das Schwerste, allein sein können das Schönste. *Hans Krailsheimer*

Alter Alt ist man erst dann, wenn man an der Vergangenheit mehr Freude hat als an der Zukunft. *John Knittel*

Altern Mit zwanzig Jahren hat jeder das Gesicht, das Gott ihm gegeben hat, mit vierzig das Gesicht, das das Leben gegeben hat, und mit sechzig das Gesicht, das er verdient. *Albert Schweitzer*

Anfangen Der Anfang ist die Hälfte des Ganzen. *Aristoteles*

Arbeit Arbeit ist die einzige Erholung von der Last des Daseins.
Peter Rosegger

Arbeit ist der Umweg zu allen Genüssen.
Willy Brandt

Arbeitswelt Jeder muss mit den Riemen rudern, die er hat.
Englisches Sprichwort

Beruf Man bindet die Kuh fest, ehe man zu melken beginnt.
Südafrikanisches Sprichwort

Bezahlen Mit dem Bezahlen wird man das meiste Geld los. *Wilhelm Busch*

Chaos Chaos erzeugt oft Lebendigkeit, während Ordnung zu Gewohnheit führt. *Henry Adams*

Demagoge

Das Geheimnis des Agitators ist, sich so dumm zu machen, wie seine Zuhörer sind, damit sie glauben, sie seien so gescheit wie er. *Karl Kraus*

Demokratie

Die Demokratie lebt vom Wandel. *Rita Süssmuth*

Demokratische Meinungsfindung

Ein Komitee aus einer Person bringt immer was zustande. *Joe Ryan*

Ehe

Die Ehe ist eine Lotterie, in der die Männer ihre Freiheit und die Frauen ihr Glück aufs Spiel setzen. *Französisches Sprichwort*

Die Ehe ist und bleibt die wichtigste Entdeckungsreise, die der Mensch unternehmen kann. *Søren Kierkegaard*

Ob zwei Leute gut getan haben einander zu heiraten, kann man bei ihrer silbernen Hochzeit noch nicht wissen. *Marie von Ebner-Eschenbach*

Die zweite Ehe ist der Triumph der Hoffnung über die Erfahrung. *Samuel Johnson*

Viele Frauen heiraten, weil sie des Alleinseins müde sind. Und viele Frauen lassen sich scheiden, weil sie des Alleinseins müde sind. *Hanne Wieder*

Ehrlichkeit

In der Sprache, die man am schlechtesten spricht, kann man am wenigsten lügen. *Johann Peter Hebel*

Nie hätte ich geglaubt Sportler des Jahres zu werden. Sonst wäre ich doch nicht mit ungeputzten Schuhen erschienen. *Frank Busemann*

(Sich) Einfügen

Um ein tadelloses Mitglied einer Schafherde sein zu können muss man vor allem ein Schaf sein. *Albert Einstein*

Einschätzung	Viele sind berufen, aber wenige sind auserwählt. *Bibelspruch*
Entscheidung	Das Grundproblem des Lebens besteht darin, die richtige Wahl zu treffen. *George Moore*
Entspannung	Es ist Zeit, sich zu entspannen, wenn man eigentlich keine Zeit dafür hat. *Sydney J. Harris*
Erfolg/ Perfektionismus	Strebe nach Erfolg, nicht nach Perfektionismus. Verzichte nie auf das Recht Fehler zu machen, denn sonst verlierst du die Fähigkeit neue Dinge zu lernen und im Leben vorwärtszukommen. Vergiss nie, dass sich hinter dem Perfektionismus die Angst verbirgt. *David M. Burns*
Ersetzbarkeit	Kein Mensch ist unersetzbar in Geschäften. *Alexander von Humboldt*
Fähigkeiten	Die Fähigkeit, auf welche die Menschen den meisten Wert legen, ist die Zahlungsfähigkeit. *Oskar Blumenthal*
Familie	Die Familie ist das Vaterland des Herzens. *Giuseppe Mazzini*
	Familie ist Zwangsbekanntschaft. *Rudolf Rolfs*
Fehler	Wenn man das Leben noch einmal leben könnte, würde ich die gleichen Fehler noch einmal machen wie beim ersten Mal. Bloß ein bisschen früher, damit ich mehr davon habe. *Marlene Dietrich*
	Nur mit den Augen der anderen kann man seine Fehler gut sehen. *Chinesisches Sprichwort*
Feste	Ein Leben ohne Feste ist wie eine lange Reise ohne Gasthäuser. *Demokrit*

Fleiß

Carpe diem! – Nutze den Tag. *Horaz*

Seines Fleißes darf sich jedermann rühmen.
Gotthold Ephraim Lessing

Frau in der Gesellschaft

Die Stellung der Frau in einer Gesellschaft gibt Aufschluss darüber, wie entwickelt diese Gesellschaft ist. *Gustav Geiger*

Die Frau ist kein Raubtier. Im Gegenteil: Sie ist die Beute, die dem Raubtier auflauert. *José Ortega y Gasset*

Freiheit

Die Freiheit ist der Atem des Lebens. *Alfred Delp*

Freundschaft

Die Freunde, die man morgens um vier anrufen kann, sind die, die zählen. *Marlene Dietrich*

Die Menschen verändern sich und vergessen, den anderen davon zu berichten. *Lillian Hellmann*

Freundschaft ist eine Seele in zwei Körpern. *Aristoteles*

Uneigennützige Freundschaften gibt es nur unter Leuten gleicher Einkommensklassen. *Jean Paul Getty*

Geburt und Grab

Geburt und Grab – ein ewiges Meer. *Johann Wolfgang von Goethe*

Das größte, wenn auch alltägliche Ereignis in der Geschichte ist die Geburt oder der Tod eines Menschen.
Aleksander Swietochowski

Gedächtnis

Das Gedächtnis ist ein sonderbares Sieb: Es behält alles Gute von uns und alles Üble von den andern. *Wieslaw Brudzinski*

Gedächtnis heißt das Tagebuch, welches wir immer mit uns herumtragen. *Oscar Wilde*

Die wahre Kunst des Gedächtnisses ist die Aufmerksamkeit. *Samuel Johnson*

Geduld

Geduld hat Grenzen. Wenn man sie übertreibt, wird sie zur Feigheit. *George Jackson*

Schneide nie etwas durch, was du auch aufbinden kannst. *Joseph Joubert*

Geist

Geist ist die Jugend des Alters. *Max Wertheimer*

Geistreich sein

Geistreich sein heißt, sich leicht verständlich machen, ohne deutlich zu werden. *Jean Anouilh*

Geld

Das Geld ist notwendig, aber nicht ausreichend. Es ist aber notwendig, dass es ausreichend ist, damit es nicht mehr notwendig ist. *Manfred Hirsch*

Das Geld, das man besitzt, ist das Mittel zur Freiheit, dasjenige, dem man nachjagt, das Mittel zur Knechtschaft. *Jean-Jacques Rousseau*

Dem Geld darf man nicht nachlaufen. Man muss ihm entgegengehen. *Aristoteles Onassis*

Wenn du den Wert des Geldes kennen lernen willst, versuche dir welches zu borgen. *Benjamin Franklin*

Geldgeschenke

Wer Geld schenkt, schenkt immer ein bisschen Freiheit mit. *Sigmund Graff*

Geschäft

Geschäft ist mehr als Geld. Ein Geschäft, das nichts als Geld verdient, ist kein gutes Geschäft. *Henry Ford*

In den verdorbensten Staaten gibt es die meisten Gesetze. **Gesetze**
Französisches Sprichwort

Gesichter sind die Lesebücher des Lebens. *Federico Fellini* **Gesichter**

Sich glücklich fühlen können, auch ohne Glück – das ist Glück. **Glück**
Marie von Ebner-Eschenbach

In der Fraktion verliert der Volksvertreter den Blick für das Allgemeine. *Otto von Bismarck* **Gruppen**

Nicht da ist man daheim, wo man seinen Wohnsitz hat, sondern wo man verstanden wird. *Christian Morgenstern* **Heimat**

Die Heirat ist die einzige lebenslängliche Verurteilung, bei der man aufgrund schlechter Führung begnadigt werden kann. **Heirat**
Alfred Hitchcock

Heirate oder heirate nicht, du wirst beides bereuen. *Sokrates*

Alles in der Welt ist Torheit, nur nicht die Heiterkeit. **Heiterkeit**
Friedrich der Große

Frage doch das Vieh, das wird dich's lehren, und die Vögel unter dem Himmel, die werden dir's sagen. *Hiob 12,7* **Hochmut**

Drum prüfe, wer sich ewig bindet, ob sich das Herz zum Herzen findet. *Friedrich Schiller* **Hochzeit**

Ideen halten sich nur, wenn man etwas aus ihnen macht. **Ideen**
Alfred N. Whitehead

Mögen wir noch so viele gute Eigenschaften haben – die Welt achtet vor allem auf unsere schlechten. *Molière* **Image**

Innere Stärke

Gott lud uns Bürden auf, aber er gab uns auch Schultern.
Jiddisches Sprichwort

Irren

Irren ist menschlich – es ist aber noch menschlicher, es auf jemand anderen zu schieben. *Arthur Bloch*

Klugheit

Wenn der Vorhang fällt, ist es Zeit die Bühne zu verlassen.
John Major

Wer viel weiß, will noch mehr wissen. *Marcel Reich-Ranitzki*

Alle Menschen sind klug, die einen vorher, die anderen nachher.
Deutsches Sprichwort

Kommunikation

Die Kommunikation ist eine Säule der modernen Gesellschaft. Wer nicht miteinander redet, kann nicht urteilen. *Birgit Breuel*

Lachen

Wer zuletzt lacht, hat vermutlich die Pointe nicht verstanden.
Arthur Bloch

Lebensklugheit

Lebensklugheit bedeutet: alle Dinge möglichst wichtig, aber keines völlig erst nehmen *Arthur Schnitzler*

Leidenskraft

Wir sagen, dass wir unsere Leiden nicht ertragen können, aber wenn wir wirklich mit ihnen konfrontiert sind, ertragen wir sie auch. *Ning Lao Tai Tai*

Liebe

Liebe ist ein Glas, das zerbricht, wenn man es zu unsicher oder zu fest anfasst. *Russisches Sprichwort*

Einen Menschen lieben heißt einwilligen, mit ihm alt zu werden.
Albert Camus

Der liebt nicht, der die Fehler des Geliebten nicht für Tugenden hält. *Johann Wolfgang von Goethe*

Logik

Logik ist die Waffenkammer der Vernunft. *Thomas Fuller*

Logik ist für die Grammatik das, was der Sinn für die Worte ist. *Joseph Joubert*

Mensch und Maschine

Ich werde siegen und die Ehre der Menschheit retten. *Gari Kasparow*

Die Menschen bauen zu viele Mauern und nicht genügend Brücken. *Dominique Georges Pire*

Misserfolg

Ich weiß nicht, was der Schlüssel zum Erfolg ist – aber der Schlüssel zum Misserfolg liegt darin, dass man es allen recht machen will. *Bill Cosby*

Mittelmäßigkeit

Viele Worte zu machen um wenige Gedanken mitzuteilen, ist überall das untrügliche Zeichen von Mittelmäßigkeit. *Arthur Schopenhauer*

Motivation

Die Jahre machen die Haut faltig. Mangelnde Begeisterung aber macht die Seele faltig. *Anonym*

Mut

Hier steh ich, ich kann nicht anders, Gott helfe mir, Amen! *Martin Luther*

Nachdenken

Ein Mensch, der in Gedanken vertieft ist, ist nicht untätig. Es gibt eine sichtbare Arbeit und eine unsichtbare Arbeit. *Victor Hugo*

Plagiat

Über Plagiate sollte man sich nicht ärgern. Sie sind wahrscheinlich die aufrichtigsten aller Komplimente. *Theodor Fontane*

Podium

Ein Podium ist eine unbarmherzige Sache. Da steht der Mensch nackter als im Sonnenbad. *Kurt Tucholsky*

Probleme	Alle möglichen Probleme werden gelöst, nur nicht jenes, wie man leben soll. *Jean-Paul Sartre*
Prüfung	Was man tun muss, das schafft man meistens auch. *Eleanor Roosevelt*
Rat erbitten	Um Rat bitten wir, wenn wir die Antwort schon wissen, aber sie lieber nicht wüssten. *Erica Jong*
Rede, reden	Eine Rede ist wie eine Liebesaffäre: Jeder Dummkopf kann sie beginnen; sie zu beenden erfordert jedoch einige Geschicklichkeit. *Lord Mancroft*
	Reden sind immer schädlich. Vor dem Essen verderben sie den Appetit, nach dem Essen die Verdauung. *Sandro Pertini*
	Ruhm dem Lande, in dem man redet. Schmach dem Lande, in dem man schweigt. *Georges Clemenceau*
Redefreiheit	Viva vox docet. Das freie Wort lehrt. *Lateinisches Sprichwort*
Redekunst	Die Rede ist die Kunst Glauben zu erwecken. *Aristoteles*
Redner	Wer viel schießt, ist noch kein Schütze. Wer viel spricht, ist noch kein Redner. *Konfuzius*
Richtiges Fragen	Die Frage ist nicht, ob es eine Hungersnot geben wird oder nicht, sondern wie viele Menschen tatsächlich verhungern werden. *Cathérine Bertini*
Schlagfertigkeit	Schlagfertigkeit ist etwas, worauf man erst vierundzwanzig Stunden später kommt. *Mark Twain*
Schweigen	Wer lange schweigt, wird lange für klug gehalten. *Islamisches Sprichwort*

Die Straße des geringsten Widerstands ist nur am Anfang asphaltiert. *Walter Kasper* — **Schwierigkeiten**

Der Mensch hat Nahrungssorgen, Familiensorgen, Fortkommenssorgen, Ehrgeiz, Neurosen – er hat zu wichtigen Dingen keine Zeit. *Gottfried Benn* — **Sorgen**

Mein Vater war oft wütend, wenn ich so war wie er. *Lillian Hellmann* — **Spiegelbild**

Ein Sprichwort ist ein kurzer Satz, der sich auf lange Erfahrung gründet. *Miguel de Cervantes* — **Sprichwort**

Tadeln ist leicht, deshalb tun es so viele. Mit Verstand loben ist schwer *Anselm Feuerbach* — **Tadel**

Toleranz heißt: die Fehler der anderen zu entschuldigen. Takt heißt: sie nicht zu bemerken. *Arthur Schnitzler* — **Toleranz**

Tradition heißt nicht Asche verwahren, sondern eine Flamme am Brennen halten. *Jean Jaurès* — **Tradition**

Wer das Träumen verlernt hat, ist verloren. *Sprichwort der Ureinwohner Australiens* — **Träumen**

Es ist ziemlich schwierig, tüchtig zu sein, ohne sich unbeliebt zu machen. *Kin Hubbard* — **Tüchtigkeit**

Wer die Welt überzeugt, regiert sie. *Thomas Carlyle* — **Überzeugen**

Wir haben das Land nicht von unseren Vätern geerbt, wir borgen es von unseren Kindern. *Sprichwort der Amish* — **Umwelt**

Der Gegensatz zur Pflicht ist nicht die Pflichtlosigkeit, sondern die Verantwortung. *Hans A. Pestalozzi* — **Verantwortung**

Vergangenheit

Erzähle mir die Vergangenheit und ich werde die Zukunft erkennen. *Konfuzius*

Wer sich der Vergangenheit nicht erinnert, ist dazu verurteilt, sie zu wiederholen. *George Santayana*

Verpflichtungen

Es gibt immer zwei Gründe, etwas Bestimmtes zu tun – einen sehr plausiblen Grund und den wahren Grund. *Anonym*

Versöhnung

Der Weg zur Versöhnung führt nur über die Vergebung.
Papst Paul II.

Nichts auf Erden verzehrt einen mehr als heftiger Groll.
Friedrich Nietzsche

Echte Versöhnung bedeutet kein Vergessen, aber unendlich viel Verzeihen. *Udo Zimmermann*

Verständlichkeit

Um sich begreiflich zu machen muss man zum Auge reden.
Johann Gottfried von Herder

Vertrauen

Vertrauen ist Mut und Treue ist Kraft.
Marie von Ebner-Eschenbach

Wahrheit/ Unwahrheit

Die Wahrheit kommt mit wenigen Worten aus. *Loa-tse*

Nur wenige Menschen erkennen die tiefe und überwältigende Wahrheit durch plötzliche Erleuchtung. Die meisten lernen sie im kleineren Rahmen und Stück für Stück kennen – und zwar durch genauso beständige wie mühsame Fortschritte, als würden sie ein kompliziertes Mosaik zusammensetzen.
Anaïs Nin

Die gefährlichsten Unwahrheiten sind Wahrheiten, mäßig entstellt. *Georg Christoph Lichtenberg*

Der moderne Mensch ist mit Nachrichten überversorgt, mit Wissen unterernährt. *Michael Kohn* **Wissen**

Wohlstand ist eine Grundlage, aber kein Leitbild für die Lebensgestaltung. Ihn zu bewahren ist schwieriger, als ihn zu erwerben. *Ludwig Erhard* **Wohlstand**

Zensur ist die jüngere von zwei schändlichen Schwestern, die ältere heißt Inquisition. *Johann Nepomuk Nestroy* **Zensur**

Wenn man ans Ziel will, muss man einsteigen. *Helmut Kohl* **Ziel**

Nur aufs Ziel zu sehen verdirbt die Lust am Reisen.
Friedrich Rückert

Was die Menschen Zivilisation nennen, ist der Zustand gegenwärtiger Sitten; was sie Barbarei nennen, das sind die Sitten der Vergangenheit. *Anatole France* **Zivilisation**

Zufall ist ein Wort ohne Sinn; nichts kann ohne Ursache existieren. *Voltaire* **Zufall**

Der Zufall ist die in Schleier gehüllte Notwendigkeit.
Marie von Ebner-Eschenbach

Zukunft, das ist die Zeit, in der du bereust, dass du das, was du heute tun kannst, nicht getan hast. *Aus den USA* **Zukunft**

Erst zweifeln, dann untersuchen, dann entdecken. **Zweifel**
Henry Thomas Buckle

Eigentlich weiß man nur, wie wenig man weiß. Mit dem Wissen wächst der Zweifel. *Johann Wolfgang Goethe*

Literatur zum Weiterlesen

Reiner Brehler: Modernes Redetraining. FALKEN 1997
Dale Carnegie: Besser miteinander reden. Scherz 1996
Peter Ebeling: Verkaufserfolge sind kein Zufall. Moderne Verlagsgesellschaft 1994
Fritjof Haft: Juristische Rhetorik. Alber 1995
Fritjof Haft: Strukturdenken – Der Schlüssel zum erfolgreichen Reden und Verhandeln. Langen-Müller 1985
Klaus Jentzsch: Rhetorik. Haag + Herrchen 1993
Heinrich Lausberg: Elemente der literarischen Rhetorik. Hueber 1990
Heinz Lemmermann: Lehrbuch der Rhetorik. Verlag moderne Industrie 1993
Wolfgang Reineke/Friedbert Damm: Signale im Gespräch, Sauer 1992
Bernd H. Reutler: Körpersprache verstehen. Humboldt o. J.
Rolf H. Ruhleder: Rhetorik – Kinesik – Dialektik. Rentrop 1997
Rembert von Samson: Moderne Reden für private Anlässe. FALKEN 1997
Barbara Schlüter-Kiske: Rhetorik für Frauen. Ullstein 1991
Hilde Schramm: Frauensprache – Männersprache. Diesterweg o. J.
Friedemann Schulz von Thun: Miteinander reden (2 Bände). Rowohlt Taschenbuch 1981 und 1989
Gert Ueding/Bernd Steinbrink: Grundriss der Rhetorik. Metzler 1994
Paul Watzlawick, Janet H. Beavin, Don D. Jackson: Menschliche Kommunikation. Huber 1980
Christian R. Weisbach: Professionelle Gesprächsführung. dtv Taschenbuch 1995

Register

Ü

V

W

Z

Krieger + Hantschel
Sprach- und Rhetorikseminare
Informationen hierzu unter:
Paul Krieger – Yorckstraße 19 – 65195 Wiesbaden
Fax und Telefon: 06 11 / 40 82 55
E-Mail: 0611-408255-0001@t-online.de

Sie finden uns im Internet: **www.falken.de**

Dieses Buch wurde auf chlorfrei gebleichtem
und säurefreiem Papier gedruckt.

Der Text dieses Buches entspricht den Regeln
der neuen deutschen Rechtschreibung.

ISBN 3 8068 7357 7

Umschlaggestaltung: Elisabeth Berthauer
Gestaltung: Horst Bachmann
Redaktion: Winfried Schindler
Herstellung: Wilfried Sindt
Zeichnungen: Erika Binz-Blanke, Baden-Baden

Satz: Grunewald GmbH, Kassel
Druck: Ludwig Auer GmbH, Donauwörth

817 2635 4453